Andreas Heiber · Gerd Nett

Handbuch Ambulante Einsatzplanung

Bibliografische Information der Deutschen Nationalbibliothek

Die Deutsche Bibliothek verzeichnet diese Publikation in der Deutschen Nationalbibliografie; detaillierte bibliografische Daten sind im Internet über http://dnb.d-nb.de abrufbar.

Sämtliche Angaben und Darstellungen in diesem Buch entsprechen dem aktuellen Stand des Wissens und sind bestmöglich aufbereitet.
Der Verlag und der Autor können jedoch trotzdem keine Haftung für Schäden übernehmen, die im Zusammenhang mit Inhalten dieses Buches entstehen.

2., überarb. Auflage

Besuchen Sie uns im Internet: www.haeusliche-pflege.net

Druck: BWH GmbH – Die Publishing Company

Foto Titelseite: Bildagentur Mauritius GmbH, Hamburg

ISBN 978-3-86630-378-2

Andreas Heiber · Gerd Nett

Handbuch Ambulante Einsatzplanung

Grundlagen, Abläufe, Optimierung

VINCENTZ NETWORK

Inhalt

Download siehe:
http://www.ambulante-einsatzplanung.net

Hier finden Sie hilfreiche Downloads insbesondere zum Thema Controlling.

Einleitung

Kein Arbeitsschritt ist so komplex und hat so weitreichende Bedeutung in der Ambulanten Pflege wie die Einsatzplanung. Sie entscheidet über:

- die potenzielle Qualität der zu erbringenden Leistungen (Personal- und Zeiteinsatz, ...),
- die Kundenzufriedenheit (Pünktlichkeit, Wunschzeit, ...) und
- die Wirtschaftlichkeit des Dienstes (Personalauswahl, Einsatzzeiten, Organisationszeiten, ...).

Trotzdem spielt dieses Thema in den allermeisten Fort- und Weiterbildungskursen (z. B. PDL-Ausbildung) immer noch nicht die wichtige Rolle. Zudem wird sie oft vermischt mit der stationären Schicht- bzw. Dienstplanung. Dabei hat die ambulante Einsatzplanung strukturell wenig Gemeinsamkeiten mit der stationären Dienstplanung: Stationär sind Schichten zu besetzen, weitgehend losgelöst von tatsächlich zu erbringenden Leistungen, während ambulant Touren zu steuern sind, die sich aus konkret vereinbarten Leistungen und Zeiten ergeben.

Viele Pflegedienstleitungen (PDL) lernten und lernen daher die Einsatzplanung erst in der Praxis (kennen), meist durch die Fortführung der bisherigen Planung ihrer Vorgänger oder/und durch die Nutzung einer Softwarelösung. Kenntnisse in Theorie und Grundlagen der Einsatzplanung sind folglich wenig vorhanden.

Dieses Handbuch, nun in der völlig überarbeiteten Neuauflage 2014, stellt die Einsatzplanung umfassend dar. Es behandelt den kompletten Prozess der Einsatzplanung von den Leistungsaufträgen über den Dienstplan einschließlich der arbeitsrechtlichen Grundlagen zur Soll-Tourenplanung sowie die Ist-Korrektur aller Bereiche.

Handbuch Ambulante Einsatzplanung · Andreas Heiber und Gerd Nett
© Vincentz Network GmbH & Co. KG, Hannover 2014 · ISBN 978-3-86630-378-2

Das vorliegende Buch ist konsequent praxisorientiert geschrieben. Es basiert auch auf dem Erfahrungswissen der Autoren, die seit 1993 ambulante Pflegedienste in Deutschland beraten und schulen. Es wendet sich an die verantwortlichen Pflegefachkräfte: PDL (im Sinne der jeweiligen Versorgungsverträge), Stellvertretende PDL, Team- und Einsatzleitungen, aber auch Geschäftsführungen.

Das Buch stellt den Wissensstand August 2014 dar, das gilt insbesondere für gesetzliche oder vertragliche Rahmenbedingungen. Alle Details wurden zwar nach bestem Wissen recherchiert, sollten aber in der konkreten Situation vor Ort nochmals mit den entsprechenden Experten abgeklärt werden. Dies gilt insbesondere für rechtliche, arbeitsrechtliche, steuerrechtliche und leistungsrechtliche Fragen.

Das Buch stellt den Wissensstand zum 17. 10. 2014 dar (also nach Verabschiedung des PSG 1).

Bielefeld und Wershofen, August 2014

Andreas Heiber und Gerd Nett

1 Die Einsatzplanung: Struktur und Verantwortung

1.1 Was bedeutet Zeit?

In der Einsatzplanung dreht sich alles um Zeit und Zeiteinheiten. Die Zeit ist ein kostbares Gut, das jedoch sehr fließend ist und vor allem sehr unterschiedlich wahrgenommen wird. Die Zeit wird von jedem Menschen je nach Situation unterschiedlich lang oder intensiv erlebt: Sieht man ein spannendes Theaterstück, ist mit einem lieben Menschen zusammen oder erlebt etwas Positives, vergeht die Zeit wie im Flug. Wartet man dagegen auf einen wichtigen Menschen oder hat Angst vor einer Prüfung, vergeht die Zeit gar nicht, sie schleppt sich von Sekunde zu Sekunde. Das Erleben der Zeit ist also immer situationsabhängig. Trotzdem vergeht die objektive Zeit immer im gleichen Rhythmus, die Minuten werden tatsächlich nicht länger oder kürzer. Selbst wenn man denkt, dass etwas doch nicht lange gedauert hat, vergeht die Zeit genau so schnell wie immer.

Immer wieder kommen Pflegefachkräfte und Pflegekräfte in die Situation, dass sie noch um eine Kleinigkeit gebeten werden: Ob sie nicht noch das oder das einmal schnell mitmachen könnten. Die Kunden leben oft allein, scheinbar ist auch kein anderer da, der das gerade oder später machen kann und die „Schwester" ist doch jetzt **„eh da"** und kann das einfach schnell mitmachen. Aus Kundensicht ist das auch kein großes „Ding", denn für den Einzelnen ist das ja auch nur ein wenig mehr Zeit. Aber auf alle Kunden bezogen, hat das bedeutende Auswirkungen.

Um einmal deutlich zu machen, dass auch sehr kleine Zeiteinheiten sehr große Folgen haben, hat Heiber 1997 das Mülleimerbeispiel veröffentlicht:

Was kostet Zeit?

Beispiel: Die Krankenschwester kommt nur zur Insulininjektion:
»Können Sie nicht noch den Mülleimer leeren?«

Arbeitsschritte	
1. Gang in die Küche	1 Minute
2. Vollen Müllbeutel rausnehmen, neuen einsetzen	2 Minuten
3. Müllbeutel mitnehmen und in die Mülltonne werfen	1 Minute
1 Kunde	**4 Minuten**
Am Tag bei 5 Kunden	20 Minuten
Im Monat (20 Tage)	400 Minuten
Im Jahr (12 Monate)	4800 Minuten
	= **80 Stunden**
	(ein halbes Monatsgehalt)

© SysPra.de 1997/2014

Grafik 1.1

Das Beispiel soll zeigen, dass aus der einzelnen, sehr kurzen Zeiteinheit ein hoher Aufwand werden kann, wenn diese Zeiteinheit öfter vorkommt. Dabei ist sie in jedem einzelnen Fall erst einmal kurz, der Müll ist schnell heruntergebracht und dann vergessen. Aber auf das Jahr gesehen, addiert sich die Summe der kleinen „Eh da"-Leistungen zu stolzen 80 Stunden, also zu einem halben Monatsgehalt zusammen.

Es geht mit diesem Beispiel nicht darum, zukünftig alle „Gefallen" oder „Eh-da"-Leistungen etc. zu verbieten. („Müll mitnehmen verboten.") Vielmehr geht es darum, alle in der Pflege Tätigen dafür zu sensibilisieren, dass auch ganz kleine Zeiteinheiten auf das Jahr gesehen große Wirkungen und Folgen haben. Es macht daher durchaus Sinn, in dem einen oder anderen Fall, mit dem Kunden zu besprechen, warum der Feiertagsmüll von gestern nicht zur Leistung „Insulininjektion" dazugehört und warum man diese Leistung dauerhaft nur als Privatleistung oder in anderer Form abrechenbar erbringen kann. Selbst wenn dieses einmalige Gespräch dann 10 Minuten dauern würde, hätte sich diese Zeitinvestition schnell gerechnet.

Das Mülleimerbeispiel kann man in der Einsatzplanung exemplarisch auch auf andere kurze Zeiteinheiten übertragen: Wenn man beispielsweise durch eine Umstellung der Tourenreihenfolge die Wegezeit pro Einsatz nur um 1 Minute reduzieren kann, dann wären das auf das Jahr gesehen immer noch (in diesem Beispiel bei 5 Einsätzen pro Tag) 20 Stunden!

Deshalb geht es bei der Einsatzplanung nicht nur um die großen Zeitblöcke wie die Einsatzzeiten vor Ort, sondern auch um die kleineren Zeiten wie die Wege- oder Organisationszeiten. Sie spielen wirtschaftlich eine große Rolle. Wird die komplette Zeit (Einsätze, Wege-, und Organisationszeit) nicht geplant und/oder nach der Leistungserbringung kritisch hinterfragt/überprüft, erfolgt keine vollständige Steuerung bzw. Einsatzplanung. Die Folgen können sowohl wirtschaftlich als auch in Bezug auf die Versorgungsqualität gravierend sein. Deshalb ist die wesentliche Aufgabe der Einsatzplanung nicht nur die Planung der Einsatz- und sonstigen Zeiten, sondern auch die Überprüfung der Ist-Zeiten und selbst der kleinen Zeiteinheiten.

1.2 Die Regelkreise der Einsatzplanung

In der Einsatzplanung geht es, verkürzt gesprochen, darum, zwei verschiedene Bereiche möglichst ideal zu kombinieren: die Kunden mit ihren Aufträgen und die Mitarbeiter mit ihrer Arbeitszeit. Dabei kann man sich das bildhaft wie zwei Zahnräder vorstellen, die idealerweise reibungslos ineinandergreifen sollten. Genau das ist das Problem der Einsatzplanung: Wie schafft man es, die Kundenaufträge mit ihren unterschiedlichen Profilen, einschließlich der evtl. damit verbundenen organisatorischen Schwierigkeiten, ideal zu kombinieren mit den Mitarbeitern sowie ihren Dienstzeiten?

Betrachtet man die Bereiche differenziert, gibt es zwei verschiedene Bereiche, die sich in der Tourenplanung verknüpfen und damit ständig gegenseitig beeinflussen.

Handbuch Ambulante Einsatzplanung · Andreas Heiber und Gerd Nett

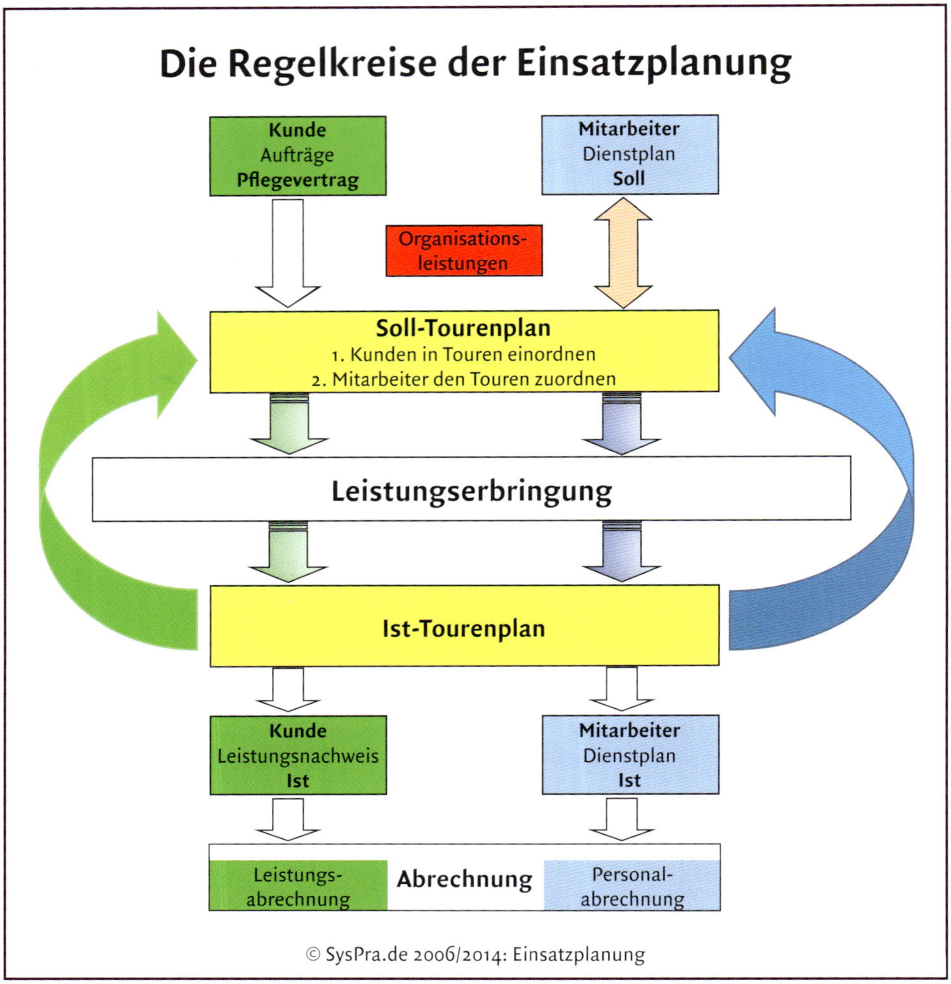

Grafik 1.2

Auf der Kundenseite stehen zunächst die

- **Kundenaufträge:** Sie sind in Pflegeverträgen und/oder in Verordnungen oder Bewilligungen (der Sozialhilfeträger) fixiert. Dazu kommen im Einzelfall weitere
- **Organisationsleistungen** rund um die Aufträge: Hier verursachen vor allem die Verordnungsverwaltung der Behandlungspflegen mehr Aufwand als die Pflegeverträge für Pflegesachleistungen. Zu den Organisationsleistungen gehören aber auch Dokumentations- und Qualitätssicherungspflichten, die im Regelfall kundenbezogen „anfallen" und zu steuern sind. Alle diese Leistungen fließen in die

- **Soll-Tourenplanung** ein: Im ersten Schritt werden hier zunächst die Kunden einer (abstrakten) Tour zugeordnet. Erst im zweiten Schritt erfolgt die Zuordnung der Mitarbeiter zu der konkreten Tour. Durch die
- **Leistungserbringung** entsteht der
- **Ist-Tourenplan:** Dieser spiegelt die reale Leistungserbringung wider. Aus dem Ist-Tourenplan ergeben sich einerseits Veränderungen zum nächsten/neuen Soll-Tourenplan, andererseits über den
- **Leistungsnachweis** die nötigen Informationen für die **Leistungsabrechnung.**

Aus Sicht der Mitarbeiter sieht der Ablauf folgendermaßen aus:

- Im **Dienstplan** wird zunächst die Kapazität der Mitarbeiter definiert und grob geplant. Die vorhandenen Arbeitsstunden können (nur) für Kundenaufträge verplant werden. Im
- **Soll-Tourenplan** werden hier im zweiten Schritt die Mitarbeiter zu den zuvor definierten Touren zugeordnet. Nach der
- **Leistungserbringung** erfolgt durch den
- **Ist-Tourenplan** die Konkretisierung der erbrachten Arbeitszeiten. Diese haben unter Umständen Auswirkungen auf den nächsten Soll-Tourenplan (wenn Leistungen länger oder kürzer gedauert haben, etc.) und sind die Grundlage für den
- **Ist-Dienstplan:** Dieser ist dann die Basis für die
- **Personalabrechnung.**

Weil durch die Praxis sich permanent der Ist-Tourenplan ändert, ist der zentrale Teilschritt der Umgang mit der **Ist-Tourenplanung**. Weiterhin wird hier deutlich, dass die Abrechnungen (Leistungs- und Personalabrechnungen) damit nur ein „Abfallprodukt" der Ist-Tourenplanung sind. Denn die Änderungen, die hier vorgenommen wurden, sind für beide Bereiche abrechnungsrelevant. Und die Kontrolle dieser Änderungen bereitet damit die jeweilige Abrechnung vor.

1.3 Erwartungen an die Einsatzplanung

Je nach Interessengruppe sind die Erwartungen an die Einsatzplanung sehr unterschiedlich definiert, deshalb ist es sinnvoll, sich die verschiedenen Erwartungshaltungen je nach Interessengruppe genauer zu betrachten:

Handbuch Ambulante Einsatzplanung · Andreas Heiber und Gerd Nett
 · ISBN 978-3-86630-378-2

Aus Kundensicht

Die Kunden erwarten zunächst, dass die mit dem Pflegedienst abgeschlossenen Pflegeverträge erfüllt werden. Allerdings werden viele weitere Erwartungen und konkrete Forderungen im Regelfall nicht im Pflegevertrag festlegt: Die Kunden erwarten auch eine bestimmte, gleichbleibende Versorgungszeit (Pünktlichkeit), eine hohe Kontinuität (immer gleicher Mitarbeiter) und möglichst eine hohe Flexibilität (Zeit, auch mal mehr zu machen). Dabei kann es sein, dass die im Pflegevertrag (oder über Verordnungen) definierten Leistungen nicht identisch sind mit den Erwartungen der Kunden: Die Kunden sind in einer für sie unangenehmen Situation, sie können sich teilweise nicht mehr allein helfen und benötigen fremde Hilfe. Die nächste Hilfeperson, die das sonst macht (machen sollte), ist die Tochter/Schwiegertochter oder andere eigene Kinder. Sie können oder wollen es nicht (oder sind nicht da), daher muss ein Fremder einspringen. Je näher man diese neue „Pflegeperson" (also die Pflegekräfte) kennenlernt, umso mehr Nähe entsteht und umso größer sind dann die Erwartungen, die über die beauftragten Leistungen hinausgehen. So entstehen oft „Heimliche Leistungen". Wegen der eigenen Hilflosigkeit spielen Faktoren wie Pünktlichkeit eine sehr große Rolle: Wer beispielsweise im Bett wartet, bis die „Schwester" endlich kommt, bewertet deren Pünktlichkeit ganz anders als jemand, der in Ruhe am Frühstückstisch die Zeitung lesen kann, während er auf die Mitarbeiterin wartet, die ihn beim Baden unterstützt.

Daher spielt die Pünktlichkeit für die subjektive Zufriedenheit eine zentrale Rolle!

Aus formaler Sicht

Die Einsatzplanung muss die Einhaltung der gesetzlichen und/oder vertraglich vereinbarten Vorschriften garantieren. Das gilt nicht nur für die Vorgaben im Rahmen des SGB XI, sondern auch aus dem SGB V, evtl. SGB XII sowie den privat vereinbarten Leistungen. Darüber hinaus sind auch die weiteren Vorschriften aus dem Arbeitsrecht wie Arbeitszeitgesetz, Teilzeit- und Befristungsgesetz, Mutterschutzgesetz etc. sowie die tarifvertraglich vereinbarten Regelungen einzuhalten.

Aus Mitarbeitersicht

Die Mitarbeiter erwarten von der Einsatzplanung eine möglichst langfristige verlässliche Planung ihrer Arbeitszeit. Die definierten Leistungszeiten müssen so bemessen sein, dass sie zeitlich zu schaffen sind und die Mitarbeiter auch für sich zufrieden sein können (dabei hängt das stark davon ab, welche Erwartungen die Mitarbeiter haben). Auch hier ist die Zuverlässigkeit, vor allem in Bezug auf freie Tage, ein wichtiger Faktor. Daher ist der Dienstplan mit seiner langfristigen Vorplanung für die Mitarbeiter wichtiger (An welchen Tagen muss man nicht arbeiten?) als der konkrete Tourenplan und die Frage, wie lange eine Tour dauert.

Aus der Sicht der Einrichtung
Ein Pflegedienst muss sich auch wirtschaftlich rechnen: Wenn man mit der eingesetzten Arbeitszeit nicht die verursachten Kosten decken kann, wird der Pflegedienst nicht dauerhaft überleben. Daher soll die Einsatzplanung auch sicherstellen, dass die Aufwendungen von den Erträgen gedeckt sind, dass der Pflegedienst also wirtschaftlich arbeitet. Die wirtschaftliche Betriebsführung ist auch explizit Basis des Versorgungsvertrages nach SGB XI: In §72 SGB XI, Absatz 3, Satz 2 steht: „Versorgungsverträge dürfen nur mit den Pflegediensten geschlossen werden, die die Gewähr für eine leistungsfähige und wirtschaftliche pflegerische Versorgung bieten ..."

Ein Blick in die Betriebswirtschaftslehre hilft, zu verstehen, was gemeint ist: Hier ist das sogenannte „Minimalprinzip" formuliert, das bedeutet, mit möglichst geringen Mitteln ein gegebenes festes Ziel zu erreichen. Anders ausgedrückt: Eine Leistung gilt als „wirtschaftlich, wenn der durch die Leistungserbringung erwartete Erfolg nicht auf einem weniger aufwendigen Weg erzielt werden kann". (Lecke 2014, 402)

Mit einem praktischen Beispiel soll verdeutlicht werden, was wirtschaftlich in diesem Sinne bedeutet:

Ein Leistungskomplex „Kleine Morgentoilette" wird dem Pflegedienst mit durchschnittlich 16 Minuten vergütet.

- Wenn bei Kunde A die Kleine Morgentoilette (Transfer ins Bad, Teilwaschen, Mund- und Zahnpflege sowie Ankleiden) tatsächlich 30 Minuten dauert, sie aufgrund des Zustandes von Kunde A jedoch nicht schneller erbracht werden kann, dann ist die Leistung wirtschaftlich erbracht worden (denn es ging nicht schneller). Auch wenn sie nur mit durchschnittlich 16 Minuten vergütet war, was für den Einzelfall betrachtet zu wenig ist.
- Wenn bei Kunde B die Kleine Morgentoilette nur 10 Minuten dauert, weil er schon im Badezimmer war und auch keine Mund- und Zahnpflege will, muss der Mitarbeiter nach 10 Minuten (für die Teilwaschung) gehen. Bleibt er weitere 2 Minuten, handelt er unwirtschaftlich, denn die Leistung war nach 10 Minuten beendet (und er hat sich mehr Zeit als nötig gelassen). Selbst wenn die Leistung auch hier mit 16 Minuten finanziert war, was auf den Einzelfall betrachtet mehr als ausreichend gewesen ist.

Bei der Beurteilung der wirtschaftlichen Betriebsführung kommt es nicht darauf an, dass sich der konkrete Einsatz rechnet, sondern nur, ob die „Mittel", also hier die konkrete Arbeitszeit, möglichst zielgerichtet (nur für die vereinbarten Leistungsinhalte) eingesetzt wurde und ob nach Erreichung des Ziels (der notwendig zu erbringenden Leistungsinhalte) der Mitarbeiter auch umgehend wieder geht. Das heißt aber auch in der Konsequenz: Es kann von der Einzelvergütung einer Leistung nicht auf die Leistungszeit im Einzelfall geschlossen werden; dieser Ansatz der sogenannten

„erlösorientieren Einsatzplanung“ widerspricht dem hier dargestellten Wirtschaftlichkeitsprinzip.

Dazu kommt noch ein anderer Aspekt, der wesentlichen Anteil daran hat, wie wirtschaftlich der Pflegedienst sein kann: Ob der Pflegedienst bei wirtschaftlicher Betriebsführung ein ausgeglichenes oder positives Betriebsergebnis erzielt, hängt auch stark davon ab, ob die gezahlte durchschnittliche Leistungsvergütung wirklich leistungsgerecht ist. Die Vergütungsvereinbarung nach §89 SGB XI formuliert dies so: „Die Vergütung muss einem Pflegedienst bei wirtschaftlicher Betriebsführung ermöglichen, seine Aufwendungen zu finanzieren und seinen Versorgungsauftrag zu erfüllen.“ (§89, Abs. 1, Satz 2) Voraussetzung für ein ausgeglichenes und positives Betriebsergebnis ist demnach eine leistungsgerechte Vergütung. Durch die Unterschrift auf der Vergütungsvereinbarung bestätigt jede Einrichtung, dass der abgeschlossene Preis „leistungsgerecht“ im oben genannten Sinne ist. Sollte dies nicht der Fall sein, kann der Pflegedienst auch keine Kostendeckung erreichen, hätte aber auch nicht die Vergütungsvereinbarung unterschreiben dürfen. Das gilt vergleichbar auch für die anderen Bereiche der Krankenversicherung, Sozialhilfe oder Privatleistungen.

Wichtig ist in diesem Zusammenhang die Zuordnung der Aufgaben und die Verantwortung: Die Einsatzplanung kann nur die gesetzlichen und vertraglichen Vorgaben einhalten und umsetzen. In diesem Sinne (und unter Beachtung der oben genannten Definition der Wirtschaftlichkeit) ist sie auch verantwortlich für eine wirtschaftliche Betriebsführung. Ob dann das Betriebsergebnis positiv ist oder nicht, hängt auch davon ab, ob die vereinbarten Vergütungen leistungsgerecht waren und sind. Sollte dies nicht der Fall sein, kann man dies nicht durch eine „andere“ Einsatzplanung oder Konzepte wie „erlösorientierte Einsatzplanung“ ausgleichen. Denn nur wenn man gegen die Qualitätsvorgaben verstoßen würde (z. B. keine aktivierende Pflege, die zeitaufwendiger ist), könnte man eine mangelhafte Vergütung ausgleichen. Damit würde man aber gegen die Versorgungsverträge verstoßen, die als Bedingung die Einhaltung der definierten Qualität haben. Und Verstöße gegen die Qualitätsmaßstäbe können bei den jährlichen Qualitätsprüfungen auffallen.

1.4 Die Entwicklung der professionellen Ambulanten Pflege

Es ist sinnvoll, sich einmal kurz an die Entwicklung der letzten 30 Jahre zu erinnern, um zu sehen, was sich durch die Einführung der Pflegeversicherung 1995 alles geändert hat.

Die Entwicklung der ambulanten Pflegestrukturen hat durch die Pflegeversicherung eine Revolution erlebt. Vor deren Einführung 1995 gab es in den Bundesländern eine unterschiedlich stark entwickelte ambulante pflegerische Infrastruktur. Die Finanzierung erfolgte teilweise über die direkte Leistungsfinanzierung (SGB V, Sozialhilfe [früher BSHG, jetzt SGB XII] und Privat), teilweise über Landeszuschüsse oder

Handbuch Ambulante Einsatzplanung · Andreas Heiber und Gerd Nett
© Vincentz Network GmbH & Co. KG, Hannover 2014 · ISBN 978-3-86630-378-2

Eigenmittel (z. B. auch Kirchensteuermittel). In vielen westlichen Bundesländern gab es vor allem kirchlich organisierte Gemeindeschwestern oder Gemeindeschwesternstationen. Diese übernahmen im Rahmen ihrer Kapazitäten und Möglichkeiten eine notwendige Versorgung. In den östlichen Bundesländern gab es zu Zeiten der DDR im Prinzip vergleichbare Strukturen, nur dass die dortigen Gemeindeschwestern bei den Polikliniken angesiedelt waren. In beiden Systemen bestimmten vor allem die „Schwestern", wann sie kommen und was sie tun. Der Pflegebedürftige war hier klassisch der „Patient", der das zu machen hatte, was die „Schwester" sagte. Einen „Kundenbegriff", wie mit der Pflegeversicherung eingeführt, gab es nicht.

Im Bereich der Grundpflege gab es seit dem 01. 01. 1991 (eingeführt durch das Gesundheits-Reformgesetz vom 20. 12. 1988) bis zur Einführung der Pflegeversicherung die § 55 bis 57 SGB V (alte Fassung), die Grundpflegeleistungen im Umfang von bis zu 25 Einsätzen mit bis zu 1 Stunde Versorgung zum Preis von 383 € (750 DM) vorsahen. Alternativ gab es ein Pflegegeld von 205 € (400 DM). Die Einstufungsvoraussetzung war eine sogenannte „Schwerpflegebedürftigkeit" (entspricht in etwa der heutigen Pflegestufe 2), die aber mindestens schon 6 Monate andauern musste. Kundenrechte, wie das Recht auf Pflege zu jeder Tageszeit (24 Stunden an 7 Tagen), wie sie die Pflegeversicherung festgeschrieben hat, gab es so nicht. Eine Pflegefachkraft hat einmal über diese vergangene Zeit gesagt: „Früher war alles besser, da hatten wir keinen Wochenenddienst!" In der Tat war von der Finanzierung her im Bereich der Grundpflege gar keine Wochenendversorgung möglich, höchstens auf der Basis von Privatleistungen. Die angebotenen Leistungen waren sprichwörtlich ein „Tropfen auf den heißen Stein", denn dieses Leistungsvolumen konnte in keinem Fall der Pflegesituation mindestens der Pflegestufe 2 gerecht werden. Dazu kam, dass die Leistung „Grundpflege" inhaltlich nicht definiert war: Die Pflegekraft konnte zwar recht frei situationsbedingt handeln, ein klarer, für beide Seiten bekannter Auftrag (wie bei den Leistungskomplexen heute) war damit jedoch nicht definiert.

Die Einführung der Pflegeversicherung hat 1995 die bisherigen Ausgaben für Grundpflege und Hauswirtschaft mehr als verdreifacht, von ca. 2 Mrd. € für Leistungen der Häuslichen Pflegehilfe SGB V (ohne Grundpflege und Hauswirtschaft bei Häuslicher Krankenpflege) sowie ambulante Pflegeleistungen der Sozialhilfe von ca. 0,6 Mrd. € auf ca. 7 Mrd. € allein für die Ambulante Pflege (Bundesratsdrucksache 505/93, Entwurf Pflegeversicherungsgesetz vom 13. 08. 1993).

Schon die Ausweitung des Leistungsvolumens begründet die mengenmäßige Entwicklung der Pflegedienste.

Durch die Regelungen der Pflegeversicherung hat der Pflegekunde nun erstmals das Recht, auch spätabends ins Bett gebracht zu werden. Er kann als Kunde bestimmen, wann er welche Leistungen abruft. Der Leistungsrahmen (Definition und verfügbare Gelder) stimmt zwar weiterhin nicht mit dem tatsächlichen Bedarf überein (immer noch nur eine Teilkasko-Finanzierung), aber die Versorgungsmöglichkeiten sind gegenüber früher deutlich besser geworden.

Damit stiegen und steigen auch die Ansprüche an die Pflegeorganisation. Versorgungswünsche zu jeder Zeit, auch in der Nacht und am Wochenende, sind nun in der Grundpflege normal, Zeitzusagen werden immer wichtiger, aus dem Patienten wird immer stärker ein Kunde (siehe Kap. 2.6). Dazu kommt, dass das Finanzierungssystem der Pflegedienste völlig losgelöst wurde von Zuschüssen und Defizitfinanzierungen (Selbstkostenfinanzierung). Das Prinzip der „Leistungsgerechten Vergütung", ausgehandelt mit den Pflegekassen auf der Basis eines „angeblichen Marktpreises", soll jedem Pflegedienst – bei wirtschaftlicher Betriebsführung – die Erfüllung seines Versorgungsauftrages ermöglichen (§ 89 Abs. 1 SGB XI). Nach inzwischen 19 Jahren müssen wir feststellen, dass der Gesetzesauftrag so nicht immer in die Praxis umgesetzt wurde; zudem gibt es zurzeit mindestens 19 verschiedene Wege der Leistungsdefinition und der Vergütungsfindung. (Jedes Bundesland geht in der Pflegeversicherung seine eigenen Wege, manche haben auch noch zwei verschiedene Leistungskataloge.) Trotzdem und gerade deshalb erhöht sich der wirtschaftliche Druck auf die Pflegeeinrichtungen, gekoppelt mit einer stärker werdenden externen Qualitätssicherung (jährliche Prüfung, Pflegenoten, Expertenstandards).

Von der „Zeitpflege" zur „Leistungspflege"

War vor Einführung der Pflegeversicherung die Grundpflege im Rahmen der Leistungen nach §§ 55 ff. SGB V (alte Fassung, von 1991 bis 1995) nur durch den Zeitrahmen definiert (max. 25 Einsätze bis zu 1 Stunde), hat die Pflegeversicherung für die Grundpflege (und Hauswirtschaft) völlig neue Leistungsdefinitionen geschaffen: Nun werden hier auch konkrete Leistungen benannt und einzeln verpreist (wie auch schon in der Behandlungspflege!). Dabei basiert der Definitionsrahmen (mögliche Leistungsbereiche) nicht auf einem Modell der Pflegewissenschaft, sondern allein auf der gesetzlichen Definition der sogenannten „gewöhnlichen und regelmäßig wiederkehrenden Verrichtungen im Ablauf des täglichen Lebens" nach § 14 SGB XI. Die Grundpflege wird in einzelne Leistungsbestandteile zerlegt und als „Leistungskomplexe" oder „Module" sind sie wählbar. Auch hier sorgt der bundesdeutsche Föderalismus dafür, dass es nach unserem Kenntnisstand zurzeit noch 19 verschiedene Leistungskataloge gibt, zweitweise gab es auch fast 30 Kataloge. (Jedes Bundesland geht seinen eigenen Weg, trotz Empfehlungen der Spitzenverbände der Pflegekassen; siehe auch Kap. 2.1.3.)

Der Kunde kauft nun statt einer Versorgungszeit eine konkrete Leistung ein, unabhängig vom tatsächlich benötigten Zeitaufwand. Diese Veränderung (von der Zeitpflege zur Leistungspflege) wurde in der Praxis jedoch nicht so (radikal) umgesetzt, sondern oftmals wurde versucht, die Leistungskomplexe weiterhin in Zeit umzurechnen, um dann nach Zeit weiterzupflegen. Die Umsetzung der Leistungskomplexe erfolgte dabei oft nach folgendem Muster: Im Rahmen der ersten Verhandlungen gab es die gedankliche „Umrechnungsformel": 10 Punkte entsprechen 1 Minute Grundpflege. Die Leistungskomplexe/Module wurden dann mit einer Punktmenge bewertet. Diese Umrechnungsformel fand sich so in keiner Vergütungsvereinbarung, sie war eher als Übersetzungshilfe zu verstehen. Trotzdem wurden in vielen Pflegediensten die zu erbringenden Leistungskomplexe nach dieser Formel in Zeiten umgerechnet und diese Zeit dann vor Ort beim Kunden verbracht, meist unabhängig von den Leistungsinhalten. Die Denkweise lautete in etwa: „Ich habe ja diese Zeit und soll sie auch hier verbringen." Oft glaubte der Kunde auch, er hätte den Anspruch auf diese Zeit. Dabei gab es dafür keinerlei vertragliche Grundlagen, da in den Vergütungsvereinbarungen keine Beziehung zwischen Leistung und Zeit festgeschrieben wurde (bis auf einige Ausnahmen z. B. in der Hauswirtschaft, siehe Kap. 2.1.3). In den letzten Jahren ist diese „Übersetzung" kaum noch zu finden. Allerdings wurde die Zeitumrechnung aufgrund der wirtschaftlich schlechter werdenden Situation oft nahtlos von Systemen der Erlösorientierten Einsatzplanung abgelöst (siehe Kap. 7.1.2).

Die neue Zeitabrechnung

Mit Einführung des Pflege-Neuausrichtungs-Gesetzes (PNG) im November 2012 wurde eine parallele Zeitabrechnungsoption für die Grundpflege eingeführt: Der Gesetzgeber hat festgelegt, dass alle Pflegedienste ab 2013 die Grundpflege sowohl nach Pauschalen (Modulen/Leistungskomplexen) als auch nach Zeit anbieten müssen. Er wollte damit eine größere Flexibilisierung erreichen. Die Pflegedienste sind auch gezwungen, über zwei verschiedene Kostenvoranschläge einen direkten Preisvergleich durchzuführen. Dabei sind die Leistungen so unterschiedlich definiert, dass man sie eigentlich nicht über den Preis vergleichen kann:

- Bei Leistungskomplexen sind die Inhalte (Leistungen) definiert, nicht aber der dafür benötigte Zeitrahmen.
- Bei der Zeitabrechnung ist nicht der konkrete Inhalt definiert (nur die Art Grundpflege), sondern nur die Zeit.

Zurzeit (August 2014) ist die Zeitabrechnung erst in vier Bundesländern vertraglich umgesetzt, die Nutzung durch die Kunden ist momentan auch nur sehr gering. Das liegt sicherlich auch daran, dass mit der Zeitabrechnung keine Leistungsgarantie verbunden ist, mit den Leistungskomplexen aber schon.

Mit dem Pflegestärkungsgesetz 1, das am 17. 10. 2014 verabschiedet wurde, ist die verbindlich anzubietende Zeitabrechnung für die Grundpflege wieder aus dem Gesetz genommen werden. Als Option (ohne vergleichende) Kostenvoranschläge kann sie weiterhin mit den Kostenträgern vereinbart und angeboten werden.

1.5 Die Rolle der PDL

Spätestens seit Einführung der Pflegeversicherung ist die Aufgabe, Funktion, Rolle und Verantwortung der PDL in der Ambulanten (und Stationären) Pflege noch deutlicher und klarer, auch gesetzlich, definiert worden. Die Verantwortung für die Ein-

Handbuch Ambulante Einsatzplanung · Andreas Heiber und Gerd Nett
 · ISBN 978-3-86630-378-2

satzplanung liegt immer bei der Pflegedienstleitung, die Anforderung an diese ist aber unter Umständen je nach Leistungsträger unterschiedlich geregelt.

Von den gesetzlichen Vorschriften aus gesehen ist ein Pflegedienst immer eine „gemischte Einrichtung", er unterliegt also verschiedenen gesetzlichen und vertraglichen Regelungen: Die Rahmenbedingungen ergeben sich aus den Versorgungs- und Rahmenverträgen nach SGB XI, SGB V, SGB XII und den vereinbarten Privatleistungen.

Dabei kann man nicht immer davon ausgehen, dass die Verträge und Regelungen im Rahmen der Krankenversicherung mit den Regelungen im Rahmen der Pflegeversicherung identisch oder kompatibel sind.

Es ist auch nicht ausgeschlossen, dass beispielsweise im Rahmen der Krankenversicherung eine andere Pflegefachkraft verantwortlich ist als in der Pflegeversicherung.

Die Regelungen sollen im Einzelnen dargestellt werden.

1.5.1 Die Regelungen nach SGB XI

Die Vertragswerke im SGB XI sind differenziert gegliedert und voneinander abhängig geregelt:

- » **Versorgungsvertrag nach § 72:** Zulassung zur Pflege des Pflegedienstes
- » **Rahmenvertrag nach § 75** auf Landesebene: Inhaltliche Konkretisierung der Leistungen sowie Regelungen zum Ablauf, Abrechnung und Wirtschaftlichkeits- sowie Qualitätsprüfungen
- » **Maßstäbe** und **Grundsätze** zur Qualität und Qualitätssicherung/Entwicklung nach § 113 auf Bundesebene
- » **Vergütungsvereinbarung nach § 89 SGB XI** zwischen Pflegedienst und den Pflegekassen

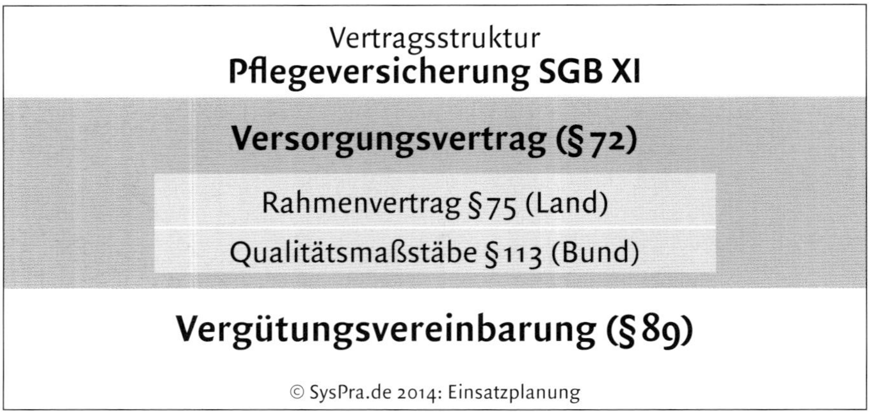

Grafik 1.3

Anders als in der Krankenversicherung (s. u.) gibt es im SGB XI vier verschiedene Verträge, die nur teilweise direkt vom Pflegedienst ausgehandelt und unterschrieben werden. Die Rahmenvertragsregelungen und Qualitätsmaßstäbe werden über die Versorgungsverträge nach §72 eingeschlossen und gelten so für jeden Pflegedienst, selbst wenn er an den Verhandlungen nicht beteiligt war.

Im SGB XI ist über den Versorgungsvertrag nach §72 SGB XI geregelt, dass der Pflegedienst unter **ständiger Verantwortung** einer **ausgebildeten Pflegefachkraft** steht. Die genauere Verantwortung ist über die „Maßstäbe und Grundsätze für die Qualität und Qualitätssicherung sowie für die Entwicklung eines einrichtungsinternen Qualitätsmanagements nach §113 SGB XI in der ambulanten Pflege vom 27. Mai 2011" **(MuG ambulant)** geregelt. Ältere Rahmenverträge nach §75 auf Landesebene nehmen oftmals noch Bezug auf die Vorgängerregelung nach §80 SGB XI alter Fassung. Die Rechtsgrundlage ist 2008 verändert worden, die Inhalte im Kern aber nicht.

In Absatz 3.1.2 „Personelle Ausstattung" der MuG ambulant sind folgende Verantwortungsbereiche formuliert:

> **Die vom ambulanten Pflegedienst angebotene ambulante Pflege ist unter ständiger Verantwortung einer ausgebildeten Pflegefachkraft durchzuführen.**
> Pflege unter ständiger Verantwortung einer ausgebildeten Pflegefachkraft bedeutet, dass diese u. a. verantwortlich ist für:
>
> 1. die Anwendung der beschriebenen Qualitätsmaßstäbe in der Pflege,
> 2. die Umsetzung des Pflegekonzeptes,
> 3. die Planung, Durchführung und Evaluation der Pflege,
> 4. die fachgerechte Führung der Pflegedokumentation,
> 5. die an dem Pflegebedarf orientierte Einsatzplanung der Pflegekräfte,
> 6. die regelmäßige Durchführung der Dienstbesprechungen innerhalb des ambulanten Pflegedienstes.

Hier ist klar geregelt, dass die PDL die (alleinige) fachliche Verantwortung für die Planung und Durchführung der Pflege sowie für die dazu notwendige Einsatzplanung hat.

1.5.2 Die Regelungen nach SGB V

In der Krankenversicherung sind alle Regelungen, die im SGB XI in vier Vertragswerken geregelt sind, in einem Vertrag nach **§132 a für die Häusliche Krankenpflege nach §37** und **für die Haushaltshilfe nach §38 in §132** festgehalten. Während in der Pflegeversicherung die Pflegekassen auf Bundeslandesebene immer gemeinsam und einheitlich handeln müssen und deshalb die Verträge mit den Landesverbänden der Pflegekassen abgeschlossen werden (Versorgungsvertrag und Vergütungsvereinbarung), ist dies im Bereich der Krankenversicherung anders: Hier muss ein Leistungsanbieter im Prinzip mit jeder einzelnen Krankenkasse, für die er Leistungen erbringen will, Verträge abschließen. In vielen Ländern haben sich Krankenkassen zu Arbeitsgemeinschaften zusammengeschlossen und handeln gemeinsam, oft auch in Gruppen von Kassen (z. B. handelt der Verband der Ersatzkassen e. V. [VdEK] oftmals für seine Mitglieder die Verträge aus). In der Praxis kann es also sein, dass man in einem Bundesland nicht nur einen Vertrag nach §132 a/132 SGB V hat, sondern zwei oder mehrere. Diese können sich inhaltlich und in der Vergütung unterscheiden. So kann es sein, dass bestimmte Leistungen in einem Bundesland bei der AOK nur durch Pflegefachkräfte, bei anderen Kassen aber auch durch Pflegekräfte erbracht werden dürfen (so zurzeit [2014] in Sachsen-Anhalt).

Weil der Gesetzgeber diese „Vielfalt" vermeiden oder reduzieren wollte, hat er schon seit 1997 in §132 a, Absatz 1 SGB V geregelt, dass es eine Rahmenempfehlung auf Bundesebene zu den wesentlichen Inhalten der Verträge geben soll. Seit November 2013 gibt es erstmals eine solche Bundesempfehlung in Teilbereichen. Sie ist zwar noch nicht vollständig für alle Themenbereiche formuliert und verhandelt, allerdings sind folgende Bereiche geregelt:

» Anerkennung der verantwortlichen Pflegefachkraft,
» Verordnungs- und Genehmigungsverfahren sowie Abrechnungsverfahren erbrachter Leistungen.

Allerdings muss man beachten, dass es nach der Verabschiedung auf Bundesebene noch längere Zeit dauern wird, bis diese Regelungen auch in die einzelnen Verträge auf Landes- und Kassenebene umgesetzt werden. Schließlich ist es nur eine Bundes-Rahmenempfehlung, an die sich die Vertragspartner auf Landesebene halten können, aber nicht müssen.

Wir zitieren hier aus der Rahmenempfehlung nach §132 a auf Bundesebene mit Stand vom 10. 12. 2013, aber jeder Pflegedienst muss in den von ihm unterschriebenen und damit für ihn gültigen Verträgen nach §132 a bzw. §132 nachschlagen, was für ihn aktuell gültig ist. In Bezug auf die Verantwortung der PDL dürfte es hier nur wenige Abweichungen geben:

§1 Verantwortliche Pflegefachkraft

1. Die vom ambulanten Pflegedienst angebotenen Leistungen der häuslichen Krankenpflege gem. §37 SGB V sind unter ständiger Verantwortung einer Pflegefachkraft durchzuführen.
2. Pflege unter ständiger Verantwortung einer Pflegefachkraft bedeutet, dass diese u. a. verantwortlich ist für:

a) die Erbringung der verordneten und genehmigten Leistungen nach den allgemein anerkannten medizinisch-pflegerischen Erkenntnissen,
b) die Umsetzung des Pflegekonzeptes des Pflegedienstes,
c) die fachliche Koordination der Häuslichen Krankenpflege im Rahmen der ärztlichen Ver- und Anordnung in dem für diese Leistungen gebotenen Umfang,
d) die fachgerechte Führung der Pflegedokumentation,
e) die Einsatzplanung der Pflegekräfte,
f) die regelmäßige Durchführung der Dienstbesprechungen innerhalb des ambulanten Pflegedienstes.

Wie schon in den MuG ambulant des SGB XI ist auch hier abschließend geregelt, dass die PDL (allein) verantwortlich ist für die fachgerechte Planung und Durchführung der Versorgung sowie die dazu notwendige Einsatzplanung.

1.5.3 Die Regelungen nach SGB XII und andere

Besondere Regelungen der Sozialhilfe können sich nur auf die Leistungen beziehen, die die Sozialhilfe allein finanziert und für die es keine anderen vorrangigen Verträge (z. B. für die Grundpflege nach SGB XI) gibt. Das können Leistungen der Eingliederungshilfe nach §§ 53 ff. SGB XII sein, aber auch „Hilfe zur Weiterführung des Haushalts" nach § 70 oder andere Verrichtungen nach § 61 SGB XII. Die für die Erbringung notwendigen Verträge werden nach den Regelungen der §§ 75 bis 80 SGB XII formuliert.

In der Praxis richten sich die Leistungen der Sozialhilfe (z. B. andere Verrichtungen) weitgehend nach den Qualitätsmaßstäben der Pflegeversicherung. Oftmals wird auch in Verträgen der Sozialhilfe ausdrücklich auf die MuG ambulant SGB XI Bezug genommen. Bei Leistungen der Eingliederungshilfe gelten wegen des anders gerichteten Zwecks der Leistungen (Eingliederung in die Gesellschaft statt nur „Pflege") entsprechend andere Regelungen. Diese würde hier aber den inhaltlichen Rahmen sprengen, deshalb wird das hier nicht weiter vertieft.

Im Bereich der **Privatleistungen** gibt es keine definierten Regelungen. Man kann aber davon ausgehen, dass die Verantwortlichkeiten und Qualitätsmaßstäbe aus dem SGB XI auch hier gelten und gelten sollten. Wenn ein Pflegedienst hier Abweichendes regeln wollte, müsste er dies auch mit dem Kunden einzelvertraglich vereinbaren, was jedoch nicht zu empfehlen ist.

1.6 Die Verantwortung der PDL

Wie oben zitiert, hat die Pflegedienstleitung die alleinige Verantwortung für die Einsatzplanung und Durchführung der Versorgung. Sie kann zwar Aufgaben der Einsatzplanung und Durchführung auf Mitarbeiter delegieren, bleibt aber immer in der formalen Verantwortung. Das heißt, auch bei der Delegation muss die PDL sicherstellen, dass die ausführenden Mitarbeiter dafür qualifiziert und geeignet sind, die Arbeitsanweisungen klar und verständlich sind und die Leistungen unter ständiger Kontrolle durchgeführt werden.

Was bedeutet das in Bezug auf die Einsatzplanung?

Die wesentlichen Stichpunkte:

1.6.1 Personalqualifikation und Qualität

Der Mindestmaßstab der Qualität ist der „allgemein anerkannte Stand medizinisch-pflegerischer Erkenntnisse" (§ 11 Abs. 1 SGB XI, Rahmenvereinbarung SGB V). Dieser „Stand" ist kein fester, statischer Begriff: Man kann diesen Stand also nirgendwo nachlesen oder zitieren. Man kann ihn hilfsweise mit dem Wissensstand bei der Alten- und/oder Krankenpflegeausbildung bzw. Prüfung gleichsetzen. Dazu gehören auch die allgemein als richtig anerkannten Expertenstandards (z. B. die sogenannten nationalen Expertenstandards des Deutschen Netzwerkes für Qualitätsentwicklung in der Pflege [DNQP], Osnabrück). Wesentlich ist aber: Hier geht es nur um den **anerkannten Stand**, nicht um den **„neuesten" Stand.** Und: Dieser Wissensstand ist ein „dynamischer" und ändert sich von Jahr zu Jahr. Was gestern noch aktuell war, kann heute veraltet und morgen als gefährlich angesehen werden (siehe z. B. die Entwicklung bei der Dekubitusprophylaxe).

Zum Stand nach §§ 11 SGB XI gehören später auch die formalen Expertenstandards nach § 113 a SGB X. (Noch sind keine gültig verabschiedet!)

Praktisch übersetzt bedeutet das für den Personaleinsatz:

» Die Mitarbeiter müssen für die geplanten Aufgaben **fachlich qualifiziert** sein, ansonsten können sie nicht eingesetzt werden. Da die PDL die Verantwortung hat, darf sie nur Mitarbeiter einsetzen, die aus ihrer Sicht qualifiziert sind: Werden beispielsweise von der Geschäftsführung Mitarbeiter eingestellt, die aus Sicht der PDL nicht geeignet sind, darf die PDL sie nicht einsetzen. Da sie diese Verantwortung tatsächlich allein hat, kann die Geschäftsführung sie hier weder anweisen noch ihre Entscheidung ersetzen (siehe Versorgungsvertrag SGB XI!). Wenn ein Mitarbeiter „falsch" eingesetzt wurde und deshalb Pflegefehler begeht (ohne dass dies der Mitarbeiter überblicken konnte), dann ist die Pflegedienstleitung im Rahmen ihrer Organisationsverantwortung verantwortlich.

» Die Mitarbeiter (alle) müssen **ständig weitergebildet** werden, denn der „allgemein anerkannte Stand medizinisch-pflegerischer Erkenntnisse" ist ein dynamischer Begriff, der sich jährlich weiterentwickelt. Mitarbeiter, die sich nicht weiterbilden lassen (weil sie an den Fortbildungen nicht teilnehmen), können dauerhaft nicht mehr für alle Aufgaben eingesetzt werden! Je nach formaler Qualifikation ist auch der Fortbildungsaufwand unterschiedlich hoch: Eine Krankenschwester muss mehr Fortbildungen machen, um ihren breiteren Wissensstand zu erhalten, als eine Pflegehelferin!

» Bei neuen Mitarbeitern muss geprüft werden, was sie tatsächlich können. Das gilt auch gerade dann, wenn der formale Berufsabschluss schon länger zurückliegt (z. B. bei Wiedereinsteigern nach der Kinderpause).

Weil allein die PDL die Verantwortung hat, muss sie diese auch evtl. aktiv wahrnehmen und durchsetzen. Zwar kann beispielsweise die Geschäftsführung „günstige" Mitarbeiter mit geringer Ausbildung einstellen, aber die PDL darf sie dann nicht einsetzen, wenn sie nach ihrer Meinung nicht qualifiziert sind.

1.6.2 Verantwortung für die Einsatzplanung

Die PDL ist verantwortlich für die Planung und die tatsächliche Leistungserbringung. Es reicht also nicht, dass sie gute Soll-Tourenpläne erstellt, deren Einhaltung aber später nicht kontrolliert. Werden diese nach Abschluss der Tour nicht regelmäßig auf Abweichungen überprüft und diese kritisch gewürdigt, erfolgt keine echte Einsatzplanung und die PDL wird ihrer Verantwortung nicht gerecht.

Dazu ein Beispiel:

» Kunde 3 hat eine ärztlich verordnete Medikamentengabe vor dem Frühstück, er soll daher um 8.30 Uhr versorgt werden.

» Der schriftliche Tourenplan sieht vor, dass die Kunden in der Reihenfolge 1, 2, 3, 4 versorgt werden und Kunde 3 genau um 8.30 Uhr versorgt wird, um seine Medikamente zu bekommen.

» Am 1. Tag fährt der Mitarbeiter die Reihenfolge 1, 2, 3, 4; Kunde 3 wird um 8.00 Uhr versorgt.

» Am 2. Tag fährt der Mitarbeiter die Reihenfolge 3, 1, 4, 2; Kunde 3 wird um 7.50 Uhr versorgt.

» Am 3. Tag fährt der Mitarbeiter die Reihenfolge 4, 1, 2, 3; Kunde 3 wird um 9.30 Uhr versorgt usw.

» Auf den schriftlichen Tourenplänen dokumentiert der Mitarbeiter die jeweiligen Beginnzeiten und damit die Abweichungen vom Plan.

» Am Tag X findet der Mitarbeiter Kunde 3 kollabiert vor, als er ihn erst um 10.00 Uhr anfährt.

Im Nachhinein wird ermittelt, ob der Pflegedienst seine vertraglichen Pflichten verletzt hat, als er entgegen der Anordnung so spät zum Kunden 3 kam.

- Die PDL verweist auf die Soll-Tourenpläne mit der Beginnzeit 8.30 Uhr. Weil der Mitarbeiter eine klare Anweisung hatte, an die er sich lt. Qualitätshandbuch zu halten hatte, ist es ein **Individualverschulden** des Mitarbeiters, der gegen die Dienstanweisung (Tourenplan) gehandelt hat.
- Der Mitarbeiter kann aber nachweisen, dass er schon länger zu ständig wechselnden Zeiten den Kunden 3 versorgt hat. Ihm sei nicht bewusst gewesen, dass die Versorgung zeitkritisch und eine bestimmte feste Uhrzeit einzuhalten sei, zumal er ja jedes Mal die Uhrzeit auf dem Tourenplan dokumentiert hätte und die PDL die Ist-Tourenpläne überprüft.

Nun hat die PDL das Problem darzustellen, wie sie ihrer **(Organisations-)Verantwortung** für die Einsatzplanung gerecht geworden ist. Sie hatte die Informationen und hätte handeln müssen, als sie feststellen konnte, dass der Mitarbeiter sich so gut wie nie an die Reihenfolge und damit die Versorgungszeiten gehalten hat.

Das Beispiel soll zeigen, wie im Extremfall (bei einem „Schadensereignis") die Verantwortung überprüft wird und mutmaßlich dann bei der Pflegedienstleitung liegt. Der wichtigste Teilprozess bei der Tourenplanung ist auch deshalb der Soll-Ist-Abgleich, aber eben nicht nur in Bezug auf nicht erbrachte und deshalb nicht abzurechnende Leistungen, sondern auch in Bezug auf die Einhaltung der Reihenfolge und der Beginnzeiten.

1.6.3 Verantwortung der Stellvertretung

Die „ständige Verantwortung einer ausgebildeten Pflegefachkraft" kann nur „lückenlos" gewährleistet werden, wenn diese für die Zeit ihrer Abwesenheit (durch Krankheit oder Urlaub oder aus anderem Grund) vertreten wird. Deshalb ist sowohl im SGB XI als auch im SGB V die ständige Vertretung der PDL durch eine Stellvertretende Pflegedienstleitung geregelt. In der MuG ambulant SGB XI heißt es:

> „Der Träger des ambulanten Pflegedienstes stellt sicher, dass bei Ausfall (z. B. durch Verhinderung, Krankheit, Ausscheiden oder Urlaub) der verantwortlichen Pflegefachkraft die Vertretung durch eine Pflegefachkraft mit der Qualifikation nach Ziffer 3.1.5.1 gewährleistet ist. Diese sollte in der Regel sozialversicherungspflichtig beschäftigt sein."

In der oben genannten Bundesrahmenempfehlung nach § 132 a SGB V ist Folgendes formuliert:

> „Die stellvertretende verantwortliche Pflegefachkraft erfüllt bezogen auf Berufsabschluss und Berufserfahrung die gleichen Voraussetzungen wie die verantwortliche Pflegefachkraft (siehe Abs. 3–6). Im Vertretungsfall muss die Vertretung der verantwortlichen Pflegefachkraft im Umfang einer Vollzeitstelle gewährleistet sein."

Die Stellvertretende Pflegedienstleitung muss in der Regel (im SGB XI) keine Weiterbildungsmaßnahme für leitende Funktionen mit mindestens 460 Stunden absolviert haben, auch wenn es sinnvoll wäre. Ob dies in einzelnen SGB V-Verträgen anders geregelt ist, muss man im Einzelfall prüfen.

Sie hat im Vertretungsfall die volle Verantwortung der PDL, einschließlich ihrer Rechte und Pflichten.

In der Praxis kann man oft beobachten, dass gerade bei kleineren Pflegediensten die Stellvertretende PDL vor allem in der Pflege arbeitet und nur ausnahmsweise (wenn die PDL im Urlaub ist) deren Aufgaben wahrnimmt. Oftmals ist sie auch nicht in alle Aufgabenbereiche und Abläufe eingearbeitet.

Dann stellt sich die Frage, wie eine solche Stellvertretende PDL die Aufgaben und Verantwortung wahrnehmen kann, wenn die PDL mal nicht da ist. Im Regelfall lassen sich Urlaube und Weiterbildungszeiten planen, sodass die Stellvertretende PDL für diese Zeit konkrete Anweisungen von der PDL erhalten könnte. Aber das funktioniert nicht bei plötzlichem Ausfall bedingt durch Krankheiten oder durch einen Unfall, wenn die Stellvertretende PDL ebenfalls einspringen muss.

Deshalb ist die Stellvertretende PDL so weitgehend einzuarbeiten und mit den Abläufen und Strukturen vertraut zu machen, dass sie jederzeit die PDL ersetzen kann, zumindest für alle Abläufe des Tagesgeschäfts bzw. die Verantwortungsbereiche der PDL.

Wer die Aufgabe als Stellvertretende PDL übernimmt, sollte nicht nur vom Arbeitgeber über die damit verbundenen Aufgaben aufgeklärt werden, sondern die Aufgabe nur dann übernehmen, wenn er dazu aufgrund der Einarbeitung in der Lage ist. Oft ist in Stellenbeschreibungen recht genau formuliert, was die Aufgabe der Stellvertretenden Pflegedienstleitung ist. Selbst wenn in der Stellenbeschreibung die Vertretung der PDL als Aufgabe (ohne weitere Hinweise) definiert ist, wird damit indirekt auf die Stellenbeschreibung der PDL verwiesen, deren Inhalte dann im Vertretungsfall gültig sind. Damit hat sie im Vertretungsfall formal die gleiche Verantwortung und Pflichten wie die PDL. Deshalb ist es nicht nur eine Formalie, eine Stellvertretende PDL zu benennen, das sollte sowohl der Geschäftsleitung als auch der Stellvertretenden PDL klar sein. Wer die volle Verantwortung als PDL nicht übernehmen will oder sich aufgrund der Situation (fehlende Einarbeitung, keine Zeit für Austausch etc.) nicht in der Lage sieht, sollte keinen Vertrag als Stellvertretende PDL unterschreiben oder vorgelegt bekommen.

1.6.4 Einsatzplanung delegieren

Auch bei der (konkreten) Einsatzplanung kann die Pflegedienstleitung Arbeitsschritte delegieren, sie muss sie nicht einmal selbst machen. Es spricht nichts dagegen, wenn beispielsweise die Stellvertretende PDL, eine andere Pflegefachkraft oder auch eine Verwaltungsmitarbeiterin (Leitungsassistentin) die Tourenplanung am Computer durchführt, weil sie schneller und besser mit dem Computer arbeiten können. Das bedeutet jedoch nicht, dass die PDL aus ihrer Verantwortung entlassen ist. Auch bei Delegation von Aufgaben ist die PDL immer verantwortlich.

Deshalb sollte bei einer Delegation möglichst schriftlich ein Ablauf dokumentiert werden, wer welche Schritte im Prozess der Tourenplanung in welcher Qualität durchführt und bei welchen Punkten wer zu entscheiden hat. Nur bei einer schriftlichen Delegation von Aufgaben kann man später auch darstellen, wer die Durchführungsverantwortung für welche Schritte konkret hatte.

1.6.5 Wirtschaftliche Betriebsführung und Betriebsergebnis

Wie oben dargestellt ist die PDL zwar für eine wirtschaftliche Betriebsführung mit zuständig. Das ergibt sich indirekt aus dem Versorgungsvertrag und mutmaßlich direkt aus der Stellenbeschreibung. Allerdings dürfte nun deutlich geworden sein, dass dies nicht automatisch bedeutet, dass ein Pflegedienst ein positives Betriebsergebnis erwirtschaften muss.

Sind beispielsweise die Vergütungsvereinbarungen von der Höhe her nicht ausreichend, kann dies nicht durch die Einsatzplanung ausgeglichen werden. Denn das hieße ja, die vereinbarten Qualitätsmaßstäbe nicht einzuhalten, beispielsweise durch Verzicht auf „aktivierende" Pflege. Die PDL ist vor allem für die Qualität verantwortlich, diese wird auch jährlich im Rahmen der Qualitätsprüfung extern überprüft. Gute Qualitätsprüfer könnten, auch unter Einbeziehung der Soll- und Ist-Tourenplanung, feststellen, ob es genügend Zeit für aktivierende Pflege bei bestimmten Kunden gegeben hat, sowohl vonseiten der Planung als auch in der konkreten Durchführung. Verstöße dagegen könnten unter Umständen den Versorgungsvertrag gefährden oder/und zu Rückzahlungsforderungen nach § 115 Absatz 3 SGB XI führen.

Für eine leistungsgerechte Vergütung bei allen Leistungsträgern ist jedoch nicht die PDL verantwortlich, sondern die Geschäftsführung. Eine nicht ausreichende Vergütung kann über die Einsatzplanung nicht ausgeglichen werden, ohne andere gravierende Mängel zu akzeptieren.

1.7 Zusammenfassung

- » Zeit kostet Geld, auch sehr kurze Zeiten summieren sich auf das Jahr gesehen zu stattlichen Beträgen; deshalb muss man eine Einsatzplanung genau planen.
- » Die Einsatzplanung besteht im Kern aus zwei Kreisläufen, die miteinander verzahnt sind: Die Kundenaufträge und die Mitarbeiterressourcen werden im Soll-Tourenplan geplant, im Soll-Ist-Abgleich werden die Änderungen geprüft. Sie führen gegebenenfalls zu Änderungen im nächsten Soll-Tou-

Handbuch Ambulante Einsatzplanung · Andreas Heiber und Gerd Nett
© Vincentz Network GmbH & Co. KG, Hannover 2014 · ISBN 978-3-86630-378-2

renplan. Die geänderten Ist-Tourenpläne bilden gleichzeitig die Grundlage für die Leistungs- und Personalabrechnung.

» Die Erwartungen an die Tourenplanung sind vielfältig: Die Kunden erwarten Pünktlichkeit, die Mitarbeiter Konstanz und die Geschäftsführung Wirtschaftlichkeit. Gleichzeitig müssen die formalen und gesetzlichen Bestimmungen eingehalten werden.

» Die professionelle Pflege hat sich durch die Einführung der Pflegeversicherung stark in Richtung „Kunde" orientiert. Viele Kunden wollen den Vorteil der Kundenrolle mit der Fürsorge für sie als Patienten kombiniert haben.

» Die Rolle der PDL ist formal klar beschrieben: Sie ist zentral verantwortlich für die Einsatzplanung und damit für alle weiteren Prozesse. Sie kann Aufgaben delegieren und unterstützen lassen, die zentrale Verantwortung für die Qualität der Pflege bleibt ihre Aufgabe.

2 Die Leistungsbereiche und ihre Definition

Bei der Einsatzplanung geht es immer um die Planung von konkreten Leistungen. Neben dem Auftraggeber müssen auch die Leistungen eindeutig definiert werden, sodass jeder Mitarbeiter die gleiche Leistung erbringt. Dafür müssen deren Inhalte geklärt und von anderen Leistungen eindeutig abgegrenzt werden. Pflegedienste erbringen Leistungen in unterschiedlichen Bereichen und mit unterschiedlichen Systemen, deshalb sollen hier die wesentlichen Leistungsträger und Leistungsstrukturen kurz dargestellt werden.

Dabei ist immer zu beachten, dass durch die föderale Vielfalt (siehe auch Kap. 2.1.3) es in jedem Bundesland andere Leistungsbeschreibungen sowohl im SGB XI als auch im SGB V gibt und hier nur exemplarisch eine Übersicht dargestellt werden kann. Jeder Pflegedienst muss dann die Anpassungen unter Berücksichtigung der eigenen vertraglichen Regelungen vornehmen. Dabei sollte man beachten, dass nur das umzusetzen ist, was tatsächlich vereinbart wurde. Unklare Formulierungen sollten eher zurückhaltend interpretiert werden, im Zweifelsfall ist weniger gemeint.

Leistungsübersicht und gesetzliche Grundlagen		
Pflegeversicherung		**SGB XI**
	Grundpflege	§36
	Hauswirtschaft	§36
	Häusliche Betreuung	§124
	Zusätzliche Betreuung	§45 b
	Verhinderungspflege	§39
	Schulung	§45
	Beratungsbesuche	§37.3
Krankenversicherung		**SGB V**
	Grund- und Behandlungspflege	§37.1
	Behandlungspflege	§37.3
	Haushaltshilfe	§38
	Versorgung bei Schwangeren/Müttern	§24 g,h

Handbuch Ambulante Einsatzplanung · Andreas Heiber und Gerd Nett
 · ISBN 978-3-86630-378-2

Leistungsübersicht und gesetzliche Grundlagen		
Sozialhilfe		**SGB XII**
	Hilfe zur Pflege	§§ 61-66
	Hilfe zur Weiterführung des Haushaltes	§ 70
	Altenhilfe	§ 71
	Blindenhilfe	§ 72
Trägerleistungen		
	Serviceleistungen	
Privatleistungen		
	Privatpreisliste	
	© SysPra.de 2014: Einsatzplanung	

Grafik 2.0

2.1 Die Leistungen der Pflegeversicherung

In der Pflegeversicherung sind drei verschiedene Leistungsdefinitionen zu unterscheiden:

- **Pauschalleistungen** (Leistungskomplexe, Module),
- **Leistungen nach Zeit** (Zeitleistungen, die minutengenau abgerechnet werden) und
- **pauschale Zeitleistungen** (die pro Einheit abgerechnet werden, oftmals Hauswirtschaftliche Leistungen).

2.1.1 Hilfearten: Wie wird eine Leistung erbracht?

Die Pflegeversicherung beschreibt in § 14 SGB XI fünf verschiedene Hilfearten:

- **Unterstützung:** wenn beispielsweise der Kunde sich alleine wäscht, die Pflegekraft den Waschlappen vorbereitet und ihm jeweils den frischen Waschlappen anreicht.
- **Teilweise Übernahme:** wenn der Kunde sich das Gesicht wäscht, die Pflegekraft danach den Rücken.
- **Vollständige Übernahme:** wenn die Pflegekraft alles wäscht, der Pflegebedürftige dabei nicht mithilft.
- **Beaufsichtigung:** wenn die Pflegekraft den Pflegebedürftigen beim Waschen beaufsichtigt, ohne einzugreifen.

Handbuch Ambulante Einsatzplanung · Andreas Heiber und Gerd Nett
 · ISBN 978-3-86630-378-2

- **Anleitung** mit dem Ziel der eigenständigen Übernahme: wenn die Pflegekraft den (beispielsweise dementen) Kunden anleitet, wie er erst den Waschlappen nass machen soll und sich danach das Gesicht wäscht.

Unabhängig davon, welche Hilfeart der Kunde im konkreten Fall benötigt, wird die Leistung dann erbracht und ist abzurechnen. Also selbst wenn der Kunde sich im Prinzip alleine waschen kann, dies aber nicht tut, falls nicht jemand daneben steht, wird damit die Leistung (beispielsweise) „Kleine Pflege" erbracht und ist abzurechnen.

Insbesondere bei Transferleistungen wie „Hilfe beim Aufstehen/Zubettgehen" gibt es in der Praxis oft Probleme mit Kunden/Angehörigen. Beispielsweise steht der Pflegebedürftige immer dann auf, wenn die Pflegekraft ins Zimmer kommt und hier solange wartet. Auch hier findet eine „Hilfe" im Sinne der obigen Definition statt. Denn ohne das Erscheinen und die Anwesenheit der Pflegekraft würde der Kunde nicht aufstehen, damit wird eine konkrete Leistung erbracht, auch wenn die Pflegekraft „nur rumsteht".

Das gilt auch dann, wenn beispielsweise eine Teilleistung nicht gewählt wird (werden kann), die Kunden diese selbst durchführen wollen, aber in Anwesenheit der Pflegekraft: Zum Beispiel kann in Niedersachsen das „Kämmen/Rasieren" separat beauftragt/gewählt werden. Der Kunde will sich jedoch allein kämmen, allerdings immer im Badezimmer und in Anwesenheit der Pflegekraft! Da bei Leistungskomplexen keine „Wartezeit" vorgesehen ist, müsste man von Beginn an klären, dass der Kunde sich dann kämmen kann, wenn die Pflegekraft gegangen ist oder wenn sie in der Zwischenzeit eine andere Leistung (z. B. der Hauswirtschaft) erbringt.

2.1.2 Abgrenzung zu anderen Leistungen

Bevor die einzelnen Leistungsdefinitionen diskutiert werden, sind für alle geltenden Abgrenzungspunkte darzustellen: Was gehört zur konkreten Leistung und was ist einer anderen Leistung (oftmals der Hauswirtschaft) zuzuordnen?

- **Vor- und Nachbereitung der Leistung**
  Zu jeder konkreten Leistung gehört (nur) die unmittelbare Vor- und Nachbereitung der Leistung. Im Regelfall ist diese in den Leistungsbeschreibungen der Vergütungsvereinbarungen nicht weiter erklärt oder beschrieben.
  Gerade im Zusammenhang mit sich aus der Grundpflege ergebenden Hauswirtschaftlichen Leistungen gibt es bei der Abgrenzung oft Konflikte mit den Kunden. Am konkreten Beispiel kann man die möglichen Konflikte verdeutlichen: Der Kunde wird im Rahmen einer „Großen Morgentoilette" geduscht. Die Dusche selbst hat eine Glaseinrahmung. Die Ehefrau des Kunden besteht darauf, dass nach dem Duschen auch die Glasflächen mit einem Abstreifer auf beiden Seiten abgezogen werden, damit sich keine Kalkflecken bilden, genauso

sollen die Armaturen mit einem Tuch getrocknet werden. Je nach Größe der Dusche würde sich damit die benötigte Zeit um 2 bis 4 Minuten vergrößern.

Zur Vor- und Nachbereitung gehört immer nur die unmittelbare Vor- und Nachbereitung: In diesem Fall würde es dazu gehören, dass die Dusche ausgespült wird (damit kein Seifenschaum auf dem Boden bleibt) und mögliche Wasserflecken vor der Dusche aufgewischt werden (damit hier keiner ausrutscht). Das ausführliche Abwischen gehört zum (weitergehenden) hauswirtschaftlichen Bereich und kann hierüber separat beauftragt werden, obwohl es im bisherigen Alltag der Familie immer selbstverständlich zum Duschen gehörte.

Weitere typische Probleme der Vor- und Nachbereitung in Verbindung mit Grundpflegeleistungen sind:

1. **Aufsuchen/Verlassen des Bettes:** Das Bett-Machen (Aufschütteln, Herrichten nach dem Verlassen) gehört im Regelfall nicht zur Leistung (es sei denn, der Leistungskatalog sieht dies vor, z. B. wie zurzeit in Baden-Württemberg).
2. **Lagern:** Zum Lagern gehört nur dann eine Leistung rund um das Bett, wenn man den Pflegebedürftigen hier auch lagert. Das öfter in der Leistungsbeschreibung mitformulierte „Bettwäsche wechseln" ist nur dann notwendig und deshalb im Zusammenhang mit der Lagerung durchzuführen, wenn man es unmittelbar für das Lagern benötigt (z. B. Kopfkissenbezug ist nass geschwitzt und wird gewechselt). Die Leistung ersetzt nicht die Hauswirtschaftliche Leistung: Bettwäsche wechseln.
3. **Hilfe bei der Nahrungsaufnahme:** Die grundpflegerische Leistung der Hilfe bei der Nahrungsaufnahme enthält im Regelfall keine oder nur sehr eingeschränkt Hauswirtschaftliche Leistungen wie das spätere Spülen des Geschirrs.
4. **Hilfe bei Ausscheidungen:** Das unmittelbare Reinigen des Toilettenstuhls oder der Toilette nach der Benutzung gehört zur Leistung, falls dies nötig ist. Im Regelfall gehört das weitergehende Putzen des Klos zur Hauswirtschaft. Das Entsorgen der benutzten Vorlagen oder Windelhosen gehört zur Leistung: allerdings nur in dem Umfang, wie sonst auch andere die Inkontinenzmaterialien entsorgen. Gibt es einen Hygieneeimer, wird dieser benutzt oder, falls er beim Einsatz voll ist, mit geleert (so kann man es sich sparen, jedes Mal zum Mülleimer zu gehen). Allerdings gehört hier nur der Inkontinenzmüll und nicht der andere Hausmüll dazu. Nimmt der Pflegedienst immer das Inkontinenzmaterial direkt mit zum Müll, gehört der beispielsweise von der Ehefrau genutzte Hygieneeimer nur zur hauswirtschaftlichen Versorgung (als Extraleistung).

5. **Zubereiten einer Mahlzeit:** Zur Zubereitung gehört auch das Reinigen/Spülen der direkt benutzten Materialien. Allerdings bedeutet das nicht, dass man so lange warten muss, bis der Kunde aufgegessen hat. Das Essgeschirr kann auch am nächsten Tag gespült werden.

Hauswirtschaftliche Leistungen

Die durch die Pflegeversicherung bereitgestellten Hauswirtschaftlichen Leistungen beziehen sich logischerweise nur auf den Leistungsberechtigten, also den Pflegebedürftigen. Das führt dann zu Problemen, wenn beispielsweise ein Ehepaar zusammen wohnt und nur der Mann pflegebedürftig ist. Dann muss formal eine Abgrenzung der Leistungen erfolgen, bzw. vorher geklärt werden, wie mit der Hauswirtschaft für den Partner verfahren werden soll. Das gilt insbesondere bei Leistungen, die schwierig abgegrenzt werden können, wie das Wäschewaschen oder das Einkaufen.

1. **Reinigen der Wohnung:** Nur der unmittelbare Lebensbereich des Pflegebedürftigen gehört (in der Regel) dazu. Das sind meist nur Schlafzimmer, Wohnzimmer (soweit benutzt), Küche und Bad. Im Regelfall gehört auch nicht das Reinigen der Fenster oder das Treppenhaus dazu, da die Leistungen der Pflegeversicherung an der Wohnungstür (nicht Haustür) aufhören. Da es hier jedoch je nach Bundesland sehr unterschiedliche Definitionen gibt, muss man hier die Beschreibung im Leistungskatalog genau beachten.
2. **Wäsche waschen:** nur die Wäsche des Pflegebedürftigen, wobei insbesondere das Aufhängen, Bügeln, Zusammenlegen etc. abzugrenzen wäre, weil hier die Mehrarbeit ist.
3. **Wechseln der Bettwäsche:** nur das Bett des Pflegebedürftigen.
4. **Einkaufen:** nur den Bedarf an Lebensmitteln, Hygieneartikeln sowie Medikamente für den Pflegebedürftigen gehören dazu. Andere nicht alltägliche Anschaffungen wie Kleidung etc. gehören nicht zum Leistungsumfang der Pflegeversicherung.

» **Mehrere Personen in einer Wohnung**

Die Leistungen der Pflegeversicherung beziehen sich immer nur auf den konkreten Kunden, der die Leistungen beauftragt hat sowie im Bereich der Hauswirtschaft nur auf das Umfeld, das von ihm benutzt wird, sowie das, was er benötigt (einkaufen). Gerade bei Hauswirtschaftsleistungen, die als Pauschalen definiert sind, sollte man diese Abgrenzung sehr strikt einhalten oder entsprechend eine weitere Leistung privat vereinbaren und abrechnen. Das gilt beispielsweise auch, wenn es um das Spülen von Geschirr geht und sich in der Küche das Geschirr des letzten Tages der gesamten Familie stapelt. Formal ist dann nur das Geschirr des Pflegebedürftigen zu spülen.

Dokumentation
Die Leistungsdokumentation (praktisch sind das der Leistungsnachweis bzw. die Durchführungskontrolle) sowie der (soweit notwendig) Pflegebericht gehören ebenfalls unmittelbar zur Leistungserbringung. Im Regelfall dürfte dieser Inhalt nicht mehr als 1 Minute Arbeitszeit benötigen. Die Ersterfassung bzw. das Schreiben der Pflegeplanung sowie die regelmäßige Evaluation der Pflegeplanung benötigen besondere Zeiten, die im Falle der Erstplanung durch das sogenannte „Erstgespräch“ auch refinanziert werden. Die periodische Evaluation sollte auch als „Leistung“ separat geplant und gesteuert werden (siehe auch Kap. 8.6).

Kommunikation während der Leistungserbringung
Es ist weder sinnvoll noch nötig, dass die Einsatzzeiten so optimiert sind, dass der Mitarbeiter ohne viele Worte möglichst schnell die Wohnung zu verlassen hat. Das gehört weder zu einer guten Pflege noch kann es inhaltlich gemeint sein. Es sollte und ist immer auch Zeit dafür da, die Frage „Wie geht es Ihnen?“ zu stellen und die Antwort zu hören. Es ist aber eine strategische Frage, wann man diese Frage stellt. Wer erst „schweigend“ die Pflege durchzieht und am Ende dann endlich reden will, wird die so fehlende Zeit bemängeln. Aber warum soll man nicht vieles auch dann bereden können, während man bei der einen oder anderen Grundpflegeleistung hilft? Der Friseur redet doch auch, während er die Haare schneidet. Anschließend kassiert er und bedient den nächsten Kunden.

Unabhängig davon kann ein Pflegedienst auch Zeiten definieren, die er zusätzlich dafür zur Verfügung stellen will im Sinne von Service- oder Trägerleistungen (siehe Kap. 7.1.4).

2.1.3 Pauschalen

Die Leistungen der Grundpflege sind in allen Bundesländern (auch) nach Pauschalen anzubieten. Sie werden dann im Regelfall „Leistungskomplexe“ oder auch „Module“ genannt. Dabei setzen sich die einzelnen Leistungen aus einer Reihe von Verrichtungen zusammen, die nur als Einheit abgerufen werden können:

Zur „Kleinen Pflege“ (in Niedersachsen als Beispiel) gehören dann das An- und Auskleiden, das Teilwaschen, die Mund- und Zahnpflege sowie der notwendige Transfer ins Bad und zurück (allerdings ohne Hilfe beim Aufsuchen/Verlassen des Bettes). Wer in Niedersachsen nur die Zahnpflege allein wünscht, muss trotzdem das Gesamtpaket wählen, weil es die Zahnpflege nicht einzeln gibt.

Nur in Bayern, im „Katalog Wohlfahrt“ ist das anders: Dieser Katalog besteht aus lauter Einzelleistungen, aus denen sich der Kunde dann die Leistungen zusammenstellen kann. Eine der niedersächsischen Leistung vergleichbare „Kleine Pflege“ in Bayern, Katalog Wohlfahrt, besteht aus ca. sechs bis sieben Einzelleistungen.

Pauschalen oder Leistungskomplexe sind zwar mit einem Preis versehen oder mit einem Punktwert bewertet, der dann in einen Preis umgerechnet wird, aber vom Preis her kann und darf man nicht auf die Dauer der einzelnen Leistungen vor Ort schließen. Denn das System der Pauschalen bedeutet auch, dass die Leistung sich finanziell nur im Durchschnitt zu rechnen hat, nicht aber im Einzelfall.

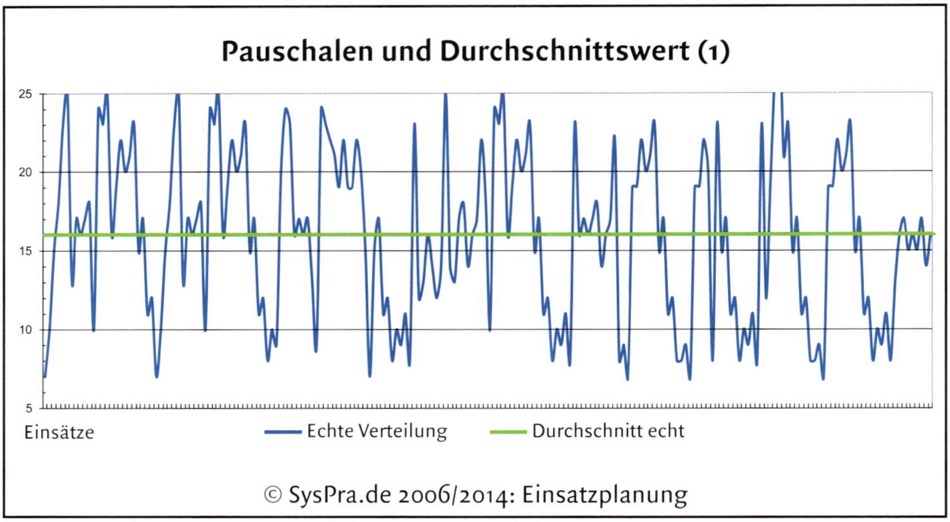

Grafik 2.1

Es gibt hier im Beispiel kurze und lange Einsätze, die im Durchschnitt des Jahres eine Versorgungszeit von 16 Minuten ergeben. Dabei kann der einzelne Einsatz viel kürzer oder länger sein. Vereinbart ist eine Pauschale, die sich im Jahresdurchschnitt rechnen soll, nicht im Einzelfall.

In fast allen Bundesländern werden die Leistungen mit einer Punktmenge bewertet und deshalb muss in Vergütungsverhandlungen nur ein oder mehrere Punktwerte verhandelt werden, nicht jedoch der Preis für jede einzelne Leistung. So hat die „Kleine Pflege“ in Niedersachsen 220 Punkte, die inhaltlich gleiche Leistung in Hessen aber 260 Punkte. Die unterschiedliche Bewertung je nach Bundesland hat mit der unterschiedlichen Preisstruktur sowie den in jedem Bundesland unterschiedlichen Rahmenbedingungen zu tun. Sie sind inhaltlich nicht weiter zu bewerten, aber auch nicht immer erklärlich. Eine Übersicht über die Systematik in den Bundesländern ist in der nebenstehenden Tabelle dargestellt.

Grafik 2.2

Leistungskataloge der Bundesländer im Systemvergleich

© Zusammenstellung: Andreas Heiber, SysPra, August 2014

Bundesland	Bewertung mit Punkten	Preis pro Leistung	Preise nach Berufsgruppen	Hauswirtschaft nach Zeit	Leistungspreis inkl. Wegepauschalen	Wegepauschalen mit Deckelung	Zeitzuschlag Nacht	Zeitzuschlag Wochenende
Baden-Württemberg			x			x	x	x
Bayern Wohlfahrt	x			teilweise			x	x
Bayern Privat	x						x	x
Berlin	x						x	x
Brandenburg Wohlfahrt	x			teilweise				
Brandenburg Privat	x			teilweise				
Bremen	x					x		x
Hamburg	x						x	x
Hessen Module	x			x			x	x
Hessen Zeitabrechnung	x			x			x	x
Meckl.-Vorpommern	x						x	x
Niedersachsen	x			x			x	x
Nordrhein-Westfalen	x					x		
Rheinland-Pfalz		x				x		
Saarland	x			x	x	–		
Sachsen	x				x	–		
Sachsen-Anhalt	x				x	–		
Schleswig-Holstein	x					x	x	x
Thüringen	x				x	–		

Wichtiger ist folgende Tatsache: Aus den Punktwerten lässt sich keinerlei Zeit ableiten, die für die Leistung zur Verfügung steht. Zwar gab es anfangs (1995) tatsächlich in einigen Ländern die Diskussion, dass 600 Punkte ungefähr einer Stunde entsprechen würden. Allerdings stand von Beginn an in allen Vertragstexten, dass der Leistungsinhalt als Pauschale definiert ist, weiterhin ist nirgends diese 600 Punkte/Stunde-Annahme schriftlich festgehalten. (Nur bei der Umrechnung der Investitionskosten in NRW und Niedersachsen spielt diese Umrechnung noch eine Rolle.)

Eine Definition der Zeit aus der Punktmenge ist daher falsch und nicht begründbar. In den Bundesländern Saarland, Sachsen-Anhalt, Thüringen sowie Sachsen gibt es zurzeit keine ausgewiesenen Wegepauschalen, in einigen anderen Ländern (z. B. NRW, siehe auch Grafik) ist die Wegepauschale mehr oder weniger stark in der Abrechnung gedeckelt. Das heißt ganz praktisch: Mit dem Punktwert und Preis einer konkreten Leistung ist hier nicht allein nur die Leistungszeit vor Ort finanziert, sondern zumindest auch ein Anteil der Wegezeit (wobei hier noch weniger klar ist, welcher Anteil der Wegezeit in welcher Leistung „steckt").

Auch deshalb verbietet es sich, aus der finanziellen und punktuellen Bewertung der jeweiligen Leistung in diesen Katalogen auf die Arbeitszeit vor Ort zu schließen.

Individuelle Definition pro Kunde und Einsatz

Die Zeit für die konkrete Leistung hängt neben der gewählten Leistung (und deren Definition) nur vom Pflegebedürftigen und seiner Situation ab. Faktoren, die die konkrete Leistungszeit beeinflussen, sind sein gesundheitlicher und mentaler Zustand: kann er mithelfen, wie viel etc., genauso ob ein Lebenspartner in der Wohnung wohnt und ebenfalls mithelfen oder vielleicht auch „stören" kann.

Dazu kommt aber auch noch die häusliche Situation, genauer: wie die Wohnung gebaut ist und welche Anforderungen sich daraus ergeben. Wer beispielsweise das Badezimmer 20 Meter vom Schlafzimmer entfernt hat, bei dem wird ein nötiger Transfer deutlich länger dauern als bei anderen Kunden, deren Badezimmer neben dem Schlafzimmer liegt. Beide Zeiten (lange und kurze Transferzeiten) sind zu berücksichtigen.

Um die Zeiten kundenindividuell definieren zu können, bedarf es klarer Leistungsdefinitionen und Abgrenzungen. Nicht in allen Bundesländern sind die Leistungen im Vertragstext klar und eindeutig im Detail beschrieben, gerade ältere Kataloge (die nach ihrer Einführung nicht mehr oder kaum inhaltlich und sprachlich modernisiert wurden) bieten hier wenig konkrete Hilfestellungen.

Wenn jedoch die Leistungsinhalte nicht klar definiert sind, kann auch keine konkrete und richtige Einsatzzeit ermittelt werden, außerdem entstehen Missverständnisse bei Mitarbeitern und Kunden.

Bei folgenden Leistungen und Teilleistungen der Grundpflege muss die Abgrenzung über eine genaue Definition erfolgen (mehr dazu auch bei Heiber 2010 a und 2010 b):

» **„Teilwaschen"**
In vielen Leistungskatalogen taucht dieser Begriff ohne weitere inhaltliche Definition auf. Vom Wortlaut kann man darauf schließen, dass es sich nur um das Waschen eines Teils oder zumindest eines Teilbereichs des Körpers handeln kann. Vom Preisunterschied zur anderen Leistung „Ganzwaschung" oder „Waschen, Duschen" kann man das oftmals ebenfalls schließen. Es stellt sich nur die Frage, wie „groß" der Teilbereich sein sollte. In moderneren Katalogen (z. B. Niedersachsen, NRW) ist die Leistung folgendermaßen definiert: „Waschen von Teilbereichen des Körpers, z. B. Gesicht, Oberkörper oder Genitalbereich/Gesäß" (Niedersachsen 2010). Praktisch übersetzt bildet die Gürtellinie die virtuelle Grenze, bei dessen Überschreitung die nächstgrößere Leistung abgerechnet wird.

Die nachfolgende Tabelle zeigt, wie unterschiedlich bzw. ausführlich der Betriff „Teilwäsche" in den verschiedenen Katalogen zurzeit definiert ist:

Die Leistung »Teilwaschen« in der Leistungsbeschreibung der Leistungskataloge SGB XI

© Zusammenstellung: Andreas Heiber, SysPra, August 2014

Bundesland	»Tätigkeit«	Beschreibung des »Teilwaschens«
Baden-Württemberg	Kleine Toilette	Waschen (im Bett oder am Waschbecken)
Bayern Wohlfahrt	Teilkörperwäsche	Waschen und Abtrocknen einzelner Körperteile oder Körperbereiche steht im Vordergrund
Bayern Privat	Morgen-/Abendtoilette	Teilwaschen
Berlin	Kleine Körperpflege	Teilwaschen
Brandenburg Wohlfahrt	Kleine Körperpflege	Teilwaschen: Waschen von Körperbereichen, z. B. des Gesichts, Oberkörpers und Genitalbereiches/Gesäß
Brandenburg Privat	Kleine Körperpflege	Teilwaschen: Waschen von Körperbereichen, z. B. des Gesichts, Oberkörpers und Genitalbereiches/Gesäß
Bremen	Kleine Morgen-/Abendtoilette	Teilwaschen umfasst das Waschen von Teilbereichen des Körpers (z. B. Gesicht/Oberkörper oder Genitalbereich/Gesäß oder Beine/Füße
Hamburg	Kleine Morgen-/Abendtoilette	Teilwaschen

Die Leistung »Teilwaschen« in der Leistungsbeschreibung der Leistungskataloge SGB XI © Zusammenstellung: Andreas Heiber, SysPra, August 2014		
Hessen Module	Kleine Körperpflege	Teilwaschen umfasst in der Regel das Waschen des Gesichts, Oberkörpers und/oder Genitalbereichs/Gesäß
Hessen Zeitabrechnung	Zeitabrechnung	keine Definition nötig
Meckl.-Vorpommern	Kleine Morgen-/Abendtoilette	Teilkörperwaschen: Diese Hilfe umfasst das Waschen von Körperteilen (z. B. Genitalbereich, Füße, Haare, Gesicht)
Niedersachsen	Kleine Pflege	Teilwaschen: das Waschen von Teilbereichen des Körpers, z. B. Gesicht, Oberkörper oder Genitalbereich/Gesäß
Nordrhein-Westfalen	Teilwaschung	Teilkörperwaschung (Ober- oder Unterkörper) soweit notwendig oder mindestens Waschung des Intimbereiches
Rheinland-Pfalz	Kleine Morgen-/Abendtoilette	Teilwaschen
Saarland	Kleine Morgen-/Abendtoilette	Teilwaschen: umfasst in der Regel das Waschen von Teilbereichen des Körpers wie z. B. das Gesicht, Oberkörper oder Genitalbereich/Gesäß
Sachsen	Kleine Morgen-/Abendtoilette	Teilwaschen
Sachsen-Anhalt	Kleine Morgen-/Abendtoilette	Teilwaschen
Schleswig-Holstein	Kleine Morgen-/Abendtoilette	Teilwaschen
Thüringen	Kleine Morgen-/Abendtoilette	Teilwaschen umfasst in der Regel das Waschen des Gesichts, Oberkörpers (Hinweis des Autors: nicht Rücken) und Genitalbereichs/Gesäß

Grafik 2.3

» **„Hilfe bei Ausscheidungen"**
In allen Katalogen gehört immer auch jede Hilfe bei der Inkontinenzversorgung zu dieser Leistung. Das heißt: Auch das Wechseln einer Vorlage während der Morgenversorgung ist als Leistung „Hilfe bei Ausscheidung" definiert. In keinem Katalog ist die Leistung Bestandteil beispielsweise der Morgentoilette, sondern immer separat dazuzuwählen.

» **Transferleistungen**
In den meisten Katalogen ist der Transfer zum und vom Ort der Grundpflege (meist das Bad oder die Küche) Bestandteil der Grundpflegeleistung. Separat betrachtet werden lediglich das Aufstehen/Zubettgehen aus dem Bett (oft auch Sitzgelegenheiten) und das Lagern. Wenn aber ein Kunde im ersten Stock das Schlafzimmer hat und das Badezimmer liegt im Erdgeschoss, so

gehört der Transfer über die Treppe in der Regel zur Grundpflegeleistung. Auch hierbei kommt es nicht auf die Menge oder die Dauer an, sondern nur auf den Leistungsinhalt.

» **Lagern**

Das Lagern ist losgelöst vom Transfer zu betrachten, denn erst nach dem Transfer kann das Lagern erfolgen. So wäre beispielsweise (in Niedersachsen) die Hilfe beim Zubettgehen Leistungsinhalt der „Hilfe beim Aufstehen/zu Bett gehen“, aber die anschließende Hochlagerung der Beine zusätzlich die Leistung „Lagern“. Lagern steht im Regelfall immer am Ende der erbrachten Leistungen. Allerdings kann das Lagern nur dort erfolgen und ist auch nur dort notwendig, wo sich der Pflegebedürftige danach länger aufhält und ohne fremde Hilfe bleibt (z. B. im Bett oder auf dem Sofa).

Problem Hauswirtschaft

In vielen Leistungskatalogen (Bundesländern) gibt es die Leistungen der Hauswirtschaft zurzeit nur als Pauschalleistungen. Dabei ist es sachlich schwer nachvollziehbar, warum sich Leistungen der Hauswirtschaft, wie das Reinigen der Wohnung, als Pauschale definieren und damit finanzieren lassen. Denn die Wohnungen sind je nach Kunde unterschiedlich groß, unterschiedlich eingerichtet und die individuellen Vorstellungen von Reinlichkeit sind je nach Kunden verschieden ausgeprägt. Dabei hat das alles nichts mit der aktuellen Pflegesituation zu tun und wird nicht durch sie beeinflusst. Auch spiegelt die Wohnungsgröße oft die wirtschaftliche Leistungsfähigkeit der Kunden wider. (Wer kann sich schon eine größere Wohnung leisten?) Aber anders als beim Gesundheitszustand hat der einzelne Kunde seine Wohnsituation selbst ausgesucht und „verursacht“. Deshalb wäre es auch angemessen, dass Hauswirtschaftliche Leistungen nicht im Durchschnitt vergütet werden, sondern individuell, also nach Zeit abzurechnen wären. Einige Kataloge wie Niedersachsen, Hessen oder das Saarland haben das konsequent umgesetzt, andere Kataloge haben zumindest bei einigen Hauswirtschaftlichen Leistungen eine Zeitdefinition vorgesehen. Im Rahmen der Einführung der Zeitabrechnung durch das PNG haben einige Länder (bisher Bremen, Hamburg und Bayern) auch die Hauswirtschaft zusätzlich nach Zeit definiert. Ansonsten sollte der Pflegedienst für einzelne Hauswirtschaftliche Leistungen selbst eine Zeitpauschale definieren, die er für diese Leistung hinterlegt. Ohne diese kann man die Hauswirtschaftlichen Leistungen (insbesondere Reinigen, Einkaufen, Wäsche waschen) nicht planen.

2.1.4 Leistungen nach Zeit

Zu den Leistungen, die bisher immer schon nach Zeit abgerechnet werden konnten, gehört neben der Verhinderungspflege nach § 39 SGB XI auch die Zusätzliche Betreuung nach § 45b SGB XI.

Dazu kommen in einigen Bundesländern die Hauswirtschaft nach Zeit und durch das PNG (nach und nach) die Grundpflege nach Zeit sowie Häusliche Betreuung (§ 124 SGB XI).

Bei der Zeitabrechnung ist Folgendes zu beachten:

» **Minutengenaue Abrechnung**
Gerade für die neuen Zeitleistungen insbesondere der Grundpflege hat der Gesetzgeber vorgesehen, dass sie nach der tatsächlichen Zeit abzurechnen sind, also minutengenau. Für die Einsatzplanung sind Zeitleistungen einfach zu handhaben: Es wird die beauftragte (vertraglich vereinbarte) Zeit erbracht und abgerechnet.

» **Dokumentationszeit bei Zeitabrechnung?**
In den bisher abgeschlossenen Vereinbarungen zur Zeitabrechnung der Grundpflege gehört die Dokumentationszeit in die Leistungszeit, sie muss also im vereinbarten Zeitumfang mit erbracht werden. So bleiben dem Kunden beispielsweise bei vereinbarten 15 Minuten tatsächlich nur ca. 14 Minuten als „Netto"-Pflegezeit.

2.1.5 Pauschale Zeiteinheiten

Eine Variante der Zeitabrechnung ist die Abrechnung nach Zeiteinheiten: Es wird dann nicht minutengenau abgerechnet, sondern beispielsweise pro angefangene 5 oder 10 Minuten. Solche Modelle gab es bisher schon bei der Hauswirtschaft in Niedersachsen oder Hessen. Das Modell hat folgenden Vorteil:

» **Pauschaler Takt**
Diese Abrechnungspauschale darf immer abgerechnet werden, wenn die Einheit (beispielsweise pro 5 oder 10 Minuten) begonnen hat. In Niedersachsen, mit der Definition der Hauswirtschaft pro angefangene 10 Minuten, dürften bei einem Einsatz, der 11 Minuten dauert, zwei Einheiten abgerechnet werden.

» **Genauere Definition von Vorteil**
Für die Einsatzplanung bedeutet dies, dass dann auch hier der Leistungsinhalt genauer definiert und zeitlich abgegrenzt werden sollte. Denn die Leistung ist oft nur wirtschaftlich zu erbringen, wenn man auch kürzere Einsätze hat. Zwar kann der Kunde im Einzelfall auf Erfüllung der Einheit bestehen. Wenn man die Leistung aber ebenfalls durch den Inhalt definiert (z. B. Frühstück machen), kann man hier auch kürzere Zeiten realisieren.

Die Kostenerstattungsleistungen der Verhinderungspflege (§ 39) sowie Zusätzliche Betreuung nach § 45 b werden im Regelfall auch nach Zeitpauschalen vereinbart. Da es hauptsächlich um Betreuung geht, wird hier die Zeit im Regelfall immer ausgenutzt.

2.1.6 Weitere Definitionsprobleme der Pflegeversicherung

Bei folgenden weiteren Leistungen der Pflegeversicherung ist eine Definition notwendig:

- **Erstgespräch**
  Das pflegefachliche Erstgespräch ist nicht zu verwechseln mit dem Vertragsgespräch (siehe auch Heiber 2010 a): Erst wenn der Kunde den Pflegevertrag (im Vertragsgespräch) unterschrieben hat, kann eigentlich das Erstgespräch (und damit die Vorbereitung der konkreten Versorgung) beginnen. Denn es hat vor allem die Pflegeplanung zum Inhalt. Diese wird aber nur für Kunden erstellt (die den Pflegevertrag abgeschlossen haben). Dazu gehören zunächst die Anamnese sowie die Planung einschließlich sich daraus ergebender Beratungsnotwendigkeiten. In der Praxis wird man diese Inhalte nicht in einem Termin abarbeiten: Meist erfolgt die Anamnese vor Ort beim Kunden, die Planung dann im Büro, weitere Beratungen später. Diese Zeiten sollten genauso wie andere Leistungen hier als Organisationsleistungen zeitlich vorgegeben und geplant werden.
- **Beratungsbesuche nach § 37.3 SGB XI**
  Diese Besuche sollen nach dem Willen des Gesetzgebers in erster Linie die Beratung und Unterstützung des Pflegebedürftigen und seiner Pflegepersonen zum Zweck haben, sind aber vor allem als Nachweis für den Kunden nötig, damit er weiterhin sein Pflegegeld beziehen darf. Andererseits bieten diese regelmäßigen Besuche auch viele Chancen, mögliche neue Sachleistungskunden oder Kunden für Verhinderungspflege und Zusätzliche Betreuung zu gewinnen. Formal gesehen könnte der Pflegedienst auch mitverantwortlich gemacht werden, wenn er eine ausreichende Versorgung schriftlich feststellt (im Formular der Pflegekassen), der Pflegebedürftige aber unterversorgt ist. Deshalb muss für diese Besuche ein angemessenes Zeitfenster vorgesehen werden. Auch hier bietet die Vergütung keinerlei Orientierung. Vielmehr sollten Pflegedienste vor allem die Chancen solcher Besuche mit berücksichtigen und die Zeit nicht zu knapp planen.
- **Schulung und Beratung nach § 45 SGB XI**
  Die individuelle Schulung vor Ort bzw. das Überleitungsmanagement kann man auch (je nach Pflegekasse) als Dienstleistung im Auftrag der Pflegekasse erbringen. Die hierin enthaltenden Leistungen sowie der Finanzierungsumfang ergeben sich aus den Verträgen mit den jeweiligen Kassen. Vor der Erbringung sollte in jedem Fall die zuständige Pflegekasse kontaktiert werden, da einige Kassenarten (vor allem die AOK) diese Leistungen nur mit eigenem Personal erbringen.

- **Häusliche Betreuung, definiert als „Pauschale“**
  Die mit dem PNG eingeführte Häusliche Betreuung ist Betreuung innerhalb und außerhalb der Wohnung. Damit wird eigentlich schon klar, dass man diese Leistung allein durch Zeit definieren kann, denn wie sonst sollte man einen „Spaziergang“ bemessen. Allerdings gibt es zurzeit in einigen Bundesländern (in Schleswig-Holstein, in Sachsen, Sachsen-Anhalt und Thüringen) Vergütungsvereinbarungen, bei denen die Leistung nicht nach Zeit, sondern mit einer Punktmenge definiert ist. Dann steht es dem Pflegedienst frei, diese Punktmenge in Zeiteinheiten für sich zu übersetzen, eine vertragliche Festlegung gibt es nicht. In Sachsen, Sachsen-Anhalt und Thüringen ist dabei zu beachten, dass hier auch die Wegekosten enthalten sind, da keine Wegepauschale abgerechnet wird. Folglich müsste in dieser „Logik“ die erste Zeiteinheit kürzer sein (hier ist noch der Weg finanziert), die nachfolgenden könnten dann länger dauern. Besser wäre es gewesen, die Vertragsparteien hätten hier Zeiteinheiten und separate Wegepauschalen definiert. So hat der Pflegedienst zwar die Freiheit, jede Dauer zu definieren, aber der Ärger mit den Kunden ist vorprogrammiert (vor allem auch, weil andere Pflegedienste das sicher unterschiedlich handhaben).

2.2 Die Leistungen der Krankenversicherung

Grundlage und damit Auftragsbasis für Leistungen der Krankenversicherung sind ärztliche Verordnungen, denn es geht immer um die Fortführung (Behandlungspflege) oder Sicherung (Haushaltshilfe, Grundpflege) einer ärztlichen Behandlung. Die praktischen Formalien, die für die Leistungserbringung und für den Pflegedienst gelten, sind in der Richtlinie Häusliche Krankenpflege nach § 92 SGB V zwischen den Ärzten und Krankenkassen geregelt. Für die Praxis sind folgende Punkte wichtig:

- Die Leistung erfolgt auf ärztliche Verordnung nur dann, wenn eine im Haushalt lebende Person diese Leistungen nicht übernehmen kann. Dies hat der Arzt zunächst festzustellen.
- Wird die Verordnung bis zum dritten der Ausstellung folgenden Werktag bei der Krankenkasse eingereicht, gilt die Verordnung bis zum Eingang der Ablehnung als genehmigt und ist vom Pflegedienst in diesem Umfang zu erbringen und wird von der Krankenkasse bezahlt.
- Kürzt oder reduziert die Krankenkasse die Verordnung, hat sie dem verordneten Arzt auch die inhaltlichen Gründe der Veränderung mitzuteilen.
- Nach Eingang einer Kürzung oder Ablehnung hat der Pflegedienst keinen Auftrag für die bislang verordnete Leistung mehr: Ist aus seiner Sicht eine weitere Behandlungspflege notwendig, muss er den zuständigen

Arzt konsultieren und das weitere Vorgehen absprechen. Ohne ärztliche Anordnung/Verordnung darf der Pflegedienst keine Behandlungspflege durchführen.

» Eine Behandlungspflege sollte nur dann ausnahmsweise privat in Rechnung gestellt werden, wenn der Arzt die Leistung weiterhin für notwendig hält und der Versicherte gegen den ablehnenden Bescheid Widerspruch gegen seine Krankenkasse eingelegt hat.

Auch bei Behandlungspflegeleistungen gibt es in der Praxis Abgrenzungsprobleme, vor allem in Hinblick auf die Grundpflege. Das ist insbesondere bei folgenden Leistungen zu beachten:

» **Anziehen von Kompressionsstrümpfen oder Kompressionsverbänden**
Pflegefachlich gesehen sollten die Strümpfe/Verbände dann angelegt werden, wenn die Beine in einem entstauten Zustand sind (Beine hoch gelagert). Praktischerweise könnte dies gleich morgens geschehen, bevor der Kunde aufgestanden ist. In der Realität erfolgt aber zunächst eine Grundpflege bzw. ist der Kunde schon aufgestanden, wenn die Mitarbeiter zum Anlegen/Anziehen der Kompressionsstrümpfe/Verbände kommen. Zur Leistung gehört nur das Anziehen der Strümpfe/Verbände, nicht aber das Anziehen von weiterer Kleidung oder ein Transfer. Ist der Kunde schon angezogen, wird man nicht umhin kommen, diese Kleidung zunächst zu entfernen, bevor man die Strümpfe/Verbände anlegen kann. Danach gehört maximal das Anziehen soweit dazu, wie man vorher etwas ausgezogen hat. Problematischer ist das

» **Ausziehen/Ablegen der Kompressionsstrümpfe/Verbände**
Am Abend gehört nur das unmittelbare Ausziehen/Ablegen zur Leistung. Dazu kann es im Einzelfall nötig sein, auch noch die Beinkleidung auszuziehen. Aber weder ein Transfer (z. B. ins Schlafzimmer) noch das weitere Ausziehen gehört zur Leistung. Minimal bzw. bei Notwendigkeit sollte dann das wieder angezogen werden, was vorher ausgezogen wurde. Eine Hautpflege gehört nicht zur von der Krankenkasse finanzierten Leistung, sondern wäre entweder eine Grundpflege nach SGB XI oder eine Privatleistung.

» **Medikamentengabe bzw. wochenweises Stellen von Medikamenten**
Die Medikamentengabe beinhaltet nicht das Bestellen und/oder Organisieren der notwendigen Medikamente. Das fällt in den Verantwortungsbereich des Kunden. Die Krankenkasse bezahlt allein die unmittelbare Gabe der Medikamente, mehr nicht. Die für die Medikamentengabe notwendigen Getränke anzureichen (Glas Wasser/Getränk holen) gehört zur Leistung.

» **Insulininjektion**
Das Bereitstellen von Nahrungsmitteln im Zusammenhang mit einer Insulininjektion gehört ebenfalls nicht zur Behandlungspflege. Natürlich ist es problematisch, zwar den Blutzuckerwert abzusenken, auch wenn beispielsweise kein Frühstück bereitgestellt wurde. Formal gehört aber das Zubereiten/Bereitstellen einer Mahlzeit (oder Getränke) nicht zur Behandlungspflege, sondern zur Pflegeversicherung oder ist eine Privatleistung.

» **Dokumentation**
Zu jeder Behandlungspflege gehört die Durchführungsdokumentation der Leistung. Eine eigenstände Pflegeplanung ist nicht zu erstellen, da der Pflegedienst nur die ärztlich geplante Leistung ausführt. Die Dokumentation gehört zur Leistungszeit dazu. Lediglich im Bereich der Wundversorgung ist evtl. eine Planung der konkreten Wundversorgung nach den Vorgaben des Arztes zu erstellen. Gleiches gilt für die Planung in der psychiatrischen Krankenpflege.

» **Arztgespräche**
Zur Absprache der Behandlungspflege kann es im Einzelfall notwendig sein, mit dem Arzt gesondert zu sprechen. Diese Zeit wäre im Rahmen der Organisationsleistungen zu planen/zu dokumentieren.

Ergänzende Leistungen, wie das Bestellen der Medikamente oder das Eincremen der Beine, sollten auch als Privatleistungen angeboten werden (siehe Kap. 2.4.1).

2.3 Ergänzende Leistungen der Sozialhilfe

Die Sozialhilfe als Leistungsträger kommt immer nur ergänzend/ersetzend dazu, wenn der Einzelne nicht mehr (vor allem finanziell) in der Lage ist, seine Versorgung sicherzustellen. Die Sozialhilfe kann nur auf Antrag tätig werden, kann aber bei Notlagen auch vorläufig in Vorleistungen treten (§15 SGB XII). Ist der Bürger nicht in der Lage, die für seine Versorgung notwendigen Eigenanteile im Rahmen der Grundpflege und Hauswirtschaft selbst zu tragen bzw. zu organisieren, tritt die Sozialhilfe als nachrangiger Kostenträger dafür ein. Leistungen der Sozialhilfe müssen bewilligt sein, bevor sie erbracht werden können.

Die Sozialhilfe ist an die gleichen Systematiken und Entscheidungen gebunden, die für die Pflegeversicherungsleistungen gelten: Das gilt sowohl für die Einstufung und den Bedarf (§62 SGB XII) als auch für die Definition und Bezahlung der Leistungen (§75 Abs. 5). Für andere Leistungen, beispielsweise Leistungen zur Tagesstrukturierung etc. als sogenannte „Andere Verrichtungen" nach §61 SGB XII oder „Hilfe zur Weiterführung des Haushaltes" nach §70 SGB XII, sind mit dem Sozialhilfeträger eigene Vereinbarungen abzuschließen. Gerade in großen Städten oder

Handbuch Ambulante Einsatzplanung · Andreas Heiber und Gerd Nett
© Vincentz Network GmbH & Co. KG, Hannover 2014 · ISBN 978-3-86630-378-2

den Stadtstaaten gibt es eigene Vergütungsvereinbarungen bzw. Leistungskomplexsysteme für die Anderen Verrichtungen nach § 61 SGB XII.

Wenn bei Neukunden unklar ist, ob sie selbst oder nachrangig die Sozialhilfe die Kosten übernehmen, sollte auf jeden Fall vor Arbeitsbeginn über einen Pflegevertrag geklärt sein, dass im Zweifelsfall der Kunde selbst die beauftragten Leistungen zu bezahlen hat.

2.4 Privatleistungen: eine notwendige und wichtige Ergänzung!

Wie der Name sagt, ist das Hauptarbeitsfeld der Pflegedienste die Pflege von Menschen: Dabei spielt die Pflegeversicherung die zentrale Rolle, während andere Leistungsträger im Regelfall nur eine ergänzende Rolle spielen (wie z. B. die Krankenversicherung). Die Pflegeversicherung definiert ihre Aufgabe per Gesetz als Zuschussfinanzierung. Ohne weitere ergänzende Leistungen oder Finanzierungen ist eine vollständige Pflegeversorgung nicht möglich: „Bei häuslicher und teilstationärer Pflege ergänzen die Leistungen der Pflegeversicherung die familiäre, nachbarschaftliche oder sonstige ehrenamtliche Pflege und Betreuung." (§ 4 Abs. 2, SGB XI) Wegen dieses Ergänzungscharakters muss es auch inhaltlich weitere Leistungen geben, die von der Pflegeversicherung gar nicht berücksichtigt oder finanziert werden.

Wenn ein Pflegedienst nur ein Leistungsangebot aus den Leistungen der Kranken- und Pflegeversicherung anbietet, bleibt folglich noch eine Lücke von Leistungen, die genauso zum Leben gehören und notwendig und/oder gewünscht sind. Schon aus diesem Grund muss der Pflegedienst mehr anbieten als nur die gesetzlich definierten Leistungskataloge.

Eine Privatpreisliste hat in der Praxis noch eine weitere, sehr zentrale Aufgabe: zu helfen, vor allem „Heimliche Leistungen" zu erkennen, ihnen einen Wert zu geben und sie damit zumindest in Serviceleistungen „umzubauen" (siehe Kap. 2.5.3, Heiber 2011 a).

2.4.1 Notwendige und sinnvolle Inhalte einer Privatpreisliste

Folgende Einzelleistungen bzw. Leistungsbereiche sollten mit einer Privatpreisliste abgedeckt sein:

Hauswirtschaftliche Leistungen

Im Rahmen der Pflegeversicherung sind die hauswirtschaftlichen Leistungen auf den Pflegebedürftigen und das von ihm genutzte Wohnumfeld reduziert. Leistungen für andere im Haushalt lebende Personen können nicht zulasten der Pflegeversicherung erbracht oder abgerechnet werden, das gilt beispielsweise auch für die Wäschepflege oder den Einkauf.

Handbuch Ambulante Einsatzplanung · Andreas Heiber und Gerd Nett

Folgende Leistungen sollten durch private Angebote erweitert werden:

- **Reinigung:** Reinigung aller Räume in der Wohnung (z. B. auch Gästezimmer oder Räume, die nur vom Ehepartner [ohne Pflegestufe] genutzt werden); Fensterreinigung, spezielle Tätigkeiten wie Gardinenwaschen etc.; Treppenhaus- und Straßenreinigung („Kehrwoche" oder „Hausordnung"), die in vielen Leistungskatalogen der Pflegeversicherung generell nicht zum Umfang gehören.
- **Einkauf:** für alle im Haushalt lebende Personen. Einkaufen von anderen Gütern wie beispielsweise Kleidung, technische Geräte; Einkaufen für den in der Wohnung lebenden Partner; Einkaufen für bestimmte Feste etc.; Einkaufen in besonderen Geschäften außerhalb des Ortes/Stadtviertels.
- **Zubereitung von Mahlzeiten/Kochen:** Mahlzeiten für den in der Wohnung lebenden Partner; Kochen zu besonderen Gelegenheiten wie Geburtstag oder andere Feiern.
- **Wechseln und Waschen der Wäsche:** Wäscheversorgung für den in der Wohnung lebenden Partner.
- **Versorgung der Wohnung bei Abwesenheit:** Muss jemand plötzlich oder geplant ins Krankenhaus, muss die Wohnung weiter versorgt werden (Lebensmittel, Blumen, Briefkasten, Haustiere etc.).

Bestimmte Leistungen rund um den Haushalt bringen praktische Probleme mit sich und sollten deshalb nur mit Kooperationspartnern organisiert werden:

- **Winterdienst:** Übernimmt der Pflegedienst solche Pflichten, dann muss er auch garantieren, dass er die vorgeschriebenen (regionalen) Räumzeiten (meist bis 7.00 Uhr sowie bei Bedarf) einhalten kann. Ansonsten wäre er bei einem Schadensfall in der Haftung.
- **Hausmeistertätigkeiten:** Kleine oder größere Reparaturen (z. B. Lampenwechsel; Wechsel von Duschköpfen wegen Verkalkung; Nachstellen von Fenstern/Türen, weil sich diese nicht mehr richtig schließen lassen) lassen sich kaum definieren und abgrenzen zu anderen handwerklichen Tätigkeiten.
  Hier entstehen zwei Probleme. Auch das scheinbar einfache Auswechseln einer defekten Glühbirne kann zu vielen Problemen führen, beispielsweise weil die Lampe alt oder die Birne durch Hinfallen zerstört ist. Ohne handwerkliche Erfahrung können hier schnell Probleme auftreten. Deshalb sollten solche Tätigkeiten an Kooperationspartner vermittelt und den eigenen Mitarbeitern untersagt werden (aus haftungsrechtlichen Gründen und wegen der damit verbundenen Verletzungsgefahr des Mitarbeiters).

Das zweite Problem wäre sonst, dass diese Leistungen evtl. steuerrechtlich als Gewerbebetrieb anzusehen und entsprechend zu versteuern wären. Auch dies müsste geprüft werden.

Praktischer ist es, solche Tätigkeiten durch Kooperationspartner durchführen zu lassen, beispielsweise einem Hausmeisterdienst etc., den der Pflegedienst kennt und einschalten kann. Es können dann auch Zeiten abgesprochen werden, sodass auf Wunsch auch ein Pflegedienstmitarbeiter anwesend ist, wenn der „Hausmeister" kommt.

» **Gartenpflege/-arbeiten:** Hier gilt Vergleichbares wie bei den Hausmeistertätigkeiten. Etwas anderes ist es, wenn man gemeinsam mit dem Pflegebedürftigen unter dessen Mithilfe und „Anleitung" im Rahmen einer Betreuungstätigkeit im Garten tätig ist. Dann steht nicht die technische Gartenpflege, sondern die gemeinsame Tätigkeit im Vordergrund. Auch hier sollten Mitarbeiter nur solche Tätigkeiten übernehmen, die ohne Leiter und ohne die Nutzung von technischen Geräten (kein Rasenmäher etc.) möglich sind.

Versorgung von Haustieren

Menschen ist das Wohlergehen ihres Haustieres oft wichtiger als das eigene Wohlergehen. Deshalb sollten auch Leistungen zur Tierversorgung angeboten werden, zumal man bei der Pflege den Tieren eh nicht ausweichen kann, die in der Wohnung sind. Die Leistung getrennt von der Hauswirtschaft anzubieten ist sinnvoll, weil man nicht alle Mitarbeiter zur Tierversorgung schicken kann (beispielsweise wegen Allergien etc.).

Betreuungsleistungen und andere Hilfeleistungen

Im Rahmen der Pflegeversicherung gibt es aktuell drei verschiedene Möglichkeiten, „Betreuung" zu erbringen: als „Häusliche Betreuung" (§ 124), als „Zusätzliche Betreuung" (§ 45 b) sowie im Rahmen der „Verhinderungspflege" (§ 39). Trotzdem ist es sinnvoll, Betreuungsleistungen auch „privat" anzubieten. Denn gerade die Häusliche Betreuung als Sachleistung nach § 124 SGB XI ist so unklar und widersprüchlich formuliert (Grundpflege und Hauswirtschaft muss sichergestellt sein; Leistung darf keine Grundpflege und Hauswirtschaft enthalten), dass man diese Leistung ohne Übertretung dieser formalen Grenzen kaum erbringen kann. Als Alternative sollte deshalb eine Privatleistung „Betreuung" angeboten werden, die keinerlei solcher Restriktionen enthält.

Neben einer stundenweisen Betreuungsleistung ist es Angehörigen, z. B. Kindern, die nicht im Ort leben, oftmals wichtig, dass einmal am Tag oder in einem anderen Rhythmus jemand beim Angehörigen vorbeischaut. Dabei geht es nicht um konkrete Inhalte, sondern nur um das „Nachsehen".

Im Rahmen anderer Hilfestellungen sind hier auch Leistungen wie reine Transferleistungen (z. B. vom 1. Stock ins Erdgeschoss) oder eine abendliche Hilfe beim Ins-Bett-Gehen (Transfer und Auskleiden) gemeint, die in den meisten Leistungskatalogen der Pflegeversicherung nicht als Einzelleistungen möglich sind.

Begleitung außerhalb der Wohnung

Private Betreuungsleistungen umschließen auch Angebote der Begleitung zum Einkaufen, Bummeln, Besuchen von Veranstaltungen, Kirche, Friedhof, Restaurants, Konzerten und Kneipen etc. mit ein, auch diese Leistungen sind im Regelfall mit den über SGB XI definierten Betreuungsleistungen (s. o.) möglich.

Unter diesem Themenfeld sind auch Besuche im Krankenhaus oder auch in der Kurzzeitpflege als Leistung denkbar.

Besondere Körperpflege

Die Pflegeversicherung deckt über die Grundpflegeleistung „Körperpflege" die normalen Tätigkeiten ab, zumindest in der Definition. Aber oftmals haben die Pflegebedürftigen/Kunden bisher einen anderen Lebensstil gepflegt, der über die „normale" Grundpflege (Körperreinigung) hinausgeht. Das kann Schminken und Stylen am Morgen beinhalten, aufwendige Flechtfrisuren, Rasuren oder auch ein Fußbad oder ein ausführliches Entspannungsbad (nicht nur zum Sauberwerden). Auch weitere Angebote wie Massagen oder Fußpflege, die in der Regel über Kooperationspartner angeboten werden, könnten hier genannt werden.

Aber auch das Eincremen außerhalb der Körperpflege (beispielsweise beim abendlichen Ausziehen der Kompressionsstrümpfe), das Aufdrehen der Haare nach dem Duschen oder die Erstellung einer zeitaufwendigen Flechtfrisur sollten hier aufgeführt werden.

Medikamenten- und/oder Verordnungsmanagement

Die häufigste Behandlungspflegeleistung dürfte die Gabe von Medikamenten sein. Dabei ist geklärt (Kap. 2.2), dass das Besorgen (Einkaufen) der Medikamente von der Bestellung beim Arzt bis zum Gang in die Apotheke nicht zu den Inhalten der Medikamentengabe zählt, damit auch nicht von der Krankenkasse refinanziert ist. Obwohl dies viele Kunden glauben und dem Pflegedienst unterstellen, sowieso jeden Tag beim Doktor bzw. in der Apotheke zu sein. Deshalb sollte bei jedem Neukunden mit einer Medikamentengabe vorab geklärt und schriftlich in der Pflegedokumentationsmappe festgehalten werden, wer die Rezepte und Medikamente besorgt. Denn schon das Anrufen in der Praxis kostet viel Zeit (weil oftmals das Telefon dort besetzt ist). Auch das Verordnungsmanagement (auslaufende Verordnungen besorgen) ist formal Aufgabe des Versicherten, nicht jedoch des Pflegedienstes. Jeder Pflegedienst hat auch ein Interesse, eine Verordnung zu bekommen und dafür zu sorgen, dass die Folgeverordnung pünktlich vorliegt und sachlich richtig ausgefüllt ist. Trotzdem sollte diese Leistung einen definierten Preis haben. Selbst wenn der Pflegedienst beide Leistungen ohne weitere Kosten als Service mit erbringt, wird dem Kunden erst durch den Preis sein Nutzen (= gespartes Geld) verdeutlicht (siehe auch HP 11/2014).

Haushaltsgeld- und/oder Taschengeldverwaltung

Berufsbetreuer oder auch Angehörige – die weiter entfernt wohnen – überlassen dem Pflegedienst am Monatsanfang oft Geld mit der Auflage, es für den Pflegebedürftigen auszugeben bzw. evtl. ihm sogar Taschengeld davon auszuzahlen. Sie verlangen gleichzeitig eine formal saubere Abrechnung mit sortierten Belegen. Pflegedienste können dies übernehmen, wenn die anfallenden Verwaltungskosten refinanziert werden.

In Abgrenzung dazu sollten keine gesonderten Gebühren berechnet werden, wenn man zum Einkaufen ein Portemonnaie mit Geld bekommt und dies anschließend mit den Kassenzetteln wieder abgibt.

Pflegefachliche Begleitung zum Arzt oder anderen Terminen

Diese Leistung könnte gewählt werden, wenn die Kinder nicht vor Ort sind, trotzdem eine fachliche Begleitung zum Arzt wollen, die ihnen später auch sagen kann, was der Doktor tatsächlich gesagt hat. Dabei geht es nicht um den fachlichen Austausch in Bezug auf evtl. erbrachte Behandlungspflegeleistungen, sondern nur um die Vertretung beispielsweise der Tochter.

Wird vom Kunden eine pflegefachliche Begleitung gewünscht, kann dies eine eigenständige Leistung sein.

Versorgung Verstorbener

Formal kann ein Versicherter nur so lange Leistungen der Pflegeversicherung beziehen und können diese abgerechnet werden, wie er lebt. Mit dem Todeszeitpunkt erlöschen die Ansprüche auf Leistungen der Kranken- und Pflegeversicherung. Wenn beispielsweise der Pflegebedürftige am Abend oder in der Nacht verstirbt und der Pflegedienst diesen am nächsten Morgen noch waschen und ankleiden soll, kann die Leistung nur (noch) privat in Rechnung gestellt werden. Da die nicht ausgeschöpften Sachleistungen im Sterbemonat als Pflegegeld (und das Pflegegeld für den gesamten Monat) ausgezahlt werden, könnte dieses zur privaten Finanzierung genutzt werden.

Hilfe bei der Einstufung

Bei der Ersteinstufung, aber auch bei Folgeeinstufungen sind Pflegebedürftige und ihre Angehörigen oftmals unsicher und ängstlich und bitten deshalb gern einen Pflegedienstmitarbeiter dazu. Formal gibt es keinen Grund, dass ein Pflegedienst diesen Besuch begleitet. Es stellt auch keine Leistung der Pflegeversicherung dar, bei der Begutachtung dabei zu sein, sondern es ist eine reine zusätzliche Service- oder Dienstleistung, die privat in Rechnung gestellt werden kann.

Inhaltlich lässt sich die Leistung in zwei Schritte gliedern:

- Vorbereitung der Einstufung: ein Besuch zur Klärung der Situation und zum Erfassen der Situation mit einem Pflegetagebuch.
- Begleitung bei der MDK-Einstufungsbegutachtung.

Wenn es um eine Hilfestellung bei einem Widerspruch geht, muss man die Grenzen ziehen zwischen einer fachlichen Stellungnahme zum Einstufungsgutachten (das der Pflegedienst im Auftrag erstellen kann) und einer formalen Rechtsberatung (die der Pflegedienst in der Regel nicht durchführen darf).

2.4.2 Rufbereitschaftseinsätze

Regelmäßig kommt es vor, dass Pflegedienste außerhalb der vertraglich vereinbarten und geplanten Einsätze von Kunden angerufen und um Hilfestellungen gebeten werden. Dabei stellt sich die Frage, ob solche Einsätze zur Leistungspflicht der Pflegeversicherung gehören und wie sie abzurechnen sind.

Formal, also über die Versorgungsverträge nach §72 SGB XI oder den Rahmenvertrag nach §75 SGB XI ist vertraglich mit den Pflegediensten vereinbart, dass sie

1. rund um die Uhr erreichbar sind,
2. im Rahmen des Versorgungsauftrags die individuelle Versorgung des Pflegebedürftigen rund um die Uhr, auch nachts, zu gewährleisten haben.

Es stellt sich die Frage, wie der Versorgungsauftrag definiert ist. In den Maßstäben und Grundsätzen zur Qualität und Qualitätssicherung/Entwicklung (MuG ambulant, SGB XI) ist das bundesweit einheitlich weiter konkretisiert:

„Der ambulante Pflegedienst erbringt die mit dem pflegebedürftigen Menschen vereinbarten Leistungen rund um die Uhr, einschließlich an Sonn- und Feiertagen. Konkret bedeutet dies: Der ambulante Pflegedienst ist für die von ihm versorgten pflegebedürftigen Menschen **ständig erreichbar** und führt die **vereinbarten Leistungen** durch. Der Nachweis hierfür kann beispielsweise durch den Dienstplan geführt werden, wenn hierin Ruf-/Einsatzbereitschaftsdienste ausgewiesen sind. Eine ständige Erreichbarkeit ist nicht gegeben, wenn lediglich ein Anrufbeantworter erreichbar ist oder E-Mails zugesandt werden können.“ (Hervorhebung vom Autor)

Für die (vertraglich) vereinbarten Leistungen ist der Pflegedienst zuständig und führt diese zu jeder gewünschten Zeit aus. Das schließt aber Spontanleistungen aus, die nicht vereinbart sind und für die (eigentlich) die Pflegepersonen zuständig sind (siehe auch der Unterstützungsanspruch der Pflegeversicherung [§4 Abs. 2 SGB XI]).

Deshalb sind die Einsätze privat in Rechnung zu stellen, zumal ein spontaner Einsatz deutlich teurer ist (Personalkosten) als eine geplante Leistung im Rahmen der normalen Tourenplanung.

Einige Pflegekassen und Verbände sehen hier zwar einen Verstoß gegen eine Regelung des § 89 SGB XI, der u. a. vorschreibt, dass man für gleiche Leistungen nur den gleichen Preis nehmen darf. Allerdings geht es hier nicht um vergleichbare Leistungen. Selbst ein spontaner nächtlicher Bedarf bei Ausscheidungen dürfte einen anderen Inhalt und Zeitrahmen haben als ein geplanter Toilettengang. Allein die Tatsache, dass der Pflegebedürftige ungeplant Hilfe holen muss, bedingt schon eine andere Versorgungssituation. (Der Pflegebedürftige muss beispielsweise beruhigt werden, meist ist der Aufwand dann auch bei der Versorgung deutlich höher etc.)

Um auch nach außen hin keine Missverständnisse aufkommen zu lassen, sollte man für solche Spontanleistungen einen eigenen Namen wählen. Über den Titel „Rufbereitschaftseinsatz“ lassen sich andere Inhalte darstellen als über „Hilfe bei Ausscheidungen“.

Wichtig ist hier noch die Abgrenzung zu echten Notfällen. Wenn beispielsweise der Pflegebedürftige den Pflegedienst wegen Schmerzen in der Brust anruft, sollte eben nicht der Pflegedienstmitarbeiter (erst) losfahren, sondern es sollte gleich der zuständige Rettungsdienst informiert werden. In Notfällen ist der Pflegedienst weder zuständig noch formal kompetent. Das gilt auch, wenn jemand „nur“ aus dem Bett gefallen ist. Ohne ärztliche Unterstützung/Rücksprache sollte kein Pflegedienst jemanden wieder ins Bett zurücklegen. Denn wenn eine Erkrankung übersehen wird (z. B. eine Fraktur oder eine Hirnblutung), steht der Pflegedienstmitarbeiter allein in der Verantwortung.

Der Pflegedienst ist im Notfall auch nicht der Ansprechpartner dafür, die Haustür aufzuschließen. Denn die Reaktionszeit bei Rufbereitschaftseinsätzen liegt sicherlich deutlich über der gesetzlich definierten Einsatzzeit des Rettungsdienstes. Der Rettungsdienst ist auch ohne Schlüssel in der Lage, eine Tür zu öffnen (und sei es mithilfe der Feuerwehr). Um die eigenen Mitarbeiter nicht unnötig in Gefahr zu bringen (bei einer überschnellen Anfahrt), sollte geklärt sein, dass bei Rufbereitschaftseinsätzen der Mitarbeiter mindestens 45 Minuten oder länger für die Anfahrt (Anziehen, Fahrt zur Station/Schlüsselschrank; Fahrt zum Kunden, alles ohne „Sonderrechte“) benötigt.

2.4.3 Fahrdienste, ein Problemfeld!

Bei jeder Begleitung außer Haus taucht meist die Frage auf, wie man zu einem bestimmten Ziel (z. B. der Friedhof oder die Innenstadt) kommt. Es scheint naheliegend, den Dienstwagen des Pflegedienstes zu nehmen, da dieser schließlich vor der Tür steht. Allerdings ist die Beförderung von Personen mit eigenen Fragestellungen verbunden:

1. **Personentransport:** Jede gewerbliche Mitnahme ist formal ein Personentransport und fällt somit unter die Regelungen des Personenbeförderungsgesetzes (PBefG). Das gilt selbst dann, wenn für die Beförderung selbst kein Geld verlangt wird, aber für die andere Leistung (z. B. Begleitung beim Einkaufen; siehe §1 Abs. 1 PBefG).

2. **Fahrzeugversicherung:** Die Dienstwagen sind in der Regel nicht für den gewerblichen Personentransport („Mietwagen") versichert, sondern nur als normaler Dienstwagen. Der Versicherungsschutz müsste (dann zu sicherlich höheren Kosten) angepasst werden.

3. Mögliche **Gewerbesteuerpflicht:** Da die Personenbeförderung eine gewerbliche Dienstleistung darstellt, entsteht hieraus evtl. eine Gewerbesteuerpflicht. (Das ist auch abhängig vom Volumen und anderen gewerblichen Tätigkeiten.)

Selbst wenn man den einen oder anderen Punkt schnell und einfach lösen könnte, sollten sich Pflegedienste überlegen, ob sie die Personenbeförderung übernehmen oder nicht grundsätzlich anders organisieren. Vor Ort gibt es im Regelfall Alternativen: von der Benutzung des öffentlichen Nahverkehrs über Taxis oder andere Mietwagen (z. B. „Mini-Car") bis hin zu den Fahrdiensten der Wohlfahrtspflege oder anderer Anbieter.

2.4.4 Vergütungsmodelle für Privatleistungen

Es gibt unterschiedliche Modelle, wie man Privatleistungen mit Preisen definiert:

» **Leistungen nach Zeit:** Für die meisten Leistungen bietet sich eine Definition nach Zeit bzw. Zeiteinheiten an; sinnvoll ist, nicht zu kleine Zeiteinheiten zu wählen (z. B. pro angefangene 15 Minuten); dazu sollte immer eine separate Wegepauschale kommen. Bei dieser Methode wird die Leistung wie jede Pflegeversicherungsleistung auch über einen Leistungsnachweis erfasst und am Monatsende abgerechnet.

» **Individuelle Pakete:** Für regelmäßige Tätigkeiten (z. B. jeden Tag Blumen gießen und Zeitung vom Kiosk mitbringen) kann man auch individuelle Monatspakete definieren. Das hat den Vorteil, dass man das Paket auf den einzelnen Kunden anpassen und gleichzeitig den richtigen Preis kalkulieren kann. Außerdem erspart man sich so die Einzelabrechnung der Leistungen.

» **(Pauschale) Monatspakete:** Pakete haben den Vorteil, den Verwaltungsaufwand zu reduzieren, gleichzeitig hat der Kunde einen Festpreis und weiß genau, was er zahlen muss. Ein gutes Beispiel wäre ein Medikamenten- und Verordnungsmanagement für eine monatliche Pauschale. Je individueller die Leistungen sein können, umso schwieriger wird es, richtige (wirtschaftliche) Pauschalen zu definieren: Ein Monatspaket: „Tierversorgung“ ist schwierig zu kalkulieren, weil dann unklar ist, wie oft man am Tag oder in der Woche kommen soll/muss. Selbst wenn man diese Leistung an bestehende Pflegeeinsätze knüpft, ist es unklar.

» **Guthabenkarten nach Zeit:** Ein sogenanntes Prepaid-System stellen Guthabenkarten dar, mit der vorab ein Zeitguthaben erworben wird, dass dann für Dienstleistungen nach Zeit eingesetzt werden kann. Diese Guthabenkarten eignen sich im Prinzip für alle Leistungen, die durch eine gleiche Berufsgruppe erbracht werden können wie Hauswirtschaft, Begleitung, Tierversorgung etc. Pauschalierte Leistungen wie Rufbereitschaftseinsätze oder Medikamentenmanagement sollte nicht darüber abgerechnet werden. Das bekannteste Beispiel für eine Guthabenkarte ist „Ihre Zeit“, von A. Heiber 2006 entwickelt.

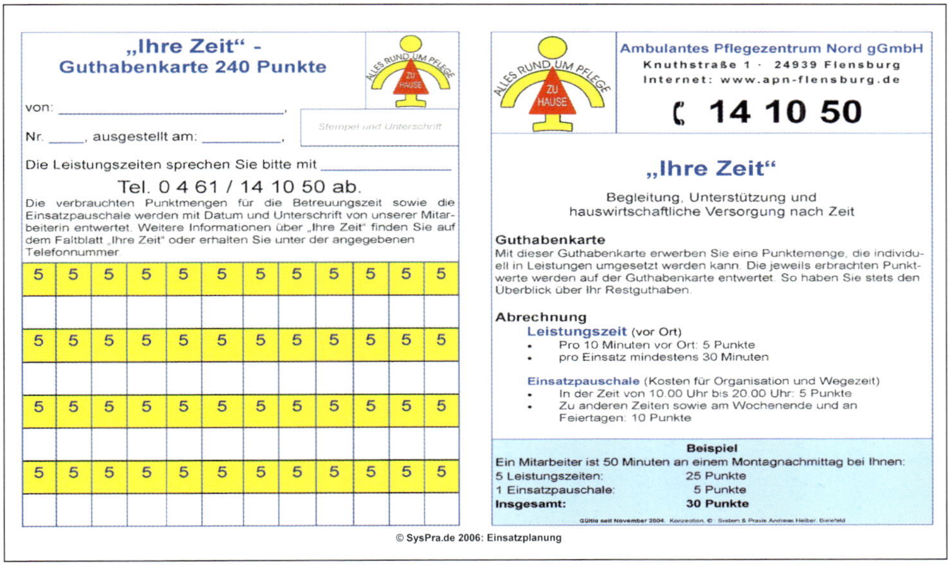
„Ihre Zeit“ -
Guthabenkarte 240 Punkte

von: ______________________,

Nr. ____, ausgestellt am: __________,

Stempel und Unterschrift

Die Leistungszeiten sprechen Sie bitte mit ______________

Tel. 0 4 61 / 14 10 50 ab.

Die verbrauchten Punktmengen für die Betreuungszeit sowie die Einsatzpauschale werden mit Datum und Unterschrift von unserer Mitarbeiterin entwertet. Weitere Informationen über „Ihre Zeit“ finden Sie auf dem Faltblatt „Ihre Zeit“ oder erhalten Sie unter der angegebenen Telefonnummer.

5	5	5	5	5	5	5	5	5	5	5	5
5	5	5	5	5	5	5	5	5	5	5	5
5	5	5	5	5	5	5	5	5	5	5	5
5	5	5	5	5	5	5	5	5	5	5	5

Ambulantes Pflegezentrum Nord gGmbH
Knuthstraße 1 · 24939 Flensburg
Internet: www.apn-flensburg.de
14 10 50

„Ihre Zeit“

Begleitung, Unterstützung und hauswirtschaftliche Versorgung nach Zeit

Guthabenkarte
Mit dieser Guthabenkarte erwerben Sie eine Punktemenge, die individuell in Leistungen umgesetzt werden kann. Die jeweils erbrachten Punktwerte werden auf der Guthabenkarte entwertet. So haben Sie stets den Überblick über Ihr Restguthaben.

Abrechnung
Leistungszeit (vor Ort)
- Pro 10 Minuten vor Ort: 5 Punkte
- pro Einsatz mindestens 30 Minuten

Einsatzpauschale (Kosten für Organisation und Wegezeit)
- In der Zeit von 10.00 Uhr bis 20.00 Uhr: 5 Punkte
- Zu anderen Zeiten sowie am Wochenende und an Feiertagen: 10 Punkte

Beispiel
Ein Mitarbeiter ist 50 Minuten an einem Montagnachmittag bei Ihnen:
5 Leistungszeiten: 25 Punkte
1 Einsatzpauschale: 5 Punkte
Insgesamt: 30 Punkte

Gültig seit November 2004. Konzeption. © System & Praxis Andreas Heiber, Bielefeld

© SysPra.de 2006: Einsatzplanung

Grafik 2.4

Muster einer Dienstleistungspreisliste © SysPra 2014; Einsatzplanung · Stand: 01.10.2014	
Hilfe im Haushalt	»Preis pro angefangene 15 min«
beispielsweise	
- Unterhaltsreinigung (auch der gesamten Wohnung)	
- Grundreinigen der Wohnung, Fenster putzen	
- Blumen im gesamten Haus/Wohnung gießen	
- Toilettenstuhl leeren	
- Mülleimer leeren, Altglas entsorgen	
- Wäschepflege für im Haushalt lebende Personen	
- Wechseln der Bettwäsche für im Haushalt lebende Personen	
- Rolläden im gesamten Haus/Wohnung (hoch-/runterlassen)	
- Hausordnung durchführen (Hausflur etc.)	
Haustierversorgung (evtl. mit Kooperationspartner)	»Preis pro angefangene 15 min«
beispielsweise	
- Haustiere füttern	
- Katzenklo oder Vogelkäfig reinigen	
- Tiere ausführen	
- Tierarztbesuch/Hundesalon	
- Hund waschen/duschen (evtl. mit Kooperationspartner)	
Betreuung und Hilfestellung	»Preis pro angefangene 15 min«
beispielsweise	
- zeitliche Betreuung ohne feste Inhalte, Anwesenheit	
- kleine Hilfen beim Transfer, ins Bett gehen etc.	
- »Nachsehen«: regelmäßige Kurzbesuche ohne feste Inhalte zu festen Zeiten/Terminen	
Besondere Körperpflege	»Preis pro angefangene 15 min«
beispielsweise	
- Schminken und/oder stylen	
- besondere Haarpflege (Haare aufdrehen, Flechtfrisuren etc., kein Haareschneiden)	
- Wellnessbad, Fußbad etc.	
- Beine eincremen (z. B. bei Kompressionsstrümpfen), Beine/Körper rasieren etc.	
»Erledigungen und Begleitungen außer Haus **(bei gemeinsamen Aktivitäten ist die Beförderung zusätzlich zu organisieren)«**	»Preis pro angefangene 15 min«
beispielsweise	
- kleinere Besorgungen wie z. B. Zeitung, Brötchen, Zigaretten, Medikamente allein oder in Begleitung	

Muster einer Dienstleistungspreisliste © SysPra 2014; Einsatzplanung · Stand: 01.10.2014	
- Einkauf von Lebensmitteln, Bedarfsgegenständen, Kleidung etc. allein oder in Begleitung	
- spazieren gehen, gemeinsam einkaufen oder bummeln	
- Begleitung zu Terminen (Arzt, Bank etc.)	
- Begleitung zu Restaurant-, Café- oder Kneipenbesuch, Kino, Theater, Museum, Friedhof	
»Wohnungsversorgung bei Abwesenheit beispielsweise wegen Urlaub, Krankenhausaufenthalt«	»Preis pro angefangene 15 min«
- (Reise-)Tasche packen	
- Wohnung für Abwesenheit herrichten (Kühlschrank, Heizung, Blumen etc.)	
- Abwesenheitsversorgung: Briefkasten leeren, Blumen gießen, Haustiere versorgen	
- Koordination notwendiger Hilfen für die Rückkehr (z. B. Hilfsmittel, Transport, Versorgung)	
- Einkauf frischer Lebensmittel und Vorbereitung der Rückkehr nach Hause	
Besuchsdienst (z. B. im Krankenhaus, Kurzzeitpflege, Pflegeheim)	»Preis pro angefangene 15 min«
beispielsweise	
- Holen und Bringen frischer Wäsche, Besorgung von Zeitschriften, Getränken, Obst	
- Übernahme konkreter Aufträge (z. B. Botengänge, Telefonate)	
- Anwesenheit, Begleitung (z. B. für Gespräche, Spaziergang)	
Haushalts- und Taschengeldverwaltung (im Auftrag von Pflegekunden, Angehörigen und Betreuern)	Monatspauschale
- Kassenbuch führen (Quittungen sortieren und einkleben, Abrechnung versenden)	
- Bargeld verwalten	
Medikamenten- und/oder Verordnungsmanagement	Monatspauschale
- Holen von aktuellen Verordnungen zur Behandlungspflege (einschließlich Praxisbesuch) - Besorgen von verordneten Medikamenten (Arztbesuch, Chipkarte, Apotheke) Das Holen von Rezepten oder laufenden Verordnungen ist keine Leistung, die von der Krankenkasse bezahlt wird. Deshalb muss der Pflegedienst bei Bedarf diese privat in Rechnung stellen.	
Verordnungsmanagement (alleinige Leistung)	Monatspauschale
- Holen von aktuellen Verordnungen zur Behandlungspflege (einschließlich Praxisbesuch) Das Holen von Verordnungen ist keine Leistung, die von der Krankenkasse bezahlt wird. Deshalb muss der Pflegedienst bei Bedarf diese privat in Rechnung stellen.	
Pflegefachliche Begleitung (durch eine Pflegefachkraft)	»Preis pro angefangene 15 min«
- Arztbesuche und Arztgespräche im Auftrag (beispielsweise der Angehörigen oder Betreuer)	

Muster einer Dienstleistungspreisliste © SysPra 2014; Einsatzplanung · Stand: 01.10.2014	
Versorgung Verstorbener (durch eine Pflegefachkraft)	»Preis pro angefangene 15 min«
- Versorgung Verstorbener in Absprache mit den Angehörigen	
Beratung rund um das Leben im Alter (durch eine Pflegefachkraft)	»Preis pro angefangene 15 min«
- Beratung über Leistungen und Hilfen der gesetzlichen Kostenträger	
- Einstufungsberatung (Ermittlung des Hilfebedarfs zur Klärung eines Antrags)	
- Besichtigung der Wohnung und Beratung zur altersgerechten Ausstattung	
- Beratung bei der Auswahl einer stationären Einrichtung (Auswahl, Umzug, Begleitung)	
»Hilfe bei der Einstufungsbegutachtung« optional: bei späterem Pflegeauftrag (Sachleistungen) wird der Betrag verrechnet, bei Bestandskunden kostenfrei	Pauschalpreis
Vorbereitung auf die Einstufungsbegutachtung	
- Hilfe beim Kontakt mit den Pflegekassen (Anträge, Widerspruch)	
- Vorbereitung des Begutachtungsbesuchs des Medizinischen Dienstes der Krankenversicherung (MDK) oder beauftragter Gutachter	
- Hilfe bei der Führung eines Pflegetagebuches	
Begleitung bei der Einstufung	
- Anwesenheit bei der Begutachtung durch den MDK oder beauftragte Gutachter	
Vorbereitung und Einstufung zusammen (reduzierter Preis)	
Rufbereitschaftseinsatz	Preis pro Einsatz
- Hilfen bei Einsätzen im Rahmen der Rufbereitschaft/außerhalb geplanter Einsätze, tagsüber, nachts und am Wochenende	
Hausbesuchspauschale	Preis pro Einsatz
- Organisation des Einsatzes	
- Fahrt- und Wegekosten	

Stellen Sie sich unsere Leistungen auch individuell nach Ihren Wünschen zusammen.

Ein Beispiel: Eine unserer Pflegekundinnen wünscht, dass wir nach der Grundpflege am Morgen noch im Gästezimmer die Rollläden hochziehen, die Zeitung aus dem Briefkasten holen und den Küchenmüll mit hinunter nehmen. Wir erbringen die Dienstleistung an 20 Tagen im Monat und rechnen einen Pauschalpreis von 50 € im Monat ab.

Über steuerliche Förderungsmöglichkeit nach § 35 a Einkommenssteuergesetz (EStG – Haushaltsnahe Dienstleistungen, zu denen auch Pflege- und Betreuungsleistungen bei Pflegebedürftigen gehören) berät Sie gerne Ihr Steuerberater.

Grafik 2.5

Weitere Beispiele zu Privatleistungen findet man auch bei Sießegger (PDL Praxis).

2.5 Vergessene und Heimliche Leistungen

Heimliche und Vergessene Leistungen spielen deshalb für die Einsatzplanung eine wichtige Rolle, weil sie zu höheren Ist-Zeiten führen. Kann man das Entstehen dieser Leistungen verhindern oder diese Leistungen reduzieren, hat dies unmittelbare Auswirkungen auf die Qualität der Einsatzplanung.

2.5.1 Vergessene Leistungen

Als „Vergessene" Leistungen hat Heiber (Heiber 2010) die Leistungen oder Leistungsinhalte bezeichnet, die zwar erbracht, aber meist aufgrund von Missverständnissen nicht dargestellt bzw. abgerechnet werden (beispielsweise das Wechseln einer Pants nicht als „Hilfe bei Ausscheidungen", sondern nur als Bestandteil von An- und Auskleiden zu sehen) (siehe auch Kap. 2.1.3). Vergessene Leistungen entstehen auch deshalb, weil vor allem Pflegeversicherungsleistungen gegenüber den Mitarbeitern und Kunden oft nicht verständlich dargestellt werden. Zur Prävention gehören deshalb nicht nur verständliche Preislisten (siehe Heiber 2011), sondern auch regelmäßige, möglichst jährliche, Mitarbeiterschulungen zum Inhalt der zu erbringenden Leistungen.

2.5.2 Heimliche Leistungen

Die von Heiber 2001 sogenannten „Heimlichen Leistungen" entstehen anders. Zur Illustration eine kurze Geschichte:

Herr Müller, ehemals leitender Beamter, ist inzwischen pflegebedürftig und wohnt allein, seine Tochter wohnt im Nachbarhaus. Wegen seines Diabetes bekommt er morgens vom Pflegedienst seine notwendige Insulininjektion. Da Familie Müller und insbesondere die Tochter das Pflegegeld beziehen will, wird die Grundpflege komplett von der Tochter übernommen, die allerdings auch berufstätig ist. Die PDL hat ausführliche Gespräche geführt, ob nicht wenigstens die morgendliche Grundpflege vom Pflegedienst übernommen werden soll. Dies hat Herr Müller abgelehnt. Seine Tochter versorge ihn komplett vor ihrem Arbeitsbeginn, einschließlich der Entleerung des vorhandenen Toilettenstuhls.

Am nächsten Tag erscheint Schwester Claudia zur Pflege. Sie klingelt, schließt die Tür auf und geht ins Schlafzimmer, um zunächst Herrn Müller zu begrüßen. Schon im Flur kommt ihr ein durchdringender Geruch entgegen, der im Schlafzimmer noch deutlicher wird, ausgehend vom Toilettenstuhl. Sie begrüßt Herrn Müller, dieser sagt nur: „Hier stinkt's!" Schwester Claudia bringt sofort den Toilettenstuhl ins Bad und leert ihn, anschließend öffnet sie ein Fenster, das sie, bevor sie geht, wieder schließt. Am zweiten Tag ist Schwester Claudia schon vorsichtiger und hält die Luft an, bevor sie das Zimmer betritt, ansonsten ist es wie am ersten Tag. Das wiederholt sich die nächsten Tage.

Handbuch Ambulante Einsatzplanung · Andreas Heiber und Gerd Nett
© Vincentz Network GmbH & Co. KG, Hannover 2014 · ISBN 978-3-86630-378-2

Am siebten Tag ist Herr Müller noch etwas verschlafen, in dieser Zeit bringt Schwester Claudia schon mal den Toilettenstuhl weg, allerdings ohne Erfolg, da dieser tatsächlich (einmal) leer war.

Am achten Tag kommt Schwester Kirsten. Sie ist neu in der Tour. Sie betritt das Zimmer, es riecht wieder einmal streng, was sie jedoch wegen einer verstopften Nase nicht wahrnimmt. Beim Blutzuckermessen und bei der Insulininjektion ist Herr Müller die ganze Zeit mürrisch und unfreundlich, er erwidert nicht einmal den Abschiedsgruß von Schwester Kirsten. Später in der Station wird sie von der PDL angesprochen, was sie denn mit Herrn Müller gemacht habe, er habe sich über die unfreundliche und grobe Schwester beschwert, sie solle nicht mehr kommen. Schwester Kirsten weiß nicht, was sie falsch gemacht hat!

Hier ist die „Geburt" einer Heimlichen Leistung geschildert worden. Zunächst, also beim Abschluss des Pflegevertrages, hat Herr Müller darauf bestanden, alles selbst zu machen/organisieren. Dann, als es vermutlich nicht so klappt, gibt er keinen direkten Auftrag in Form von „Bringen Sie den Toilettenstuhl weg.", sondern nur den indirekten „Hier stinkt's.". Die Schwester reagiert, wie von ihm erwartet. Sie führt den nicht gegebenen Auftrag aus, statt beispielsweise lediglich zu antworten „Ja, da haben Sie recht!", und auf konkrete weitere Aussagen/Aufträge zu warten. Von nun an erwartet Herr Müller täglich die Leerung des Toilettenstuhls. Dies ist für ihn nicht etwa etwas Besonderes, wofür man den Pflegedienst loben sollte, sondern normal, denn der Toilettenstuhl stinkt ja und in so einem Gestank kann man ja nicht leben. Wenn es mal jemand nicht „richtig" macht, ist das auf jeden Fall ein Grund zum Ärgern.

Heimliche Leistungen sind also Mehrleistungen, die jedoch von den Kunden und Angehörigen, oft aber auch von den Mitarbeitern so nicht wahrgenommen und anerkannt werden: Für Herrn Müller ist die Heimliche Leistung inzwischen selbstverständlich, sie gehört zur Versorgung am Morgen dazu und es ist ein Fehler von der Kollegin, die Mehrleistung nicht zu machen (sie ist ja „eh da").

Heimliche Leistungen oder „Eh-da-Leistungen" (Heiber 2011 a) kennzeichnen damit nicht einen guten Pflegedienst, der seinen Kunden mehr Zeit und Leistung gibt, als er bezahlt bekommt. Sie sind aus Kundensicht normal, denn der Kunde merkt gar nicht, dass er mehr erhält, als er bezahlt oder bestellt hat. Nur ihr Verlust führt zu Ärger. Heimliche Leistungen kosten nicht nur Geld, sondern sind zusätzlich auch noch „Antiwerbung", denn sie fallen nur im Negativfall auf, also wenn jemand sie nicht macht.

2.5.3 Aus Vergessenen und Heimlichen Leistungen Serviceleistungen machen!

Warum werden trotzdem Heimliche oder Vergessene Leistungen erbracht? Es gibt sicherlich unterschiedliche Gründe. Die wichtigsten sind:

» **Es ging ja ganz schnell!**
Dass das ein Irrtum ist, dürfte klar sein: Was Zeit kostet bzw. wie sich sehr kurze Zeiteinheiten summieren können, haben wir in Kapitel 1 schon dargestellt.

» **Die Leistung gibt es gar nicht**
Wenn beispielsweise die Katze in der Wohnung miaut, weil sei Hunger hat, werden viele Mitarbeiter die Katze füttern. Gibt es in der Privatpreisliste dafür ein Angebot, werden Mitarbeiter auch erst dahingehend sensibilisiert, dass es die Leistung gibt und sie auch dauerhaft vom Kunden gebucht werden könnte.

» **Gute Schwester – Böse Schwester**
„Die Kollegin hat das auch gemacht“, lautet der Standardspruch, wenn Kunden versuchen, Mitarbeiter zu weiteren Leistungen zu überreden. Ob die Kollegin das tatsächlich gemacht hat, steht überhaupt gar nicht fest. Aber wer es macht, liefert gleich die nächsten Argumente für die andere Kollegin mit!

» **„Ganzheitliche Pflege“**
„Es gehört für mich zur morgendlichen Pflege dazu“ ist eine häufig gehörte Aussage, wenn der Mitarbeiter dem Kunden noch die Haare kämmt, obwohl der Kunde diese Leistung (die in diesem Katalog zusätzlich gewählt werden kann) nicht beauftragt hat. Dabei verstößt der Mitarbeiter, ohne es zu merken, gegen das eigene Leitbild. Hier ist sicherlich vom Selbstbestimmungsrecht des Kunden die Rede: Es wird das gemacht, was der Kunde braucht und wünscht. Wenn er beim Abschluss des Pflegevertrages wünscht, nicht gekämmt zu werden (weil es Geld kostet), dann verstößt der Mitarbeiter gegen den ausdrücklichen Willen des Kunden, wenn er ohne konkreten Auftrag diesen einfach, weil es für ihn zur Pflege dazu gehört, kämmt. Der Kunde kann ja jederzeit den Auftrag erweitern, der Mitarbeiter muss ihn aber fragen und dies dann entsprechend dokumentieren.

» **Wir sind (als Pflegedienst) verantwortlich!**
Viele (auch diffuse) Ängste werden mit der jährlichen Qualitätsprüfung und dem MDK begründet. Auch die Angst, dass man als Pflegedienst für Defizite verantwortlich gemacht wird. Dabei sind mehrere Fakten zu beachten:

1. Der Pflegedienst kann die Versorgung nicht allein durchführen, dafür sollen die Mittel der Pflegeversicherung gar nicht reichen. Es müssen entweder andere Pflegepersonen Leistungen übernehmen oder der Pflegebedürftige muss die weiteren Leistungen privat finanzieren, ersatzweise die Sozialhilfe.

2. Der Pflegedienst ist nur für die umfassende Beratung sowie für die Dokumentation möglicher Defizite zuständig, für mehr nicht. Jeder Kunde hat das Recht zu „stinken“. Der Pflegedienst ist nur verantwortlich, ihn zu beraten und alles zu dokumentieren.

» **Der arme Mensch kann sich das nicht leisten!**
Wer über nicht ausreichend finanzielle Mittel verfügt, für den übernimmt die Sozialhilfe die notwendigen Leistungen. Abgesehen davon: Vor allem unsere Rentner sind „reicher“ als viele andere Altersgruppen, aber sie haben es nicht gelernt, für sich selbst und für ihre Versorgung auch Geld auszugeben. Sie sparen das Geld lieber für ihre Kinder und Enkel, die allerdings dafür oft nur wenig tun.

Um Kunden, bei denen man bisher immer auch Heimliche Leistungen erbracht hat, diese zunächst einmal transparent zu machen, bedarf es eines Zwischenschrittes, bevor sie auch abgerechnet werden können: die Dokumentation als Serviceleistung. Als Serviceleistungen bezeichnen wir die Leistungen, die der Pflegedienst kostenfrei für einen Kunden erbringt. Im Gegensatz zu „Heimlichen“ oder „Vergessenen“ Leistungen werden die Serviceleistungen transparent dargestellt. Dazu dient in erster Linie ein Serviceleistungsnachweis, über den alle kostenfrei erbrachten Leistungen dokumentiert werden.

Jeder gute Dienstleister, also auch Pflegedienste, werden für ihre Kunden auch Leistungen kostenfrei erbringen. Es stellt sich immer nur die Frage, in welchem Umfang sich das der Pflegedienst leisten will und leisten kann. Wenn für bestimmte Kunden intern Serviceleistungen festgelegt werden, sollten diese genauso geplant werden wie andere vom Kunden gekaufte Leistungen. Die Kosten für die Serviceleistungen übernimmt die (interne) Kostenstelle „Trägerleistungen“ (siehe auch Heiber/Nett 2013).

Um Heimliche und Vergessene Leistungen bei Bestandskunden besser zu steuern, empfehlen sich folgende Schritte:

» Verständliche und ausführliche Preislisten: Bei Pflegeversicherungsleistungen sind Beispiele zur Erläuterung der einzelnen Leistungen sehr hilfreich (Beispiele dafür: Heiber 2011).

» Regelmäßig, mindestens jährlich alle Mitarbeiter schulen zu den Inhalten der Leistungen des Pflegedienstes.

» Einen monatlichen Serviceleistungsnachweis in die Dokumentation einführen (Muster siehe nebenstehende Grafik), über den alles das dokumentiert wird, was kostenfrei zusätzlich für den Kunden erbracht wird. Den Wert dieser Leistungen kann der Kunde aus der Privatpreisliste erkennen.

Serviceleistungen Ihres Pflegedienstes

Pflegedienst

Übersicht für Klaus Müller Monat Sept. Jahr 2011

Leistung	1	2	3	4	5	6	7	8	9	10	11	12	13	14	15	16	17	18	19	20	21	22	23	24	25	26	27	28	29	30	31	Summe
Bett machen	ah	ah	ah	mg	mg	mg	mg	mg	ah	ah	tr	tr	tr	tr	tr	ah	ah	tr	tr	tr	tr	tr	gm	gm	gm	gm	ah	ah	ah	ah		30
Rolläden im Gästezimmer öffnen	ah	ah	ah	mg	mg	mg	mg	mg	ah	ah	tr	tr	tr	tr	tr	ah	ah	tr	tr	tr	tr	tr	gm	gm	gm	gm	ah	ah	ah	ah		30
Müll (Küche) mitnehmen	ah		ah		mg		mg		ah		tr		tr		tr		ah		tr		tr		gm		gm		ah		ah			15
Post holen	ah	ah	ah	mg	mg	mg		mg	ah	ah	tr	tr	tr		tr	ah	ah	tr	tr	tr		tr	gm	gm	gm	gm	ah		ah	ah		26
Blumen gießen (jeden 2. Tag)	ah		ah		mg		mg		ah		tr		tr		tr		ah		tr		tr		gm		gm		ah		ah			15

Die hier aufgeführten Serviceleistungen werden zurzeit **kostenfrei** von Ihrem Pflegedienst für **Sie** erbracht.

Unterschrift verantwortliche Leitung Claudia Mustermann Unterschrift Kunde Klaus Müller

Grafik 2.6

» Wenn man über eine längeren Zeitraum (z. B. 3 bis 4 Monate) transparent gemacht hat, was einzelne Kunden kostenfrei bekommen, kann man auch je nach Situation mit den Kunden die zukünftige Reduzierung oder die Bezahlung dieser Leistungen vereinbaren. Dabei sollte man mit Bestandskunden sensibel umgehen: Was man jahrelang (aus eigenem Unvermögen) kostenfrei erbracht hat, für das kann man nicht plötzlich Geld verlangen. Wenn man aber über Monate erst einmal die Transparenz geschaffen hat, wird es einfacher, dies den Kunden zu erklären.

2.6 Die Auftraggeber

Grundlage jeder Einsatzplanung sind die von den Kunden direkt beauftragten Leistungen (das gilt auch für die Behandlungspflege, denn der Auftrag zur Durchführung stammt vom Kunden, der sich für den Pflegedienst entschieden hat) sowie die weiteren Leistungen, die die Pflegeeinrichtung als Serviceleistungen erbringen will. In der Ambulanten Pflege bestimmen die konkreten Aufträge den Personaleinsatz und die Arbeit. Anders als in der Stationären Pflege gibt es keine Leistungsdefinitionen oder Personalschlüssel allein auf der Basis der Pflegestufen (Pflegesätze).

Grundsätzlich kann der Pflegedienst nur die Leistungen erbringen, für die er beauftragt wurde. Ist beispielsweise eine Behandlungspflege nach SGB V nicht (weiter) genehmigt, liegt kein Auftrag mehr zur Durchführung vor, sie kann nicht mehr erbracht werden. Der Leistungsauftrag kann aber auch vom Pflegedienst selbst kommen, wenn er weitere Leistungen als Serviceleistungen für den Kunden erbringen will und diese aus seinen eigenen Mitteln finanziert.

Die Auftraggeber der verschiedenen Leistungen sind je nach Rechtsgrundlage unterschiedliche Institutionen oder Personen:

Handbuch Ambulante Einsatzplanung · Andreas Heiber und Gerd Nett
 · ISBN 978-3-86630-378-2

Auftraggeber der Leistungen	SGB XI	SGB V	SGB XII	Privat-leistungen	Service-leistungen
Wer ist **Auftraggeber?**	Pflegekunde	Kranken-versicherung	Sozialamt	Pflegekunde	Pflegedienst
Wer **finanziert** die Leistung?	Pflege-versicherung	Kranken-versicherung	Sozialamt	Pflegekunde	Pflegedienst
Wer ist **nachrangiger Kostenträger?**	Privat = Kunde	–	–	–	–

Grafik 2.7

Leistungen über die Finanzierung der Pflegeversicherung hinaus werden zwar privat als Eigenanteil finanziert, richten sich aber trotzdem nach den Vertragsbedingungen der Pflegeversicherung.

2.6.1 Ist der Kunde ein Kunde?

Ist der Mensch als Pflegebedürftiger wirklich ein autonomer Kunde oder doch eher ein kranker Patient? Diese Frage stellt sich auch in der Ambulanten Pflege, obwohl hier der Pflegebedürftige noch in seiner eigenen Wohnung lebt, über die er und in der er bisher immer selbst bestimmt hat. Warum sollte sich dieser Umstand (und damit sein Selbstbestimmungsrecht) verändert haben, nur weil er nun pflegebedürftig ist? Das Pflegeversicherungsgesetz sieht ihn als entscheidungsfähigen Kunden, der zumindest innerhalb der Leistungsmöglichkeiten der Pflegeversicherung relativ frei wählen kann, welche der möglichen Versorgungspakete er „zukauft" und was er selbst regelt, beispielsweise mithilfe seiner Angehörigen. Der Pflege wird die Rolle des Beraters (z. B. durch die umfassende Pflegeplanung) und Dienstleisters (bei der Erbringung der konkret vereinbarten Leistungen) zugewiesen. Aus dem Begriff des Kunden ergibt sich, dass dieser sozusagen auf „gleicher Augenhöhe" mit den Pflegekräften steht und frei entscheiden kann, was er von den möglichen verfügbaren Leistungen wählt. Er ist somit weiterhin kompetent und berechtigt, Entscheidungen für seine Lebensführung zu treffen, selbst wenn die Pflegekräfte oder auch die Angehörigen diese Entscheidungen nicht unbedingt „gut" finden.

Damit ist auch der Unterschied zur Rolle eines Patienten beschrieben: Laut Duden ist ein Patient eine „vom Arzt behandelte oder betreute Person". In diesem Rollenbild steht der Arzt und damit auch die Pflegekraft auf einer hierarchisch höheren Position, weil beide etwas „besser" wissen in Bezug auf eine konkrete Krankheit oder den Zustand des Patienten. Der Patient fügt sich in der Regel den Anweisungen des Arztes oder der Pflegekraft. Konkret bedeutet dies auch, dass man in der Rolle des Patienten Entscheidungen anderer befolgt, andererseits aber auch die Entscheidungen anderer erwartet und diese dafür verantwortlich macht. Als Patient kann man verlangen, dass einem geholfen wird, schließlich ist man ja „krank".

Diese beiden unterschiedlichen Rollenbilder in der Pflege („Patient" und „Kunde") gehen in der täglichen Praxis nahtlos ineinander über und werden unterschiedlich interpretiert und auch missbraucht: Der Pflegebedürftige will so lange Kunde sein, wie es beispielsweise um Geld oder andere Entscheidungen geht, andererseits will er gleichzeitig Patient sein, dem immer geholfen werden muss (siehe Toilettenstuhl). Diese Hilfe soll selbstverständlich kostenfrei sein, es ist ja nur Hilfe und keine Dienstleistung! Also ist es normal, dass die Schwester den Mülleimer „ehrenamtlich" mit runterbringt, da sie zum „Helfen" da ist. Das ersparte Geld braucht man schließlich für die Putzfrau, die „richtiges Geld" kostet oder für die eigenen Enkel. Für die Pflegekraft sind die unterschiedlichen Rollen Patient und Kunde ebenfalls mit unterschiedlichen Sichtweisen verbunden: Sieht man den Pflegebedürftigen als Patient, ist klargestellt, dass die Pflegekraft sich um seine Versorgung kümmern darf (aufgrund der höheren Kompetenz) und kümmern muss (Patient = hilfebedürftig). Dazu gehört auch, dass die Pflegekraft die Versorgung durchführt, die sie für die richtige hält, selbst wenn der Pflegebedürftige dies nicht so sieht, beispielsweise im Bereich der Hygiene. („Wir waschen das mal schnell!") Sieht man den Pflegebedürftigen hingegen als Kunden, wird die Pflegekraft es aushalten müssen, dass sich der Pflegekunde nicht immer so verhält, wie es fachlich sinnvoll wäre, dass er sich also beispielsweise heute auch nicht waschen will, obwohl er stinkt.

Diese hier beschriebenen verschiedenen Rollenbilder sind im Alltag nahtlos nebeneinander bzw. ineinander vermischt anzutreffen, obwohl gerade die Pflegeversicherung ein klares Kundenbild definiert. Praktisch hätte die konkrete Umsetzung des ›Kunden‹ durchaus positive Folgen für die Arbeit: Heimliche Leistungen gehören sozusagen zum Patienten, sie lassen sich bei einem Kunden viel leichter ausgrenzen und damit vermeiden. Das setzt aber voraus, dass die Pflegekräfte sich mit den Pflegebedürftigen als Kunden auseinandersetzen und ihn auch in seiner Rolle als Kunde ernst nehmen. Praktisch heißt dies: Es wird konkret abgefragt, wie bisher die morgendliche Versorgung aussah und zukünftig gewünscht wird. Es wird dann nur das gewaschen, was der Kunde bisher auch immer gewaschen hat und nicht das, was die Pflegekraft oder der Pflegedienst als ihren Versorgungsstandard ansehen. Der Kunde hat also das Recht zu stinken, die Pflegekraft nur die Verpflichtung, ihn dann zu beraten und die Beratung sowie seine Entscheidung zu dokumentieren. Das Selbstbestimmungsrecht des Pflegebedürftigen ist immer höher zu bewerten als Ablaufroutinen des Pflegedienstes. Die tägliche Gratwanderung zwischen „Kunde" und „Patient" ist eine ständige Herausforderung. Dabei ist der „Kunde" in den meisten Leitbildern wiederzufinden, während die Praxis eher noch vom „Patienten" beherrscht wird, vor allem von der „Kundenseite" verlangt!

2.6.2 Wer ist der Kunde (Auftraggeber?)

Gerade bei Leistungen der Pflegeversicherung bzw. bei Privatleistungen stellt sich immer die Frage, wer der tatsächliche Auftraggeber und damit Kunde ist: Der Pflegebedürftige selbst oder seine Angehörigen? Beispielsweise wollen die Angehörigen nicht, dass der Pflegedienst morgens noch das Frühstück macht, weil dies ihnen (mit „Blick auf das Erbe") zu teuer wäre. Der Pflegebedürftige selbst würde dies schon wollen, akzeptiert aber letztlich die Meinung seiner Kinder und unterschreibt deshalb den entsprechend gekürzten Pflegevertrag.

Tatsächlich zählt nur die Meinung des Pflegekunden, dokumentiert durch seine Unterschrift. Der Pflegekunde ist so lange rechtsfähig (und damit unterschriftsberechtigt und Kunde), bis durch ein Gericht etwas anderes festgestellt und angeordnet ist (Betreuungsrecht). Das gilt auch dann, wenn beispielsweise die Kinder von ihrem Vater eine Vorsorge- oder andere Vollmacht haben. Solche Vollmachten berechtigen die Kinder, **auch** für den pflegebedürftigen Vater zu unterschreiben. Das bedeutet aber nicht, dass der Pflegebedürftige dann nicht mehr eigenständig handeln darf. Selbst wenn der Pflegebedürftige beispielsweise dement und nach §45 a SGB XI wegen erheblich eingeschränkter Alltagskompetenz eingestuft ist. Auch dann ist der Pflegebedürftige formal rechtsfähig und kann beispielsweise Pflegeaufträge verändern oder erweitern. In der Praxis ist es oft so, dass der Pflegebedürftige sehr genau weiß, was er heute anziehen oder essen will. Obwohl er nicht mehr in der Lage ist, ein Überweisungsformular für die Bank auszufüllen oder zu unterschreiben.

Unabhängig davon, wie stark beispielsweise der Einfluss der Angehörigen ist, der Kunde ist derjenige, der rechtsverbindlich die Pflegeaufträge bzw. -verträge unterschreibt. Unterschreibt er (nur) das, was seine Kinder wollen, sind auch in diesen menschlich schwierigen Situationen nur diese Leistungen zu erbringen. Verändert der Pflegebedürftige am nächsten Tag den Auftrag, muss der Pflegedienst auch das ernst nehmen. Denn der „Schuldner" bleibt in jedem Fall der Pflegebedürftige. Wollen Angehörige das nicht akzeptieren, sind sie frei in der Entscheidung, das gerichtlich klären und sich als formale Betreuer einsetzen zu lassen. Allerdings muss man auch wissen, dass ein vom Gericht eingesetzter Betreuer immer verantwortlich ist für das Wohl des Betreuten. Wenn ein Betreuer davon abweichend vor allem das Wohl seines möglichen Erbes im Blick hat und deshalb fachlich notwendige Leistungen abbestellt, könnte das Gericht überprüfen, ob er hier nicht gegen das Wohl des Betreuten handelt und ihn deshalb in die persönliche Verantwortung nehmen.

2.6.3 Der Pflegevertrag

Der Pflegevertrag ist die schriftliche Auftragsgrundlage für den Pflegedienst. Hier sind nicht nur die formalen Punkte wie Auftragsgrundsätze, gesetzliche Kostenträger, nachrangige Kostenträger, kurzfristige Absagen, Kündigungsfristen und Zahlungen geregelt, sondern vor allem auch die zu erbringenden Leistungsinhalte.

Diese werden im Regelfall in einer Anlage konkretisiert. Gemäß §120 SGB XI muss der Pflegedienst bei der Erbringung von Pflegesachleistungen nach SGB XI einen Pflegevertrag abschließen. Im Bereich der Krankenversicherung gibt es keine vergleichbare Vorschrift. Da hier die Leistungsaufträge im Prinzip von der Krankenkasse erteilt werden (über den Weg der Verordnung), verzichten viele Pflegedienste auf den Abschluss eines Pflegevertrages mit den Kunden. Obwohl auch hier der Pflegevertrag eine wichtige Funktion erfüllt. Denn im Regelfall ist in den Verträgen auch geregelt, wer die Leistung bezahlt, falls beispielsweise die Krankenkasse die Zahlung ablehnt. Selbst wenn in einem solchen Fall der Versicherte in Widerspruch geht, benötigt der Pflegedienst in dieser Zeit eine klare Kostenzusage, die dann nur vom Versicherten kommen kann. Daher sollte man auch bei Behandlungspflegeleistungen Pflegeverträge abschließen.

Zumal nur so eine vertragliche Grundlage existiert, wie man mit kurzfristigen Absagen umgehen kann (siehe auch Kap. 12.3.2).

Bei Privatleistungen sollte ein Pflegevertrag ebenfalls obligatorisch sein.

Da die Pflegeverträge immer Regelungen für alle Leistungsträger enthalten, benötigt man bei einem Kunden, der sowohl Behandlungspflege nach SGB V, Grundpflege nach SGB XI und Privatleistungen bekommt, nur einen Pflegevertrag. Dieser beinhaltet unter Umständen unterschiedliche Anlagen, in denen dann der Leistungsumfang konkretisiert ist.

Da die Pflegeverträge nach SGB XI jederzeit (von heute auf morgen) kündbar sind (siehe §120 Abs. 2), kann der Kunde auch seine Leistungen entsprechend kurzfristig anpassen (siehe auch Kap. 12.4).

2.7 Zusammenfassung

- Um für die Tourenplanung richtige Zeiten festzulegen, müssen die Leistungsinhalte eindeutig definiert sein. Die Pflegeversicherung mit ihren Grundpflegeleistungen ist dabei der Bereich mit den meisten Unklarheiten.
- Dabei spielt in der Pflegeversicherung zunächst der Hilfebegriff eine wichtige Rolle, denn auch die (alleinige) Anleitung oder Beaufsichtigung bei der Grundpflege darf/muss als Leistung abgerechnet werden.
- Die Vor- und Nachbereitung sowie die Abgrenzung von einzelnen Grundpflegeleistungen sind genau festzulegen.
- Aufgrund der föderalen Vielfalt gibt es in Deutschland zurzeit noch 19 verschiedene Leistungskataloge in der Pflegeversicherung, deshalb muss jeder Pflegedienst nach seiner vertraglichen Grundlage die genauere Leistungsdefinition vornehmen.

Handbuch Ambulante Einsatzplanung · Andreas Heiber und Gerd Nett
© Vincentz Network GmbH & Co. KG, Hannover 2014 · ISBN 978-3-86630-378-2

- Bei Zeitleistungen erfolgt die formale Abgrenzung über die Leistungszeit, dazu kommt hier oft nur noch die Dokumentationszeit.
- Auch die weiteren Leistungen wie Erst- und Beratungsbesuche oder die Häusliche Betreuung sind genau zu definieren.
- Im Bereich der Krankenversicherung ist die Leistungsabgrenzung deutlich einfacher, allerdings muss man auch hier darauf achten, nicht noch zusätzliche Grundpflegeleistungen zu erbringen.
- Zur Ergänzung des Angebotes, aber auch zur Abgrenzung und um diesen Leistungen einen (eigenen) nach außen sichtbaren Wert zu geben, muss jeder Pflegedienst auch eine Privatpreisliste haben.
- Ob Leistungen als Pauschalen, als Einzelleistungen oder auch in Form einer Guthabenkarte angeboten werden, hängt von den Leistungen und vom Anbieter ab.
- Vergessene und Heimliche Leistungen lassen sich nur verändern, wenn man alle Leistungen klar definiert und abgrenzt, Mitarbeiter regelmäßig schult und gegenüber den Kunden alle kostenfreien Leistungen transparent darstellt (Serviceleistungsnachweis).
- Der Auftraggeber der Leistungen ist in jedem Fall der Kunde, selbst wenn Angehörige auch eine Vollmacht haben. Nur bei gerichtlich bestellten Betreuern übernehmen diese die Aufgabe, aber auch die Verantwortung.

3 Rechtliche Grundlagen Arbeitsrecht

Die folgenden gesetzlichen Grundlagen spielen bei der Personalbedarfsermittlung und der Dienstplanerstellung eine wesentliche Rolle. Sie sind hier mit den wichtigsten Regelungen dargestellt. Die aktuellen Gesetzestexte findet man im Internet unter www.gesetze-im-internet.de (eine Seite in Kooperation mit dem Bundesministerium für Justiz). Informationsbroschüren zu allen Themen: siehe Literaturverzeichnis.

Der Flexibilisierung der Arbeitszeit hat der Gesetzgeber Grenzen gesetzt, auch wenn sie in den vergangenen Jahren immer mehr gelockert wurden. Sie ergeben sich aus den zahlreichen Gesetzen zum Schutz der Arbeitnehmer, insbesondere aus folgenden Gesetzen:

1. Arbeitszeitgesetz (ArbZG) – Kapitel 3.1.1,
2. Bürgerliches Gesetzbuch (BGB) – Kapitel 3.2.2,
3. Gewerbeordnung (GewO) – Kapitel 3.2.1,
4. Jugendarbeitsschutzgesetz (JArbSchG) – Kapitel 3.1.4,
5. Mindestlohngesetz (MiLoG) – Kapitel 3.1.6
6. Mutterschutzgesetz (MuSchG) – Kapitel 3.1.3,
7. Nachweisgesetz (NachwG) – Kapitel 3.1.5,
8. Teilzeit- und Befristungsgesetz (TzBfG) – Kapitel 3.1.2.

Sie stellen den formalen staatlichen Schutzrahmen dar, innerhalb dessen individuelle und kollektive, sprich arbeits- und tarifvertragliche, Vereinbarungen liegen müssen.

Um einseitige Nachteile für die Arbeitnehmer zu vermeiden, sind die zu treffenden Regelungen meist mitbestimmungspflichtig und unterliegen darüber hinaus einer Angemessenheitskontrolle (siehe „AGB-Kontrolle"). Das wichtigste Beurteilungskriterium für die Angemessenheit ist die Risikoverteilung: Wirtschaftliche Risiken dürfen nicht ohne Weiteres vom Arbeitgeber auf die Mitarbeiter verlagert werden.

Weiterhin ist bei der Ausgestaltung von Arbeitsverträgen darauf zu achten, dass die darin getroffenen Regelungen nicht gegen geltende Tarifverträge und Betriebsvereinbarungen verstoßen, denen der Pflegedienst eventuell unterliegt.

3.1 Die Arbeitszeit- und Nachweisgesetze

Eine Reihe von Gesetzen regelt die Rahmenbedingungen der Erwerbsarbeit.

Handbuch Ambulante Einsatzplanung · Andreas Heiber und Gerd Nett

3.1.1 Arbeitszeitgesetz (ArbZG)

Das Arbeitszeitgesetz ist das wesentlichste Arbeitsschutzgesetz. Es regelt insbesondere die täglichen Arbeitszeiten, die Mindestruhepausen, die Definition der Nacht- und Schichtarbeit sowie der Sonn- und Feiertagsarbeit.

Die wesentlichen Regelungen in Bezug auf die Arbeitszeit im Einzelnen sind:

» Nach 6 Stunden Arbeitszeit muss eine Pause von mindestens 30 Minuten, nach 9 Stunden von mindestens 45 Minuten gemacht werden. Ob die Pausen in jeweils 15 Minutenabschnitten oder am Stück genommen werden, entscheidet der Arbeitgeber im Voraus.

» Die Arbeitsunterbrechung zum nächsten Dienst muss in der Regel mindestens 11 Stunden betragen. Eine kürzere Ruhezeit von 10 Stunden ist nur dann möglich, wenn jede Verkürzung der Ruhezeit innerhalb von 4 Wochen durch Verlängerung einer anderen Ruhezeit auf mindestens 12 Stunden ausgeglichen wird.

» Die Kürzung der Ruhezeit durch die Inanspruchnahme während der Rufbereitschaft, die nicht mehr als die Hälfte der Ruhezeit betragen darf, kann zu anderen Zeiten ausgeglichen werden.

» Nachtarbeit ist die Zeit von 23.00 Uhr bis 6.00 Uhr. Bei arbeitsmedizinischer Feststellung kann es eine Befreiung von der Nachtarbeit geben.

» Es können über Tarifverträge auch abweichende Regelungen getroffen werden, solange der Gesundheitsschutz des Arbeitnehmers durch einen entsprechenden anderen Zeitausgleich geregelt wird.

Bei der Sonn- und Feiertagsarbeit gibt es folgende Regelungen:

» Mindestens 15 Sonntage müssen im Jahr arbeitsfrei bleiben. Werden Mitarbeiter an einem Sonntag beschäftigt, ist der Ausgleich über einen Ersatzruhetag innerhalb von 2 Wochen zu gewähren. Bei Feiertagen, die auf einen Werktag fallen, kann der Ausgleich innerhalb von 8 Wochen erfolgen.

» Über einen Tarifvertrag können abweichend die freien Sonntage auf 10 reduziert werden, auch die Ausgleichszeiträume für auf Werktage fallende Feiertage können anders definiert werden.

3.1.2 Teilzeit- und Befristungsgesetz (TzBfG)

Das Gesetz regelt die Teilzeitarbeitsverhältnisse und befristeten Beschäftigungen. Es dient vor allem der Förderung der Teilzeitarbeit, aber soll auch die Diskriminierung von teilzeitbeschäftigten oder befristet beschäftigten Arbeitnehmern verhindern.

Kapitel 1 2 3 4 5 6 7 8 9 10 11 12 13 14

Paragraf 2 des Gesetzes definiert, was Teilzeit umfasst:

§ 2 Begriff des teilzeitbeschäftigten Arbeitnehmers

(1) Teilzeitbeschäftigt ist ein Arbeitnehmer, dessen regelmäßige Wochenarbeitszeit kürzer ist als die eines vergleichbaren vollzeitbeschäftigten Arbeitnehmers. Ist eine regelmäßige Wochenarbeitszeit nicht vereinbart, so ist ein Arbeitnehmer teilzeitbeschäftigt, wenn seine regelmäßige Arbeitszeit im Durchschnitt eines bis zu einem Jahr reichenden Beschäftigungszeitraums unter der eines vergleichbaren vollzeitbeschäftigten Arbeitnehmers liegt. Vergleichbar ist ein vollzeitbeschäftigter Arbeitnehmer des Betriebes mit derselben Art des Arbeitsverhältnisses und der gleichen oder einer ähnlichen Tätigkeit. Gibt es im Betrieb keinen vergleichbaren vollzeitbeschäftigten Arbeitnehmer, so ist der vergleichbare vollzeitbeschäftigte Arbeitnehmer auf Grund des anwendbaren Tarifvertrages zu bestimmen; in allen anderen Fällen ist darauf abzustellen, wer im jeweiligen Wirtschaftszweig üblicherweise als vergleichbarer vollzeitbeschäftigter Arbeitnehmer anzusehen ist.

(2) Teilzeitbeschäftigt ist auch ein Arbeitnehmer, der eine geringfügige Beschäftigung nach §8 Abs. 1 Nr. 1 des Vierten Buches Sozialgesetzbuch ausübt.

Das heißt, jede Beschäftigung unterhalb einer Vollzeitbeschäftigung ist eine Teilzeitbeschäftigung und fällt damit unter die Regelungen des Gesetzes. Das gilt auch für Mitarbeiter, die nur geringfügig beschäftigt werden.

Eine vergleichbar umfassende Definition liegt auch dem Begriff der befristet beschäftigten Arbeitnehmer nach § 3 zugrunde:

§ 3 Begriff des befristet beschäftigten Arbeitnehmers

(1) Befristet beschäftigt ist ein Arbeitnehmer mit einem auf bestimmte Zeit geschlossenen Arbeitsvertrag. Ein auf bestimmte Zeit geschlossener Arbeitsvertrag (befristeter Arbeitsvertrag) liegt vor, wenn seine Dauer kalendermäßig bestimmt ist (kalendermäßig befristeter Arbeitsvertrag) oder sich aus Art, Zweck oder Beschaffenheit der Arbeitsleistung ergibt (zweckbefristeter Arbeitsvertrag).

(2) Vergleichbar ist ein unbefristet beschäftigter Arbeitnehmer des Betriebes mit der gleichen oder einer ähnlichen Tätigkeit. Gibt es im Betrieb keinen vergleichbaren unbefristet beschäftigten Arbeitnehmer, so ist der vergleichbare unbefristet beschäftigte Arbeitnehmer auf Grund des anwendbaren Tarifvertrages zu bestimmen; in allen anderen Fällen ist darauf abzustellen, wer im jeweiligen Wirtschaftszweig üblicherweise als vergleichbarer unbefristet beschäftigter Arbeitnehmer anzusehen ist.

Für beide Gruppen gelten das Diskriminierungsverbot nach §4 und das Benachteiligungsverbot nach §5.

§4 Verbot der Diskriminierung

(1) Ein teilzeitbeschäftigter Arbeitnehmer darf wegen der Teilzeitarbeit nicht schlechter behandelt werden als ein vergleichbarer vollzeitbeschäftigter Arbeitnehmer, es sei denn, dass sachliche Gründe eine unterschiedliche Behandlung rechtfertigen. Einem teilzeitbeschäftigten Arbeitnehmer ist Arbeitsentgelt oder eine andere teilbare geldwerte Leistung mindestens in dem Umfang zu gewähren, der dem Anteil seiner Arbeitszeit an der Arbeitszeit eines vergleichbaren vollzeitbeschäftigten Arbeitnehmers entspricht.

(2) Ein befristet beschäftigter Arbeitnehmer darf wegen der Befristung des Arbeitsvertrages nicht schlechter behandelt werden, als ein vergleichbarer unbefristet beschäftigter Arbeitnehmer, es sei denn, dass sachliche Gründe eine unterschiedliche Behandlung rechtfertigen. Einem befristet beschäftigten Arbeitnehmer ist Arbeitsentgelt oder eine andere teilbare geldwerte Leistung, die für einen bestimmten Bemessungszeitraum gewährt wird, mindestens in dem Umfang zu gewähren, der dem Anteil seiner Beschäftigungsdauer am Bemessungszeitraum entspricht. Sind bestimmte Beschäftigungsbedingungen von der Dauer des Bestehens des Arbeitsverhältnisses in demselben Betrieb oder Unternehmen abhängig, so sind für befristet beschäftigte Arbeitnehmer dieselben Zeiten zu berücksichtigen wie für unbefristet beschäftigte Arbeitnehmer, es sei denn, dass eine unterschiedliche Berücksichtigung aus sachlichen Gründen gerechtfertigt ist.

§5 Benachteiligungsverbot

Der Arbeitgeber darf einen Arbeitnehmer nicht wegen der Inanspruchnahme von Rechten nach diesem Gesetz benachteiligen.

Um einen Aspekt für die Praxis zu übersetzen: Mitarbeiter mit gleichen Qualifikationen müssen gleich bezahlt werden: Auch die Fachkraft, die nur am Wochenende als Aushilfe geringfügig beschäftigt wird, hat Anrecht auf den gleichen Stundenlohn wie die anderen Fachkräfte, die beispielsweise in Vollzeit arbeiten. Dazu kommen die Ansprüche der Lohnfortzahlung im Krankheitsfall bzw. Urlaubsansprüche.

3.1.3 Mutterschutzgesetz (MuSchG)

Das Mutterschutzgesetz soll werdende, stillende und nicht stillende Mütter vor ungesunder Beschäftigung schützen. Insbesondere sind folgende Regelungen zu beachten:

» Werdende Mütter sollen dem Arbeitgeber über die Schwangerschaft und den mutmaßlichen Entbindungstermin informieren, nur dann greift der Schutz des Mutterschutzgesetzes.

» Beschäftigungsverbote, wenn nach ärztlichem Zeugnis Leben oder Gesundheit von Mutter oder Kind bei Fortdauer der Beschäftigung gefährdet sind.

» Werdende Mütter dürfen auch nicht mit schweren körperlichen Arbeiten oder mit Arbeiten beschäftigt werden, bei denen sie schädlichen Einwirkungen von gesundheitsgefährdenden Stoffen ... ausgesetzt sind (§ 4).

» Werdende und stillende Mütter dürfen nicht mit Mehrarbeit (mehr als 40 Stunden in der Woche) beschäftigt werden.

» Bei Arbeit an Sonn- und Feiertagen müssen höhere Ausgleichszeiten berücksichtigt werden.

» Über die sogenannte Umlage 2 (U2) werden Arbeitgebern die Kosten im Rahmen des Mutterschaftsgeldes sowie bei Beschäftigungsverboten, auch das Entgelt (Mutterschutzlohn), von der zuständigen Krankenkasse auf Antrag erstattet.

3.1.4 Jugendarbeitsschutzgesetz (JArbSchG)

Das Jugendarbeitsschutzgesetz regelt die Beschäftigung bzw. den Arbeitsschutz bei Kindern und Jugendlichen (ab 15 bis 18 Jahre). In der Pflege kann dies insbesondere bei Auszubildenden zu berücksichtigen sein. Folgende Punkte sind im Wesentlichen zu beachten:

» Jugendliche dürfen nicht mehr als 8 Stunden am Tag beschäftigt werden.

» Die Pausen von 30 Minuten bei einer Arbeitszeit von 4,5 bis 6 Stunden, von 60 Minuten bei einer Arbeitszeit von mehr als 6 Stunden müssen gewährt werden.

» Die Arbeitsunterbrechung (Ruhezeit) muss mindestens 12 Stunden betragen.

» Jugendliche dürfen nur 5 Tage hintereinander beschäftigt werden.

» Die Arbeitszeit darf nur in der Zeit von 6.00 Uhr bis 20.00 Uhr liegen.

» Bei Beschäftigung an Samstagen oder Sonntagen ist der Ausgleich innerhalb der nächsten Woche sicherzustellen.

3.1.5 Nachweisgesetz (NachwG)

Das Nachweisgesetz verpflichtet die Arbeitgeber, die wesentlichen Inhalte des Arbeitsvertrages schriftlich aufzuzeichnen und diesen Vertrag unterschrieben dem Mitarbeiter auszuhändigen. Von dieser gesetzlichen Vorschrift kann nicht zu Ungunsten des Mitarbeiters abgewichen werden (§ 5).

Außerdem fordert § 2 Absatz 1 Seite 2 Nr. 7 NachwG den schriftlichen Nachweis der vereinbarten Arbeitszeit.

3.1.6 Gesetz zur Regelung eines allgemeinen Mindestlohns (Mindestlohngesetz – MiLoG)

Das Mindestlohngesetz tritt zum 01. 01. 2015 in Kraft und beinhaltet einige relevante Änderungen, die die Arbeitgeber zukünftig beachten müssen und deshalb sind sie hier erwähnt.

Zum einen ergeben sich evtl. einige Änderungen in Bezug auf bestehende (vereinbarte) Arbeitszeitkonten.

§ 2 Fälligkeit des Mindestlohns

(1) Der Arbeitgeber ist verpflichtet, der Arbeitnehmerin oder dem Arbeitnehmer den Mindestlohn

1. zum Zeitpunkt der vereinbarten Fälligkeit,

2. spätestens am letzten Bankarbeitstag (Frankfurt am Main) des Monats, der auf den Monat folgt, in dem die Arbeitsleistung erbracht wurde,

zu zahlen. Für den Fall, dass keine Vereinbarung über die Fälligkeit getroffen worden ist, bleibt § 614 des Bürgerlichen Gesetzbuchs unberührt.

(2) Abweichend von Absatz 1 Satz 1 sind bei Arbeitnehmerinnen und Arbeitnehmern die über die vertraglich vereinbarte Arbeitszeit hinausgehenden und auf einem schriftlich vereinbarten Arbeitszeitkonto eingestellten Arbeitsstunden spätestens innerhalb von zwölf Kalendermonaten nach ihrer monatlichen Erfassung durch bezahlte Freizeitgewährung oder Zahlung des Mindestlohns auszugleichen, soweit der Anspruch auf den Mindestlohn für die geleisteten Arbeitsstunden nach § 1 Absatz 1 nicht bereits durch Zahlung des verstetigten Arbeitsentgelts erfüllt ist. Im Falle der Beendigung des Arbeitsverhältnisses hat der Arbeitgeber nichtausgeglichene Arbeitsstunden spätestens in dem auf die Beendigung des Arbeitsverhältnisses folgenden Kalendermonat auszugleichen. Die auf das Arbeitszeitkonto eingestellten Arbeitsstunden dürfen monatlich jeweils 50 Prozent der vertraglich vereinbarten Arbeitszeit nicht übersteigen.

(3) Die Absätze 1 und 2 gelten nicht für Wertguthabenvereinbarungen im Sinne des Vierten Buches Sozialgesetzbuch. Satz 1 gilt entsprechend für eine im Hinblick auf den Schutz der Arbeitnehmerinnen und Arbeitnehmer vergleichbare ausländische Regelung.

Das bedeutet, dass

1. das Mindestentgelt grundsätzlich bis spätestens zum letzten Bankarbeitstag des auf die Arbeitsleistung folgenden Monats zu zahlen ist.

2. Arbeitsstunden, die auf einem wirksam (schriftlich, beispielsweise im Tarifvertrag) vereinbarten Arbeitszeitkonto verbucht werden, innerhalb von 12 Monaten durch Freizeit oder Auszahlung auszugleichen sind, wenn der Anspruch auf den Mindestlohn nicht schon durch das verstetigte Arbeitsentgelt erfüllt ist.

   Das heißt, dies gilt nicht für solche Arbeitszeitkonten der Arbeitnehmer, bei denen durch ein verstetigtes (fixes) Arbeitsentgelt für alle geleisteten Arbeitsstunden im Durchschnitt von 12 Monaten ein Entgelt von wenigstens in Höhe des Mindestlohnes erzielt wird. Für diese Arbeitnehmer verbleibt es also bei den bislang – meist durch Betriebsvereinbarung oder Tarifvertrag – geregelten Bestimmungen zu Arbeitszeitkonten und sie sind nicht von der gesetzlichen Ausgleichspflicht in Absatz 2 betroffen.

   Generell nicht betroffen sind Wertguthabenkonten, beispielsweise Ansparkonten für Altersteilzeit.

3. Arbeitsstunden, die über die verabredete Arbeitszeit hinausgehen und auf einem Arbeitszeitkonto gutgeschrieben werden sollen, dürfen monatlich nicht mehr als die Hälfte der vertraglichen Arbeitszeit betragen.

   Darüber hinausgehende Arbeitsstunden können dem Arbeitszeitkonto nicht gutgeschrieben werden und müssen entsprechend Absatz 1 ausgezahlt werden.

Das Mindestlohngesetz beinhaltet auch „neue“ Aufzeichnungspflichten für Arbeitgeber (wenn er/sie aus anderen Gründen oder Gesetzestatbeständen bislang nicht schon vorgenommen hat):

§17 Erstellen und Bereithalten von Dokumenten

(1) Ein Arbeitgeber, der Arbeitnehmerinnen und Arbeitnehmer nach §8 Absatz 1 des Vierten Buches Sozialgesetzbuch oder in den in §2a des Schwarzarbeitsbekämpfungsgesetzes genannten Wirtschaftsbereichen oder Wirtschaftszweigen beschäftigt, ist verpflichtet, Beginn, Ende und Dauer der täglichen Arbeitszeit dieser Arbeitnehmerinnen und Arbeitnehmer spätestens bis zum Ablauf des siebten auf den Tag der Arbeitsleistung folgenden Kalendertages aufzuzeichnen und diese Aufzeichnungen mindestens zwei Jahre beginnend ab dem für die Aufzeichnung maßgeblichen Zeitpunkt aufzubewahren. Satz 1 gilt entsprechend für einen Entleiher, dem ein Verleiher eine Arbeitnehmerin oder einen Arbeitnehmer oder mehrere Arbeitnehmerinnen oder Arbeitnehmer im Sinne des Satzes 1 zur Arbeitsleistung überlässt. Satz 1 gilt nicht für Beschäftigungsverhältnisse nach §8a des Vierten Buches Sozialgesetzbuch.

(2) Arbeitgeber im Sinne des Absatzes 1 haben die für die Kontrolle der Einhaltung der Verpflichtungen nach §20 in Verbindung mit §2 erforderlichen Unterlagen im Inland in deutscher Sprache für die gesamte Dauer der tatsächlichen Beschäftigung der Arbeitnehmerinnen und Arbeitnehmer im Geltungsbereich dieses Gesetzes, mindestens für die Dauer der gesamten Werk- oder Dienstleistung, insgesamt jedoch nicht länger als zwei Jahre, bereitzuhalten. Auf Verlangen der Prüfbehörde sind die Unterlagen auch am Ort der Beschäftigung bereitzuhalten.

(3) Das Bundesministerium für Arbeit und Soziales kann durch Rechtsverordnung ohne Zustimmung des Bundesrates die Verpflichtungen des Arbeitgebers nach §16 und den Absätzen 1 und 2 hinsichtlich der Gruppen von Arbeitnehmerinnen und Arbeitnehmern oder der Wirtschaftsbereiche oder den Wirtschaftszweigen einschränken oder erweitern.

Das heißt, eine Aufzeichnungspflicht besteht für alle geringfügig Beschäftigten im Sinne des §8 Absatz 1 SGB IV. Ausgenommen sind demnach nur geringfügig Beschäftigte in Privathaushalten im Sinne des §8a SGB IV, was aber für Pflegedienste nicht zutrifft.

Zur Begründung heißt es in den Gesetzesmaterialien: „Geringfügig beschäftigte Arbeitnehmerinnen und Arbeitnehmer gehören zu der Gruppe von Beschäftigten, deren Bruttolöhne sich durch den Mindestlohn am stärksten erhöhen werden. Zukünftig ist die Zahl der Arbeitsstunden begrenzt, wenn der Status der geringfügigen Beschäftigung beibehalten werden soll. Auf Grund der statusrechtlich relevanten Verdienstobergrenze kommt der tatsächlich geleisteten Arbeitszeit eine besondere Bedeutung zu. Für kurzfristig Beschäftige hat die Aufzeichnung der Arbeitszeit, insbesondere die Zahl der gearbeiteten Tage, auf Grund der sozialversicherungsrechtlichen Rahmenbedingungen ebenfalls eine besondere Bedeutung."

Und weiter heißt es: „Als Zeitpunkt, bis zu dem der Arbeitgeber seiner Aufzeichnungspflicht nachkommen muss, sieht der Gesetzentwurf einen Zeitraum von längstens 7 Tagen vor. Damit wird zugleich den Erfordernissen einer effektiven Kontrolle als auch den Bedürfnissen der betrieblichen Praxis nach Flexibilität Rechnung getragen. Ab diesem Zeitpunkt läuft auch die zweijährige Frist für die Aufbewahrung der Aufzeichnung."

3.2 Weitere Regelungen mit Wirkung auf Arbeitsverträge und Beschäftigungsverhältnisse

Für die konkrete Ausgestaltung der Arbeitsverträge gelten weitere Regelungen, die sich in anderen Vorschriften wie der Gewerbeordnung oder ganz allgemein im Bürgerlichen Gesetzbuch finden.

3.2.1 Gewerbeordnung (GewO)

Über die Gewerbeordnung wird das Weisungs- und Direktionsrechtrecht des Arbeitsgebers konkretisiert.

§ 106 Weisungsrecht des Arbeitgebers

Der Arbeitgeber kann Inhalt, Ort und Zeit der Arbeitsleistung nach billigem Ermessen näher bestimmen, soweit diese Arbeitsbedingungen nicht durch den Arbeitsvertrag, Bestimmungen einer Betriebsvereinbarung, eines anwendbaren Tarifvertrages oder gesetzliche Vorschriften festgelegt sind. Dies gilt auch hinsichtlich der Ordnung und des Verhaltens der Arbeitnehmer im Betrieb. Bei der Ausübung des Ermessens hat der Arbeitgeber auch auf Behinderungen des Arbeitnehmers Rücksicht zu nehmen.

3.2.2 Bürgerliches Gesetzbuch (BGB)

Über das Bürgerliche Gesetzbuch gelten allgemeine Normen zum Umgang untereinander auch auf die Arbeitsverträge und die Arbeitsverhältnisse.

§ 138 Sittenwidriges Rechtsgeschäft

(1) Ein Rechtsgeschäft, das gegen die guten Sitten verstößt, ist nichtig.

(2) Nichtig ist insbesondere ein Rechtsgeschäft, durch das jemand unter Ausbeutung der Zwangslage, der Unerfahrenheit, des Mangels an Urteilsvermögen oder der erheblichen Willensschwäche eines anderen sich oder einem Dritten für eine Leistung Vermögensvorteile versprechen oder gewähren lässt, die in einem auffälligen Missverhältnis zu der Leistung stehen.

Regelungen im Arbeitsvertrag, die gegen die guten Sitten verstoßen, sind folglich nichtig.

Unklarheiten im (Arbeits-)Vertrag gehen zulasten des Arbeitgebers, so in § 305 c BGB geregelt.

§ 305 c Überraschende und mehrdeutige Klauseln

(1) Bestimmungen in Allgemeinen Geschäftsbedingungen, die nach den Umständen, insbesondere nach dem äußeren Erscheinungsbild des Vertrags, so ungewöhnlich sind, dass der Vertragspartner des Verwenders mit ihnen nicht zu rechnen braucht, werden nicht Vertragsbestandteil.

(2) Zweifel bei der Auslegung Allgemeiner Geschäftsbedingungen gehen zu Lasten des Verwenders.

Auch die weiteren Regelungen in Arbeitsverträgen unterliegen der sogenannten „AGB-Kontrolle" im Sinne des § 307 BGB.

Gestaltung rechtsgeschäftlicher Schuldverhältnisse durch Allgemeine Geschäftsbedingungen.

§ 307 Inhaltskontrolle

(1) Bestimmungen in Allgemeinen Geschäftsbedingungen sind unwirksam, wenn sie den Vertragspartner des Verwenders entgegen den Geboten von Treu und Glauben unangemessen benachteiligen. Eine unangemessene Benachteiligung kann sich auch daraus ergeben, dass die Bestimmung nicht klar und verständlich ist.

(2) Eine unangemessene Benachteiligung ist im Zweifel anzunehmen, wenn eine Bestimmung

1. mit wesentlichen Grundgedanken der gesetzlichen Regelung, von der abgewichen wird, nicht zu vereinbaren ist oder

2. wesentliche Rechte oder Pflichten, die sich aus der Natur des Vertrags ergeben, so einschränkt, dass die Erreichung des Vertragszwecks gefährdet ist.

(3) Die Absätze 1 und 2 sowie die §§ 308 und 309 gelten nur für Bestimmungen in Allgemeinen Geschäftsbedingungen, durch die von Rechtsvorschriften abweichende oder diese ergänzende Regelungen vereinbart werden. Andere Bestimmungen können nach Absatz 1 Satz 2 in Verbindung mit Absatz 1 Satz 1 unwirksam sein.

3.3 Zusammenfassung

- Bei der Dienst-, Touren- und Einsatzplanung sind viele arbeitsrechtlich relevante Gesetze und Regelungen zu beachten.
- Das Arbeitszeitgesetz regelt insbesondere die täglichen Arbeitszeiten, die Mindestruhepausen, die Definition der Nacht- und Schichtarbeit sowie der Sonn- und Feiertagsarbeit.
- Das Teilzeitbefristungsgesetz regelt die Teilzeitarbeitsverhältnisse und befristeten Beschäftigungen und schützt diese Mitarbeiter vor Diskriminierung, vor allem vor ungleicher Bezahlung bei gleicher Arbeit.
- Besonders schützenswerte Mitarbeitergruppen sind werdende Mütter und Jugendliche. Deren Rechte werden in eigenen Gesetzen geregelt.
- Um einseitige Nachteile für die Arbeitnehmer zu vermeiden, unterliegen viele zu treffende Regelungen der Mitbestimmungspflicht durch Betriebsrat oder Mitarbeitervertretung.
- Sie unterliegen im Streitfalle einer gerichtlichen Angemessenheitskontrolle („AGB-Kontrolle“ bzw. Kontrolle bezüglich „Sittenwidrigkeit“). Daher dürfen wirtschaftliche Risiken nicht ohne Weiteres vom Arbeitgeber auf die Mitarbeiter verlagert werden.

4 Personalbedarf und tradierte Arbeitsverhältnisse

Die Arbeit im Pflegedienst wird allein bestimmt durch die zu versorgenden Kunden und ihre konkreten Aufträge. Gibt es keine Kunden, gibt es auch keinen Bedarf an Personal und einzusetzender Arbeitszeit. Andererseits: Nur wenn man ausreichend Mitarbeiter hat, kann man Kunden(-aufträge) annehmen und durchführen. Wer also Mitarbeiter entlässt, um Kosten zu sparen, verliert gleichzeitig die Möglichkeit, Kunden zu versorgen und Umsatz zu machen.

In diesem Spannungsfeld bewegt sich die Ambulante Pflege: Ohne Mitarbeiter kann der Pflegedienst keine Dienstleistungen anbieten und Kunden versorgen.

Hinzu kommt, dass der Bedarf an Pflege- und Betreuungspersonal im Laufe eines Tages/einer Woche nicht konstant ist. Wie stellt sich der Personalbedarf im Laufe einer typischen Woche dar?

4.1 Kundenwünsche

In der Praxis der ambulanten Pflegedienste gibt es klar definierbare „Rushhours" und Zeiten mit wenig Arbeit. Denn das Hauptaufgabenfeld ist die Hilfe und Unterstützung bei der Grundpflege, die naturgemäß durch die normalen Tagesabläufe geprägt ist: So gibt es morgens nach dem Aufwachen die höchste Anzahl zu versorgender Kunden, die sich dann relativ schnell wieder reduziert. Mittags gibt es ein kleines Versorgungshoch und dann noch einmal abends, wenn die Kunden ins Bett gehen wollen.

Schaut man sich solche individuellen Einsatzzeitwünsche der Kunden einmal grafisch an, kann eine typische Wochenverteilung ungefähr so aussehen:

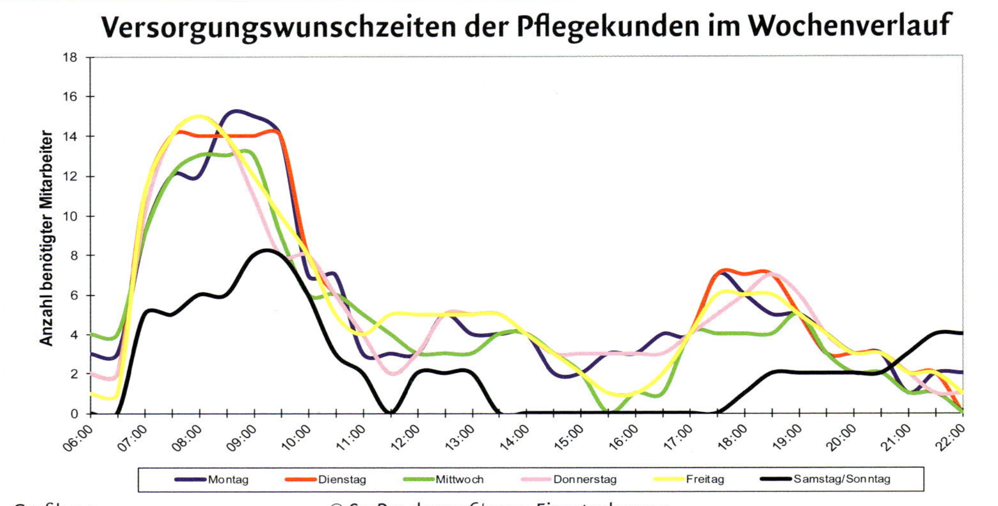

Grafik 4.1 © SysPra.de 2006/2014: Einsatzplanung

Handbuch Ambulante Einsatzplanung · Andreas Heiber und Gerd Nett

Die typischen Versorgungsschwerpunkte am Morgen liegen oftmals um 8.00 Uhr herum. (Dies kann regional unterschiedlich sein, in einigen Regionen gerade in Ostdeutschland stehen Menschen früher auf.) Um diese Zeit benötigt man bis zu 15 Mitarbeiter, aber schon ab ca. 10.00 Uhr sinkt die Anzahl der zu Versorgenden rapide, dann benötigt man, je nach Wochentag, nur noch vier bis sechs Mitarbeiter. Nur am Abend steigt der Versorgungsbedarf noch einmal nennenswert an.

Bei diesen Versorgungskurven, die sich aus den Wunschzeiten der beispielhaften Kunden ergeben, sind noch nicht die kurzfristigen Veränderungen berücksichtigt, die täglich neu die Tourenplanung verändern: seien es gesundheitliche Veränderungen, Krankenhausaufenthalte oder andere kurzfristige Absagen. Auch veränderte und/oder verlängerte Leistungen der Kunden spielen hier eine Rolle.

Auf diese täglichen Veränderungen muss ein Pflegedienst angemessen reagieren können. Dies nur mit den Systemen der Voll- oder Teilzeitbeschäftigung zu versuchen, die vielleicht für diesen einen Tag „passen", für den nächsten Tag aber schon nicht mehr, ist nicht ausreichend.

4.2 Traditionelle Arbeitsmodelle

Mit einem starren Versorgungskonzept wie dem Dreischichtmodell (das aus der stationären Versorgung stammt), welches die Arbeitszeiten (Vollzeit) ohne weitere Differenzierung nur in Früh- und Spätdienst sowie Nachtdienst einteilt, wird man keinen Pflegedienst wirtschaftlich führen können. Die Grafik auf der nächsten Seite zeigt, wie sich eine Personalbesetzung nach dem klassischen Arbeitsmodell (Früh-/Spätschicht) auf die gewünschte Versorgung auswirken würde:

Im Beispiel ist die Frühschicht mit zehn Mitarbeitern in der Zeit von 7.00 Uhr bis 14.00 Uhr besetzt, die Spätschicht mit vier Mitarbeitern von 14.00 Uhr bis 21.00 Uhr (gelbe Markierung).

Handbuch Ambulante Einsatzplanung · Andreas Heiber und Gerd Nett

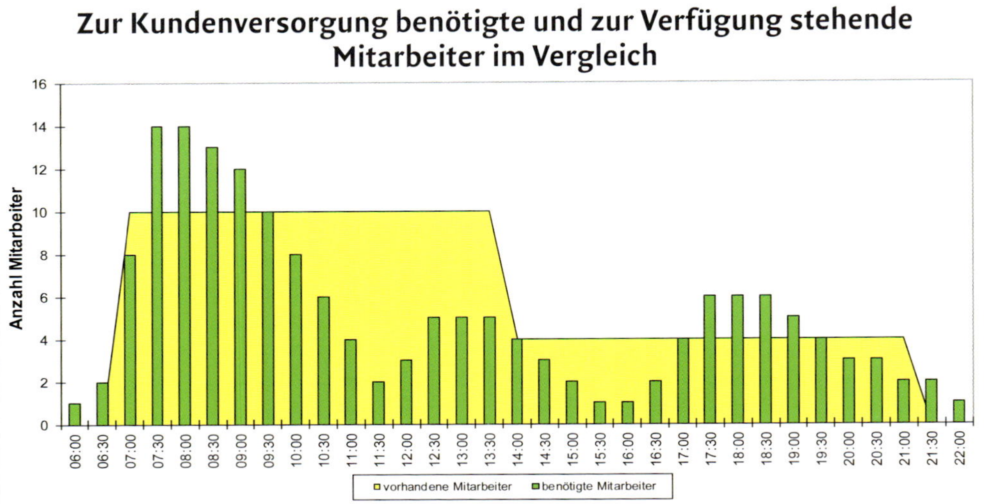

Grafik 4.2 © SysPra.de 2006/2014: Einsatzplanung

Betrachtet man die Grafik, ergibt sich folgende Situation:

» **Optimale Personalauslastung:** früh von 9.30 Uhr bis 10.00 Uhr; spät von 14.00 Uhr bis 14.30 Uhr, 17.00 Uhr bis 17.30 Uhr und von 19.30 Uhr bis 20.00 Uhr.

» **Unterbesetzung:** früh: 6.00 Uhr bis 7.00 Uhr, 7.30 Uhr bis 9.30 Uhr; spät: 17.30 Uhr bis 19.30 Uhr und 21.00 Uhr bis 22.30 Uhr.

» **Überbesetzung:** früh: 7.00 Uhr bis 7.30 Uhr, 10.00 Uhr bis 14.00 Uhr; spät: 14.30 Uhr bis 17.00 Uhr und 20.00 Uhr bis 21.00 Uhr.

Wenn der Pflegedienst hier keine anderen Flexibilisierungsmöglichkeiten zur Verfügung hat bzw. nutzt, kommt es häufig zu einer Überbesetzung, die nicht refinanziert werden kann. Oder es kommt umgekehrt zu einer Unterbesetzung, die die Qualität der Pflege sowie die Versorgung der Kunden gefährdet.

Das Beispiel zeigt eindeutig: Mit Vollzeitstellen und/oder einem starren Schichtplan kann man keinen ambulanten Dienstplan gestalten, der einigermaßen wirtschaftlich ist und auch gleichzeitig die Versorgung der Kunden sicherstellt. Aber ist es eine Lösung nur Teilzeitstellen zu schaffen?

4.3 Zur Arbeitszeitflexibilisierung nur Teilzeitstellen schaffen?

Mit Blick auf die Kundenwünsche könnte man sehr leicht zum Schluss kommen, dass in der Ambulanten Pflege maximal Teilzeitkräfte einzustellen sind. Aber ist das auch ein guter (Aus-)Weg?

In der Tat spricht aus Sicht der Tourenplanung vieles dafür, mehr Köpfe als Stellen zu haben. Denn eine Vollzeitstelle kann morgens um 8.00 Uhr nur einen Kunden versorgen, zwei Teilzeitstellen aber zwei Kunden und drei sogar drei Kunden!

4.3.1 Wesentliche Unterschiede bei Teilzeit- und Vollzeitstellen

Was sind die wesentlichen Unterschiede in der Praxis, durch die sich Teilzeitstellen von Vollzeitstellen unterscheiden? Dazu eine Auflistung der wichtigsten Aspekte:

Dienst- und Urlaubsplanung: Planung pro Kopf; daher bei Teilzeit höherer Aufwand.
Ausfall wegen Krankheit: bei einer Vollzeitstelle oft mehr Kunden und längere Touren betroffen als bei Teilzeitstellen.
Personalverwaltung und Abrechnung: pro Kopf; daher Aufwand bei Teilzeit entsprechend der Kopfanzahl höher.
Fort- und Weiterbildung: pro Kopf. Insbesondere die Pflichtweiterbildungen müssen von jedem Mitarbeiter, auch allen Teilzeitkräften, absolviert werden. Gerade bei speziellen Weiterbildungen wie Wundversorgung stellt sich dann die Frage, ob sich der Ausbildungsaufwand bei Teilzeitkräften „lohnt".
Zeit für Dienstbesprechung und Übergabe: pro Kopf; daher bei Teilzeit höherer Aufwand.
Arbeitsqualität: Theoretisch dürften Mitarbeiter in Vollzeit mehr Erfahrung sammeln. Bei Teilzeitkräften (gerade mit geringer Stundenanzahl) könnte die fehlende regelmäßige Routine zu längeren Versorgungszeiten führen.
Flexibilität: pro Kopf. Hier liegt der eindeutige Vorteil bei den Teilzeitkräften: Diese können viel flexibler eingesetzt werden, allein weil es mehr Köpfe zur gleichen Zeit sind.
Auslastung: Bei Vollzeitstellen ergeben sich in der ambulanten Pflege schnell Auslastungsprobleme (siehe Grafiken im Kap. vorher), die sich evtl. nur durch Teildienste, Übernahme der Rufbereitschaft und andere Maßnahmen beheben lassen.

4.3.2 Verfügbare Leistungszeiten im Vergleich: Vollzeit- zu Teilzeitstellen

Es gibt auch in Bezug auf die **verfügbare Leistungszeit** deutliche Unterschiede beim Vergleich Vollzeit- zu Teilzeitstellen. Sie sind beispielhaft in der nächsten Grafik dargestellt. Hier wird die Leistungszeit (in der der Mitarbeiter abrechenbare Leistungen erbringen kann) einer Vollzeitstelle, die mit einem Mitarbeiter besetzt ist, der Leistungszeit einer „Vollzeitstelle" gegenübergestellt, die von 1,9 Mitarbeitern besetzt ist:

» Die **Urlaubs- und Krankheitstage** sind in beiden Varianten gleich; allerdings dürften sich Fehlzeiten aufgrund von Krankheiten bei der Teilzeitvariante besser vertreten lassen.

- Abweichungen gibt es bei folgenden Punkten, die pro Person (Kopf) zu berechnen sind (zu leisten sind):
  1. **Fortbildungen:** Jeder Mitarbeiter des Pflegedienstes muss in der Lage sein, die Leistungen dem allgemein anerkannten Stand medizinisch-pflegerischer Erkenntnisse gemäß zu erbringen (siehe die jeweiligen Regelungen in den Versorgungsverträgen sowie den Qualitätsmaßstäben nach SGB XI und SGB V). Weiterhin sind als Pflichtfortbildungen alle Mitarbeiter (unabhängig vom Beschäftigungsumfang) jährlich in den entsprechenden Hygienevorschriften zu unterweisen und sie müssen alle 2 Jahre eine Notfallschulung nachweisen.
  2. **Dienstbesprechungen:** Die regelmäßigen Dienstbesprechungen dienen nicht nur dem Klären von organisatorischen Abläufen und betrieblichen Anliegen (z. B. Urlaubsplanung, Nutzung Dienstwagen etc.), sondern auch dem fachlichen Austausch über die Touren und Kunden und sind daher auch pro Kopf relevant.
  3. **„Rüstzeit“:** Im ambulanten Bereich sind hier Zeiten bei Arbeitsbeginn und Arbeitsende gemeint, in der der Mitarbeiter beispielswiese die notwendigen Unterlagen, Materialien und Schlüssel für seine Tour zusammensucht und kurzfristige Änderungsmeldungen in das Übergabebuch bzw. im MDA einträgt bzw. zur Kenntnis nimmt. Je länger die Touren sind, desto geringer (in Relation zur Tourenlänge) sind diese Zeiten. Je nach Einsatz der Teilzeitkräfte muss sich dieser Aufwand nicht wesentlich erhöhen.

Addiert man diese personenbezogenen Zeiten, macht dies bei 1,9 Mitarbeitern pro Stelle einen zeitlichen Unterschied im Jahr von über 58 Arbeitsstunden aus, das entspricht einem Mehraufwand von ca. 4 Prozent. Je mehr „Köpfe“ pro Vollzeitstelle eingesetzt werden, umso größer wird dieser Zeitaufwand. Die Arbeitszeiten nur über Teilzeitstellen zu flexibilisieren, kann also keine Lösung, oder zumindest eine relativ teurere Lösung, sein.

4.3.3 Gesellschaftliche Komponente

Folgt man der Theorie mancher Betriebswirte, sollte es in Pflegediensten nur noch Teilzeitstellen geben, wobei diese sicherlich oft nicht den oben dargestellten Mehraufwand berücksichtigt haben. Allerdings stellen sich dann noch weitere, insbesondere strategische Fragen, die für die Personalsuche wesentlich sind:

- Wie kann man mit einem Teilzeitgehalt in einer deutschen Großstadt auskommen?
- Welche Mitarbeiter bekommt man, wenn man nur noch Teilzeitstellen anbietet?

Berechnung Jahresarbeitszeit im Vergleich Vollzeit und Teilzeit

1. Anzahl Jahrestage	365	Tage
2. Anzahl Wochenenden und Feiertage	113	Tage
3. Arbeitsstd. pro Tag einer Vollzeitstelle	7,7	Std.
4. Jahresarbeitsstd. gesamt	**1.940,4**	**Std.**

Eine Vollzeitstelle ist mit x Teilzeitkräften besetzt
(Bei Teilzeitkräften gibt es einen erhöhten Aufwand für Fortbildung und Dienstbesprechung)

	Vollzeit				Teilzeit			
	1	Anzahl Kräfte pro Vollzeitstelle			1,9	Anzahl Teilzeitkräfte pro Vollzeitstelle		
5. Urlaubstage pro Jahr	33	Tage			33,0	Tage		
6. Krankheitstage pro Jahr	14	Tage			14,0	Tage		
Zwischensumme	1.578,5	entspricht	41.0	Arbeitswochen	1.578,5	entspricht	41,0	Arbeitswochen
7. Fortbildung pro Jahr	3,00	Tage			5,7	Tage		
8. Zeit für Rüstzeit pro Woche	1,00	Std. pro Wo. =	41,0	Std. pro Jahr	1,0	Std. pro Wo. =	41,0	Std. pro Jahr
9. Zeit für Dienstbesprechung pro Woche	1,50	Std. pro Wo. =	61,5	Std. pro Jahr	2,9	Std. pro Wo. =	116,9	Std. pro Jahr
9. Nettoarbeitszeit = Leistungszeit einer Vollzeitstelle	1.473,5	das sind	75,91%	der Jahresarbeitszeit	1.415,0	das sind	72,92%	der Jahresarbeitszeit

10. Unterschied der Nettoarbeitszeit in Stunden	58,1	
11. Unterschied der Nettoarbeitszeit in % zur Leistungszeit einer Vollzeitstelle	3,94%	Mehraufwand gegenüber einer Vollzeitstelle

Grafik 4.3

In der Pflegebranche herrscht seit Jahren ein zunehmender Personalmangel. Das ist nicht nur bei den Pflegefachkräften so, sondern ist inzwischen auch bei der Gruppe der Pflegekräfte und sogar bei qualifizierten (und erfahrenen) Pflegehelfern der Fall. Gerade die Pflegefachkräfte haben die Alternative, entweder im stationären Bereich (Krankenhaus oder Pflegeeinrichtungen) oder in der Ambulanten Pflege zu arbeiten. In den stationären Einrichtungen wird ihnen im Regelfall eher die Chance geboten, eine Vollzeitstelle zu bekommen, außerdem gibt es hier mehr Aufstiegschancen (z. B. als Wohnbereichsleitung oder Qualitätsbeauftragter) als in der Ambulanten Pflege (hier ist oft nur die PDL in Leitungsfunktionen tätig).

Junge Mitarbeiter, die noch keine Familie haben, werden sich nicht mit einer Teilzeitstelle zufriedengeben, sie müssen von ihrer Arbeit ihren Lebensunterhalt alleine bestreiten können. Mitarbeiterinnen, die nach der Elternzeit wieder in den Beruf einsteigen, werden eher in Teilzeit arbeiten wollen. Aber nur, wenn sie einen zuverlässigen Dienstplan bekommen und so auch die Koordination mit der Kinderbetreuung kein Problem darstellt.

Eigentlich muss die Ambulante Pflege, unabhängig von allen betriebswirtschaftlichen und praktischen Überlegungen, versuchen, gerade junge und motivierte Mitarbeiterinnen und Mitarbeiter zu bekommen und dauerhaft im Betrieb zu behalten. Auch Vollzeitstellen müssen möglich sein, es stellt sich nur die Frage, wie diese gemanagt werden können.

4.4 Zusammenfassung

- » Leistungsaufträge unterliegen in der Ambulanten Pflege extremen kurz- bis mittelfristigen Schwankungen. Hierauf müssen Pflegedienste flexibel reagieren können.
- » Traditionelle Arbeits- und Tarifverträge mit starren Arbeitsbedingungen sollten durch flexiblere Lösungen ergänzt bzw. ersetzt werden.
- » Teilzeitstellen erhöhen im Vergleich zu Vollzeitstellen die Flexibilität, da zur gleichen Zeit mehr Köpfe für die Kundenversorgung zur Verfügung stehen.
- » Im Gegenzug ist bei Teilzeitstellen im Vergleich zu Vollzeitstellen der Verwaltungsaufwand höher und die Zahl der zur Verfügung stehenden Nettoarbeitsstunden geringer.
- » „Teilzeitarbeit muss man sich leisten können“, da das so zu erzielende Entgelt meist nicht ausreicht, um davon eine Familie alleine ernähren zu können.

5 Möglichkeiten und Grenzen der Arbeitszeitflexibilisierung

Eine notwendige Flexibilisierung der verfügbaren Arbeitszeit ist nur möglich auf der Basis von vertraglichen bzw. tarifrechtlichen Regelungen. Der Arbeitgeber kann sonst nur in sehr begrenztem Maße (in tatsächlichen Notlagen) von den Mitarbeitern einen flexiblen Arbeitseinsatz verlangen. Deshalb stellt sich die Frage, welche Formen und Instrumente es gibt, um die Arbeitszeiten flexibler nutzen und steuern zu können.

Das Arbeitsrecht eröffnet viele Möglichkeiten, Dienstleistungen einerseits an den Kundenbedürfnissen orientiert, andererseits aber auch wirtschaftlich und in gewissen Grenzen auch mitarbeiterorientiert, anbieten zu können. Dabei kann die Flexibilisierung der Arbeitszeit an verschiedenen Punkten ansetzen, die in den folgenden Kapiteln beschrieben werden:

1. am Direktionsrecht (siehe Kap. 5.1),
2. am Beschäftigungsverhältnis (siehe Kap. 5.3),
3. am Arbeitszeitmodell (siehe Kap. 5.4),
4. an der Steuerung über ein Arbeitszeitkonto (siehe Kap. 5.5).

Vorab sei nochmals darauf hingewiesen, dass sich ein Pflegedienst immer im Spannungsfeld zwischen den Kundenwünschen und den Mitarbeiterwünschen befindet. Ohne Mitarbeiter kann auch der Geschäftszweck (Versorgung von Menschen) nicht durchgeführt werden. Die Modelle und Ideen zur Flexibilisierung müssen auch von den Mitarbeitern akzeptiert werden, ansonsten verliert man die Mitarbeiter an andere Arbeitgeber, die deren Wünsche und Vorstellungen eher berücksichtigen.

5.1 Allgemeines und Erweitertes Direktionsrecht

Eine generelle Möglichkeit, die Arbeit und die Arbeitszeiten zu flexibilisieren, wird im Regelfall über eine sogenannte Direktionsrechtserweiterung (Erweitertes Direktionsrecht) geschaffen. Diese kann aber nur dann gelten, wenn nichts Abweichendes oder Einschränkendes im Arbeitsvertrag geregelt ist und der Arbeitgeber sich diese Direktionsrechtserweiterung konkret im Arbeitsvertrag eingeräumt hat.

Denn nach § 106 der Gewerbeordnung gilt (für alle Arbeitnehmer, nicht nur für Arbeitnehmer in Gewerbebetrieben) für Arbeitgeber das folgende sogenannte **„Allgemeine Direktionsrecht“:**

Handbuch Ambulante Einsatzplanung · Andreas Heiber und Gerd Nett
 · ISBN 978-3-86630-378-2

§ 106 Gewerbeordnung

Der Arbeitgeber kann Inhalt, Ort und Zeit der Arbeitsleistung nach billigem Ermessen näher bestimmen, soweit diese Arbeitsbedingungen nicht durch den Arbeitsvertrag, Bestimmungen einer Betriebsvereinbarung, eines anwendbaren Tarifvertrages oder gesetzliche Vorschriften festgelegt sind. Dies gilt auch hinsichtlich der Ordnung und des Verhaltens der Arbeitnehmer im Betrieb.

Je konkreter in den oben genannten Verträgen bzw. Vereinbarungen Regelungen getroffen werden, umso eingeschränkter ist das sich aus § 106 der Gewerbeordnung ergebende Direktionsrecht. Das heißt, sind im Arbeitsvertrag der Inhalt, der Ort und die Zeit der Arbeitsleistung genau festgelegt, dann kann der Arbeitgeber auch über das Allgemeine Direktionsrecht nichts anderes festlegen.

Beispiel 1

Der Arbeitnehmer arbeitet als Gesundheitspfleger im Stadtteil X. Die Arbeitszeit beginnt um 8.00 Uhr und endet um 16.00 Uhr.

Mit einem solchen Arbeitsvertrag kann der Arbeitnehmer weder für andere Tätigkeiten, an einem anderen Standort, noch zu einer anderen Arbeitszeit verpflichtet werden. Damit ist das Direktionsrecht des Arbeitgebers hier maximal eingeschränkt.

Es ist Pflegediensten jedoch nicht zu raten, alternativ dann gar nichts zu regeln, beispielsweise die Arbeitszeit gar nicht oder nur teilweise vertraglich zu regeln, um ein möglichst weites Direktionsrecht zu erhalten. Denn zum einen gehen Unklarheiten im Arbeitsvertrag immer zulasten des Arbeitgebers (§ 305c BGB) und zum anderen dürfen Regelungen nicht unangemessen benachteiligend sein (§ 307 Abs. 1 BGB), was auch für intransparente Regelungen gelten kann (siehe „AGB-Kontrolle“, Kap. 3.2.2). Außerdem fordert § 2 Absatz 1 Seite 2 Nr. 7 NachwG den schriftlichen Nachweis der vereinbarten Arbeitszeit.

Das **„Erweiterte Direktionsrecht“** gibt dem Arbeitgeber aber die Möglichkeit, Weisungen z. B. hinsichtlich der Arbeitszeit auszusprechen, welche vom Allgemeinen Direktionsrecht nicht mehr umfasst sind. Ist zum Beispiel die Arbeitszeit vertraglich klar geregelt worden und möchte der Arbeitgeber hiervon z. B. durch Anordnung von Mehrarbeit/Überstunden abweichen, ist eine ausdrückliche Direktionsrechtserweiterung im Arbeitsvertrag erforderlich, da das Allgemeine Direktionsrecht hierzu nicht mehr ausreicht!

Diese Direktionsrechtserweiterung ist formal zwischen dem allgemeinen Weisungsrecht und einer (nachträglichen) Arbeitsvertragsänderung anzusiedeln. Sie muss deshalb dem Arbeitgeber schon zum Zeitpunkt des Vertragsschlusses als Recht eingeräumt werden, um später durch Ausübung dieses besonderen Weisungsrechts den Inhalt des Arbeitsvertrags (hier also der Arbeitszeit) einseitig ändern zu können. Die Direktionsrechtserweiterung unterliegt, da sie aus Mitarbeiterschutzgründen im Arbeitsvertrag geregelt werden muss, ebenfalls der „AGB-Kontrolle" im Sinne des BGB.

Beispiel 2

Der Arbeitnehmer übernimmt im Pflegedienst die Aufgaben laut der Stellenbeschreibung „Gesundheitspflegerin/Gesundheitspfleger". **Bei betrieblicher Notwendigkeit kann er auch für andere Aufgaben eingesetzt werden.**
Der Mitarbeiter arbeitet am Standort x, **kann aber auch an anderen Standorten des Arbeitgebers eingesetzt werden.**
Die regelmäßige Arbeitszeit beträgt monatlich y Stunden. Die genauen Arbeitszeiten werden durch einen monatlichen Dienstplan konkretisiert. **Der Arbeitnehmer verpflichtet sich, im Falle betrieblicher Notwendigkeiten, auf Anordnung Überstunden zu leisten.** Diese Überstunden werden durch Freistellung abgegolten. Sollte dies jedoch nicht möglich sein, werden sie entsprechend vergütet.

Mit solchen Regelungen (im Beispiel hervorgehoben) ist das Direktionsrecht dahingehend konkret erweitert, dass der Arbeitgeber sowohl andere Tätigkeiten, andere Arbeitsorte als auch Überstunden anordnen kann.

Weiterhin können im Arbeitsvertrag schon Regelungen oder Erweiterungen zur Arbeit auf Abruf, Schichtarbeit oder Ähnliches vorgesehen werden, die dann im Rahmen des so Erweiterten Direktionsrechts ausgefüllt werden können.

Hinweis: Zur juristisch korrekten Formulierung der eigenen Arbeitsverträge sollte ein Fachanwalt kontaktiert werden.

5.2 Grenzen der Arbeitszeitflexibilisierung

Es gibt immer wieder Ideen, die Mitarbeiter an der wirtschaftlichen Entwicklung des Pflegedienstes, auch bei **negativer** Entwicklung, zu beteiligen, beispielsweise indem die Arbeitsstunden nur nach Auftragslage bezahlt werden. Damit würde der Pflegedienst nur dann Kosten haben, wenn er Arbeit hätte. Allerdings würde dann der Mitarbeiter das komplette unternehmerische Risiko tragen, ohne dass er selbst wie ein Unternehmer dieses Risiko beeinflussen könnte (denn er ist ja nicht der Geschäftsführer). Solche Regelungen verstoßen gegen grundlegende Werte der Rechts- oder Sittenordnung nach § 138 BGB und sind deshalb nicht zulässig.

Auch fallen solche Formulierungen als sogenannte Allgemeine Geschäftsbedingungen (AGB) (§ 305 ff. BGB) unter die entsprechende „AGB-Kontrolle" des § 307 BGB:

§ 307 BGB

(1) Bestimmungen in Allgemeinen Geschäftsbedingungen sind unwirksam, wenn sie den Vertragspartner des Verwenders entgegen den Geboten von Treu und Glauben unangemessen benachteiligen. Eine unangemessene Benachteiligung kann sich auch daraus ergeben, dass die Bestimmung nicht klar und verständlich ist.

Das heißt, im Streitfalle werden solche Verträge von der Gerichtsbarkeit vorrangig auf die Inhalte hin – im Sinne einer Angemessenheitskontrolle – untersucht und sind meist unwirksam.

Hauptbeurteilungskriterium ist dabei die Risikoverteilung, mithin die Frage, ob hierdurch wirtschaftliche Risiken vom Arbeitgeber auf den Mitarbeiter verlagert werden sollen. Dabei ist von dem Grundsatz auszugehen, dass der Arbeitgeber allein das Wirtschaftsrisiko zu tragen hat, denn ihm allein kommt auch ein etwaiger Gewinn zugute. Eine gewisse Verlagerung wirtschaftlicher Risiken ist nur insoweit denkbar, als dass die Mitarbeiter auch an wirtschaftlichen Erfolgen beteiligt werden und die Regelungen hierzu transparent und überprüfbar sind.

Dies hat zufolge, dass nach bisheriger Rechtsprechung des Bundesarbeitsgerichtes (BAG) eine einseitige Flexibilisierung der Arbeitszeitdauer und der davon abhängigen Vergütung nicht zulässig ist, beispielsweise bei schlechter Auftragslage die Arbeitszeit auf null zu reduzieren und damit von der Vergütungspflicht gegenüber dem Arbeitnehmer befreit zu sein. Ähnliches ist auch für den Fall anzunehmen, wenn der Pflegedienst einseitig bestimmt, dass sich die Vergütung beispielsweise nach Anzahl der erbrachten Leistungen richtet, egal, wie lange der einzelne Mitarbeiter für die Leistungen braucht.

Außerdem: Angesichts des zunehmenden Personalmangels sollte sich kein Pflegedienst solche Arbeitsverträge leisten, in denen vor allem die Mitarbeiter das Risiko übernehmen. Denn dann werden Mitarbeiter den Pflegedienst verlassen, sobald sie die Gelegenheit dazu haben.

Des Weiteren sind folgende Punkte zu beachten, die die Einsetzbarkeit der Mitarbeiter einschränken.

5.2.1 Nachtarbeit

Nach der Definition des Arbeitszeitgesetzes beginnt die Nacht um 23.00 Uhr und endet um 6.00 Uhr, unabhängig von anderen Regelungen in Tarifverträgen (beispielsweise zur Bezahlung) oder in Vergütungsvereinbarungen mit Kostenträgern. Nachtarbeit ist es im arbeitsrechtlichen Sinne (und damit besonders schutzwürdig) erst, wenn der Arbeitnehmer diese Nachtarbeit an mindestens 48 Kalendertagen im Jahr leisten muss oder die Nachtarbeit normalerweise in Wechselschicht geleistet wird. Während im normalen Pflegedienst Nachtarbeit in diesem Sinne kaum vorkommt, dürfte bei Spezialpflegediensten, wie Intensivpflegediensten mit 24-stündiger Versorgung, aber auch bei Palliativpflegediensten bzw. bei der Speziellen Ambulanten Palliativversorgung (SAPV), Nachtarbeit vorkommen. Dann sind die entsprechenden Regelungen des Arbeitszeitgesetzes für die Nachtarbeit einzuhalten:

- Die Nachtarbeit darf 8 Stunden nicht überschreiten, eine kurzfristige Verlängerung auf 10 Stunden ist nur möglich, wenn innerhalb von 4 Wochen ein Durchschnitt von 8 Stunden nicht überschritten wird.
- Mitarbeiter können sich von Nachtarbeit befreien lassen:
  1. durch eine arbeitsmedizinischer Feststellung wegen Gefährdung der Gesundheit,
  2. wenn Kinder unter 12 Jahren im Haushalt leben, die nicht anders betreut werden können, oder
  3. wenn ein schwerpflegebedürftiger Angehöriger im Haushalt lebt, der nicht anders versorgt werden kann,
  4. evtl. Schwangerschaft.

5.2.2 Rufbereitschaft

Pflegedienste müssen laut Verträgen mit den Pflegekassen rund um die Uhr telefonisch erreichbar sein. Das kann über eine Rufweiterleitung auf das Mobiltelefon eines Mitarbeiters geschehen, das kann aber auch eine Zentrale sein, die rund um die Uhr besetzt ist. Nicht zum Leistungsumfang der Pflegeversicherung gehören spontane Einsätze, diese sind privat zu finanzieren. Im Bereich der Krankenversicherung können dann spontane Einsätze nötig sein, wenn eine Bedarfsverordnung für eine bestimmte Behandlungspflegeleistung vorliegt und beispielsweise ein Zugang verstopft ist. Unabhängig davon sollte ein Pflegedienst in der Lage sein, auch spontane Einsätze zu erbringen. Dafür müssen Mitarbeiter über eine Rufbereitschaft erreichbar und dann in der Lage sein, Einsätze durchzuführen. Im Regelfall übernehmen Pflegefachkräfte die Rufbereitschaften, da sie aufgrund ihrer Ausbildung alle möglichen Leistungen, die ein Pflegedienst erbringen darf und muss, übernehmen können. Die Rufbereitschaft wird oft in Zusammenhang mit Abend- oder Spätdiensten gekoppelt. Solange die Arbeitszeit, die durch Rufbereitschaft ausgelöst wird, unter 5 Stunden pro Tag (Nacht) liegt, kann der dafür notwendige Zeitausgleich an anderen Tagen erfolgen. Bei Arbeitszeiten von über 5 Stunden in der Rufbereitschaft gelten die normalen Ausgleichsregelungen (d. h. auch, dass sie am nächsten Tag vermutlich keinen Frühdienst machen kann). Völlig unabhängig davon sind die arbeitsvertraglichen oder tarifvertraglichen Vereinbarungen zur Bezahlung der Rufbereitschaft bzw. der evtl. notwendigen Einsätze.

5.3 Arbeitszeitflexibilisierung durch die Art des Arbeits-/Beschäftigungsverhältnisses

5.3.1 Begriffsbestimmung

Der Begriff „Beschäftigungsverhältnis“ stammt aus dem Sozialrecht und bezeichnet die Form des Arbeitsverhältnisses. Ein solches besteht bei Personen, die gegen Arbeitsentgelt beschäftigt sind (§ 2 SGB IV), wobei unter Beschäftigung die nicht selbstständige Arbeit verstanden wird (§ 7 SGB IV) und somit eine Versicherungspflicht begründet; eine Ausnahme besteht nur für geringfügig Beschäftigte (Kap. 5.3.4). In der Regel sind Arbeitsverhältnisses auch Beschäftigungsverhältnisse. Allerdings gibt es auch Arbeitsverhältnisse, welche keine Beschäftigungsverhältnisse sind, beispielsweise die Tätigkeit von Mitarbeitern, die von Zeitarbeitsfirmen (Kap. 5.3.6) zur Verfügung gestellt werden, oder die Arbeit als sogenannter „Selbstständiger“ (Kap. 5.3.5).

Der sozialversicherungsrechtliche Begriff des Beschäftigungsverhältnisses ist also mit dem arbeitsrechtlichen Begriff des Arbeitsverhältnisses nicht deckungsgleich, wir werden sie im Weiteren aber der Einfachheit halber synonym verwenden.

Die bekanntesten Arten des klassischen Beschäftigungsverhältnisses sind die Vollzeit- (Kap. 5.3.2) und die Teilzeit- (Kap. 5.3.3) Beschäftigung, mit jeweils einer festgeschriebenen regelmäßigen Arbeitszeitdauer. Innerhalb dieser Beschäftigungsverhältnisse sind weitere Flexibilisierungen möglich, beispielsweise durch gleichmäßige Verteilung der Arbeitszeit auf eine festgelegte Anzahl von Arbeitstagen pro Woche (Kap. 5.3.7), bzw. die ungleichmäßige (kapazitätsorientierte variable Arbeitszeit – KAPOVAZ) Verteilung der Arbeitszeit in Form der Arbeit auf Abruf (Kap. 5.3.8).

Im Folgenden möchten wir kurz die einzelnen Formen erläutern und deren Vor- bzw. Nachteile ansprechen.

5.3.2 Vollzeitbeschäftigung

Vollzeitbeschäftigung ist die Beschäftigung von Mitarbeitern, welche im Rahmen der tarif- und/oder arbeitsvertraglichen Regelungen mit deren max. zulässigen Stundenzahl, meist 38,5 bzw. 40 Stunden pro Woche, arbeiten. Dies ist die bekannteste Form der Beschäftigung, allerdings kommt sie in Pflegediensten nicht mehr so häufig vor. Laut Bundespflegestatistik 2011 sind in Pflegediensten nur noch ca. 27 Prozent der Mitarbeiter in Vollzeit beschäftigt. Wir verzichten an dieser Stelle auf die weitergehende Darstellung von tarif- oder arbeitsrechtlichen Regelungen und gehen nur auf die Vor- und Nachtteile sowie die Unterschiede zu den anderen Beschäftigungsverhältnissen näher ein.

Handbuch Ambulante Einsatzplanung · Andreas Heiber und Gerd Nett

Vorteile:

- Eine hohe Quote von Vollzeitkräften bedeutet eine geringe Anzahl von Mitarbeitern („Köpfe"), damit meist auch einen geringeren Aufwand für Dienst- und Urlaubsplanung, aber auch einen geringeren Zeitaufwand für die Personalgewinnung und -einarbeitung und nicht zuletzt auch einen geringeren Verwaltungsaufwand für die Personalabrechnung. Häufig bemessen sich auch die Beiträge von Mitgliedsorganisation, Dachverbänden etc. an der Anzahl der Köpfe und nicht der (umgerechneten) Vollzeitstellen. Gleiches gilt für Berechnungsschlüssel bei der Ermittlung von Betriebsgrößen bezüglich des Kündigungsschutzes, der Zulassung von Betriebsrat/MAV etc.
- Weiterhin sind die benötigten Zeiten für Dienstbesprechungen und Fortbildung geringer (siehe Kap. 4.3).
- Im Vergleich zu Teilzeitkräften gibt es eine höhere Kontinuität in der Kundenversorgung.
- Vollzeitkräfte mit der gleichen Anzahl an Berufsjahren wie Teilzeitmitarbeiter verfügen meist über einen höheren Erfahrungsschatz, da sie eben „mehr" Stunden im Jahr in der Pflege arbeiten.

Nachteile:

- Generell besteht bei einer Vollzeitstelle das Problem der Auslastung des Mitarbeiters (siehe Kap. 4.2). Um den notwendigen Stundenumfang zu erreichen, sind oft auch Teildienste/geteilte Dienste notwendig. Denn wenn die vertraglich festgelegte Arbeitszeit fix ist, ist es das Gehalt ebenfalls. Kann ein Pflegedienst den Mitarbeiter in Zeiten mit geringerem Arbeitsanfall nicht auslasten, entsteht eine Überbesetzung, trotzdem muss er dann dem Mitarbeiter das vertraglich fixierte Gehalt zahlen. Denn erbringt der Mitarbeiter nur die zeitlich reduzierte Arbeitsleistung, beruft sich dabei aber auf die vertraglich vereinbarte Mindestdauer, kommt es zu einem Annahmeverzug gem. §615 BGB bezüglich der – wegen geringen Arbeitsanfalles – nicht erbrachten Arbeitsleistung und es steht ihm hierfür die volle Bezahlung zu. Zwar könnte der Mitarbeiter, um die Auslastung zu erhöhen, auch in schlechter refinanzierten Bereichen eingesetzt werden, z. B. eine hoch qualifizierte Krankenschwester in der hauswirtschaftlichen Versorgung, kurz-, mindestens aber mittelfristig führt dies aber zu einer finanziellen Schieflage des Pflegedienstes.
- Folge der im Vergleich geringeren Anzahl an Mitarbeitern ist auch eine geringere Flexibilität in der Urlaubs- und Dienstplanung, insbesondere wenn es feste personelle Mindestbesetzungen gibt – wie: „Es müssen

immer zwölf Mitarbeiter im Dienst sein und daher dürfen nur fünf Mitarbeiter gleichzeitig Urlaub nehmen."

5.3.3 Teilzeitbeschäftigung

Eine Alternative zur Vollzeitbeschäftigung ist die Teilzeitbeschäftigung, so sind inzwischen ca. 70 Prozent aller Mitarbeiter im Ambulanten Pflegedienst beschäftigt (Bundespflegestatistik 2011). Um die Nutzung der Teilzeit zu verstärken, aber auch um die Teilzeitbeschäftigten in ihren Rechten zu schützen, wurde das Teilzeit- und Befristungsgesetz geschaffen (siehe Kap. 3.1.2). Paragraf 2 des Gesetzes definiert, was Teilzeit umfasst: Ein Arbeitnehmer ist teilzeitbeschäftigt (§ 2 Abs. 1 TzBfG), wenn „seine regelmäßige Wochenarbeitszeit kürzer ist als die eines vergleichbaren vollzeitbeschäftigten Arbeitnehmers. Ist eine regelmäßige Wochenarbeitszeit nicht vereinbart, ist er teilzeitbeschäftigt, wenn seine regelmäßige Arbeitszeit im Durchschnitt eines bis zu einem Jahr reichenden Beschäftigungszeitraums unter der eines vergleichbaren vollzeitbeschäftigten Arbeitnehmers liegt."

Meist wird bei der Teilzeitbeschäftigung die regelmäßige Wochenarbeitszeit festgelegt als prozentualer Anteil einer Vollzeitbeschäftigung. In der Praxis existiert eine Vielzahl unterschiedlicher Arten von Teilzeitarbeit. Dabei kann zwischen flexiblen Formen (Arbeit auf Abruf [KAPOVAZ], geringfügige Beschäftigung), die eine gewisse Gestaltung der Arbeitszeit im Hinblick auf Dauer und/oder Lage der Arbeitszeit zulassen, und einer starren Form unterschieden werden. Bei Letzterer (klassische Teilzeitarbeit) erbringt der Mitarbeiter, abhängig von der festgelegten Stundenzahl pro Woche, seine Arbeitsleistung jeden Tag mit verkürzter Stundenzahl oder aber ganztägig an nur einigen Tagen der Woche.

Vorteile:

- » Je größer die Anzahl der Mitarbeiter in Teilzeitbeschäftigung im Verhältnis zu denen in Vollzeitbeschäftigung ist, desto höher die Flexibilität des Dienstes bei der Abdeckung/Berücksichtigung der Kundenwunsch-/Versorgungszeiten (siehe Kap. 4.1). Der Dienst kann eben durch das „Mehr an Köpfen" zur gleichen Zeit auch mehr Kunden annehmen und versorgen.
- » Häufig gestaltet sich die Personalgewinnung einfacher: Durch den traditionell hohen Frauenanteil im Pflegebereich ist die Bereitschaft zur Teilzeitarbeit besonders groß, da hierdurch meist eine bessere Vereinbarkeit von Beruf und Familie erreicht werden kann, insbesondere wenn man gleichzeitig auch Lösungen für die Kinderbetreuung anbietet, z. B. einen Betriebskindergarten (oder ein Kooperationskindergarten) mit entsprechenden Öffnungszeiten.
- » Untersuchungen haben gezeigt, dass Teilzeitkräfte meist eine höhere Motivation und Produktivität sowie deutlich geringere Fehlzeiten aufweisen.

Nachteile:

- Gesteigerter Verwaltungsaufwand für Dienst- und Urlaubsplanung, aber auch höherer Zeitaufwand für die Personaleinarbeitung und -abrechnung. Aufwendiger ist auch die Berechnung der anzurechnenden Arbeitszeiten bei Krankheit und Urlaub, insbesondere bei KAPOVAZ.
- Die steigende Mitarbeiteranzahl kann gegebenenfalls zu einem geänderten Kündigungsschutz für die Mitarbeiter führen, da dieser sich an der Anzahl der „Köpfe" orientiert.
- Die benötigten Zeiten für Dienstbesprechungen und Fortbildung nehmen zu (siehe Kap. 4.3).
- Ein wichtiger Aspekt bei Teilzeitbeschäftigung wird häufig übersehen. Gerade Mitarbeiter mit einem arbeitsvertraglich fixierten geringen Stundenumfang können mit dem daraus resultierenden Entgelt evtl. kaum eine Familie ernähren und sie sind daher häufiger auf weitere Teilzeitstellen angewiesen. Dies bedingt wiederum, dass sie weniger flexibel sind in Bezug auf Mehrarbeit/Überstunden (was prinzipiell möglich wäre) oder auch für andere Modelle wie zum Beispiel KAPOVAZ.
- Dies bedingt auch höheren Koordinationsaufwand bei der Dienstplanung, da die Arbeitszeiten des Mitarbeiters auf seiner/seinen weiterer(n) Teilzeitstelle(n) zu berücksichtigen sind. Denn zumeist gibt es einen Hauptarbeitgeber, beispielsweise das Krankenhaus, das sich in einer Nebentätigkeitserlaubnis entsprechende Vorrechte hierzu eingeräumt hat.
- Leider gilt häufig aus Mitarbeitersicht: „Teilzeitarbeit muss man sich leisten können."

Für die Teilzeitbeschäftigten gilt ein umfassendes Diskriminierungsverbot (siehe Teilzeit- und Befristungsgesetz), insbesondere darf diese Gruppe nicht schlechter bezahlt werden und muss im gleichen Umfang auch die Möglichkeiten zur Fort- und Weiterbildung haben wie vergleichbare Mitarbeiter in Vollzeit.

Weil dies ausdrücklich auch für Mitarbeiter gilt, die geringfügig beschäftigt sind, müssen auch diese für die gleiche Arbeit das gleiche Arbeitsentgelt, einschließlich gleichem Urlaub und Lohnfortzahlung im Krankheitsfall erhalten und ebenso an Fort- und Weiterbildungen teilnehmen können, um nur einige Aspekte zu nennen.

5.3.4 Geringfügige Beschäftigung (GfB)

Gerade wenn es um Aushilfen, beispielsweise am Wochenende geht, spielen geringfügig Beschäftigte eine wichtige Rolle. Dies sind oft Pflegefachkräfte oder Pflegekräfte, die in anderen Einrichtungen (z. B. Krankenhaus oder Pflegeheim) nur (noch) einen Teilzeitbeschäftigungsvertrag haben und deshalb zusätzlich als GfB arbeiten. Aus praktischen Gründen wird kein Pflegedienst auf diese Personengruppe verzichten können.

Dabei stammt der Begriff „Geringfügige Beschäftigung“ aus dem Sozialversicherungsrecht und ist nur eine sozialversicherungsrechtliche Sonderform der Teilzeitbeschäftigung. In § 2 Absatz 2 TzBfG ist ausdrücklich klargestellt, dass auch „Geringfügig Beschäftigte“ gem. § 8 Absatz 1 Nr. 1 SGB IV zu den teilzeitbeschäftigten Arbeitnehmern im Sinne des Gesetzes gehören und nur im Rahmen der Sozialversicherungspflicht besonders behandelt werden.

Das Arbeitsrecht kennt ansonsten keine eigenständige Definition des „Geringfügigen Beschäftigungsverhältnisses“, insofern besteht auch keine Möglichkeit zur Unterscheidung oder gar Ungleichbehandlung von geringfügig und nicht geringfügig beschäftigten Mitarbeitern (beispielsweise bei der Vergütung).

Die Geringfügigkeit des Beschäftigungsverhältnisses kann sich gemäß § 8 Absatz 1 SGB IV zum einen daraus ergeben, dass das monatliche Arbeitsentgelt des Beschäftigten eine bestimmte Entgeltgrenze regelmäßig nicht übersteigt. Zum anderen kann die Geringfügigkeit aus der (kurzen) zeitlichen Dauer der Beschäftigung innerhalb eines Kalenderjahres resultieren. Es gibt somit zwei Formen von geringfügiger Beschäftigung, die für Pflegedienste interessant sind:

» die **kurzfristige Beschäftigung** (auch Saisonbeschäftigung genannt) von längstens 2 Monaten oder höchstens 50 Arbeitstagen im Kalenderjahr: Hierüber können beispielsweise Studenten beschäftigt werden. Diese Gruppe kann im Rahmen der Höchstdauer beschäftigt werden, eine Einschränkung in Bezug auf die Verdiensthöhe gibt es nicht.

» **Geringfügige Beschäftigung** mit einem Monatsentgelt, das regelmäßig nicht mehr als aktuell 450 € betragen darf.

Beim Einsatz von geringfügig Beschäftigten muss auf die sozialversicherungsrechtlichen Grenzen in Bezug auf die Stundenzahl bzw. den monatlichen Verdienst genau geachtet werden. Das trifft insbesondere dann zu, wenn der Mitarbeiter sogar mehreren geringfügigen Beschäftigungen nachgeht. Die Tage/Stunden bzw. Entgelte aller geringfügigen Beschäftigungen zusammen dürfen die Grenzen einer geringfügigen Beschäftigung nicht überschreiten.

Einen finanziellen Vorteil in Bezug auf die konkrete Lohnhöhe darf es nicht geben: Eine Krankenschwester verdient als Vollzeit- oder Teilzeitkraft genauso viel, in Bezug auf den Nettostundenlohn, wie eine Krankenschwester, die als Aushilfe nur geringfügig beschäftigt wird. Das regelt § 4 Absatz 1 des TzBfG. Das gilt auch für mögliche Teilnahme an Fort- und Weiterbildungen sowie Anspruch auf Urlaub und Lohnfortzahlung im Krankheitsfall.

Vorteile:

- » Die gleichen Punkte wie bei Teilzeitbeschäftigung treffen auch hier zu.
- » Der finanzielle Vorteil liegt vor allem darin, dass die Kranken- und Rentenversicherung pauschaliert zurzeit bei zusammen nur 28 Prozent liegt, der Arbeitnehmer aber keine Sozialabgaben trägt. Dazu kommt ein pauschaler Lohnsteuersatz von 2 Prozent. Seit 2013 trägt der geringfügig Beschäftigte zusätzlich einen Anteil am Rentenversicherungsbeitrag von 3,9 Prozent, erwirbt damit aber auch höhere Ansprüche in der Rentenversicherung. Von diesem Anteil kann sich der Arbeitnehmer auf Antrag befreien lassen, damit erwirbt der Mitarbeiter aber auch entsprechend weniger Rentenansprüche.
- » Noch günstiger wird es, wenn der Arbeitnehmer neben einer sozialversicherungspflichtigen Hauptbeschäftigung noch eine geringfügig entlohnte Beschäftigung ausübt. Für diese (zweite) sind dann keine Beiträge zur Kranken-, Arbeitslosen- und Pflegeversicherung zu zahlen, lediglich zur Rentenversicherung sowie eine pauschale Lohnsteuer. Diese Regelung ist jedoch nicht anwendbar, wenn es sich um den gleichen Arbeitgeber handelt (der beispielsweise ein Heim und einen Pflegedienst hat).

Nachteile:

- » Die gleichen Punkte wie bei Teilzeitbeschäftigung treffen auch hier zu.
- » Die max. zulässige monatliche Arbeitszeit (in Abhängigkeit von der Verdiensthöhe) muss relativ genau eingehalten werden, ansonsten sind höhere Sozialabgaben und Steuern fällig.
- » Die Mitarbeiter müssen wie alle Mitarbeiter den Nachweis von Pflichtfortbildungen erbringen und an Dienstbesprechungen etc. teilnehmen.
- » Da viele andere Arbeitgeber auch ihre Arbeitszeitmodelle flexibilisieren und deshalb auch vermehrt nur noch Teilzeitverträge anbieten, gibt es überhaupt ein Angebot von Pflegekräften, die noch zusätzlich eine zweite Arbeitsstelle benötigen. Damit können diese aber nur dann arbeiten, wenn dies aufgrund der Arbeitszeiten/Dienstpläne ihres ersten Arbeitsplatzes möglich ist. Das schränkt unter Umständen die Flexibilität deutlich ein.
- » Je mehr „Köpfe“ in der Dienst- und Tourenplanung geplant werden müssen, umso aufwendiger wird die Planung.
- » Mitarbeiter, die nur aushilfsweise im Pflegedienst arbeiten, haben in der Regel weniger Routine und sind weniger mit den Leistungsinhalten und Arbeitsabläufen vertraut als Mitarbeiter mit einer höheren Stundenzahl.

» Das führt unter Umständen dazu, dass Touren länger dauern oder es einer ausführlicheren Einweisung oder Übergabe bedarf.

» In einigen Rahmenverträgen der Pflegeversicherung (§75 auf Landesebene) bzw. in einigen Versorgungsverträgen nach §132a SGB V ist der Einsatz von geringfügig beschäftigten Mitarbeitern prozentual begrenzt.

5.3.5 Beschäftigung von „Selbstständigen"

In der Pflegebranche haben sich auch Pflegekräfte oder Pflegefachkräfte selbstständig gemacht und bieten auch Pflegediensten ihre Dienstleistung an. Es könnte hilfreich sein, diese Selbstständigen beispielsweise bei kurzfristigem Ausfall von eigenen Mitarbeitern einzusetzen. Allerdings sind über die Versorgungsverträge und Rahmenverträge hier oft absolute Grenzen gesetzt. Im Regelfall ist es nicht zulässig, selbstständige Pflegekräfte im Rahmen der Leistungen für gesetzliche Kostenträger einzusetzen.

Problem „Scheinselbstständigkeit":
Wer „Selbstständige" im Pflegedienst für Leistungen einsetzt, die durch Kostenträger nach dem SGB finanziert werden, dem droht ein weiteres Problem: Durch die tatsächliche Organisation der Leistung kann es sich deshalb um sogenannte „Scheinselbstständigkeit" handeln mit der Folge, dass damit auch ein Arbeitsverhältnis besteht und der Arbeitgeber daher für diese „Beschäftigten" Sozialabgaben abzuführen und alle anderen Rechte und Pflichten in Bezug auf das Arbeitsverhältnis zu beachten hat.

§7 Beschäftigung SGB IV

(1) Beschäftigung ist die nichtselbständige Arbeit, insbesondere in einem Arbeitsverhältnis. Anhaltspunkte für eine Beschäftigung sind eine Tätigkeit nach Weisungen und eine Eingliederung in die Arbeitsorganisation des Weisungsgebers.

Denn wenn Selbstständige im Rahmen der Pflege mitarbeiten, so arbeiten sie unter der Verantwortung der PDL und in diesem Sinne weisungsabhängig. Sie übernehmen von der PDL zusammengestellte Touren und sind daher in der Arbeitsorganisation eingegliedert. Sie können und dürfen nicht eigenverantwortlich arbeiten, weil die PDL sowohl im SGB V als auch im SGB XI für die Durchführung der beauftragten Leistungen verantwortlich und insofern weisungsbefugt ist bzw. sein muss.

5.3.6 Notnagel „Zeitarbeit"

Bei Personalengpässen, beispielsweise wegen Krankheiten oder in der Urlaubszeit, nutzen Pflegedienste oft auch die Dienstleistungen der Zeitarbeitsbranche. Die Mitarbeitergestellung durch Zeitarbeitsfirmen hat einige Vorteile: Man kann Engpässe schnell überbrücken, die Kosten werden meist pro Arbeitsstunde abgerechnet, es fallen keine weiteren Kosten für Urlaub oder Krankheit an. Allerdings sind die Kostensätze für Zeitarbeitskräfte deshalb auch entsprechend hoch. Die Bezahlung gegenüber den überlassenden Firmen erfolgt in der Regel auf Basis der erbrachten Einsatzstunden, meist ohne Festlegung einer Mindestarbeitszeit. Üblicherweise sind auch hier Zuschläge für Arbeitsstunden jenseits der sonst üblichen maximalen Wochenarbeitszeit zu zahlen, ebenso für Nacht-, Sonn- und Feiertagsarbeit. Dazu kommt, dass diese Mitarbeiter zwar in ihrem Beruf qualifiziert sind, aber weder den Pflegedienst noch seine konkreten Abläufe und Strukturen kennen. Sie müssen ebenfalls angelernt und eingearbeitet werden, ansonsten kann man nicht sicher sein, dass sie in der normalen Qualität des Dienstes arbeiten. Der Kunde wird es dem Pflegedienst zurechnen, wenn Mitarbeiter einer Zeitarbeitsfirma anders als gewohnt arbeiten. Der Einsatz von Zeitarbeitsfirmen ist deshalb mit einem entsprechenden Risiko behaftet.

Auch zur Personalgewinnung ist der Weg über die Zeitarbeit zumindest ein teurer Weg, denn die Arbeitsverträge der Zeitarbeitsmitarbeiter sowie die vertraglich vereinbarte Arbeitnehmerüberlassung sehen für den Fall einer möglichen Übernahme entsprechend hohe Gebühren vor. Trotzdem könnte dies ein Weg der Personalgewinnung sein, wenn man auf anderem Wege keine Mitarbeiter bekommt.

5.3.7 Arbeitstage pro Woche

Eine Variante, wie man in der ambulanten Pflege mehr Flexibilität schaffen kann, ist die Nutzung verschiedener Modelle der Wochenarbeitszeitverteilung: Beschäftigt man die Mitarbeiter in einer 5-Tage-Woche, verteilt sich die Arbeitszeit nur auf 5 Tage. Bei einer 5,5-Tage-Woche verteilt sich die Arbeitszeit auf einen halben Tag mehr, bei einer 6-Tage-Woche entsprechend auf 6 Tage.

Bezogen auf einen Rhythmus von 14 Tagen ergibt sich folgendes Arbeitsbild bei einer 38,5-Stunden-Woche:

7,70 Stunden pro Tag,	an 10 Tagen arbeiten,	4 Tage frei (bei 5-Tage-Woche)
7,00 Stunden pro Tag,	an 11 Tagen arbeiten,	3 Tage frei (bei 5,5-Tage-Woche)
6,42 Stunden pro Tag,	an 12 Tagen arbeiten,	2 Tage frei (bei 6-Tage-Woche)

Musterberechnung Arbeitstage pro Woche

	5-Tage	5,5-Tage	6-Tage
Anzahl Jahrestage	365	365	365
Anzahl arbeitsfreier Tage und Feiertage	113	87	61
Arbeitsstunden pro Tag	7,7	7	6,42
Arbeitstage pro Woche (5-Tage; 5,5-Tage; 6-Tage)	5	5,5	6
Jahresarbeitsstunden Gesamt	1.940,4	1.946,0	1.951,7
Urlaubstage pro Jahr	33,8	36,3	38,8
Zwischensumme (Stunden)	1.680,1	1.691,9	1.702,6
in Arbeitswochen*	43,6	43,9	44,2

Grafik 5.1

Zwar steigt mit Anzahl der Arbeitstage pro Woche auch anteilig die Zahl der Urlaubstage, allerdings reduziert sich entsprechend auch die Zahl der freien Tage.

Nachteilig sind solche Modelle (5,5- bzw. 6-Tage-Woche) vor allem für die Mitarbeiter, denn sie müssen an mehr Tagen arbeiten und haben weniger ganze freie Tage zur Verfügung. Die entsprechend reduzierte Tagesarbeitszeit vermag dies nicht immer zu kompensieren.

Aus arbeitsrechtlichen, aber auch aus praktischen Gründen wird man innerhalb einer Mitarbeitergruppe (beispielsweise alle Pflegekräfte) nur einen Arbeitsrhythmus umsetzen können. Andere Mitarbeitergruppen können aber anders behandelt werden: Beispielsweise arbeitet die Pflege mit einer 5,5-Tage-Woche, die Verwaltung und Hauswirtschaft aber mit einer 5-Tage-Woche.

5.3.8 Arbeit auf Abruf – KAPOVAZ

Eine Variante der Teilzeitarbeit ist die sogenannte Abrufarbeit oder auch „kapazitätsorientierte variable Arbeitszeit“, „KAPOVAZ“ abgekürzt. Wie der Name schon sagt, wird die Arbeit „abgerufen“, steht für den konkreten Tag aber nicht von vornherein (beispielsweise im Dienstplan) fest. Es wird also die Lage der Arbeitszeit (von wann bis wann) durch den Abruf flexibilisiert. Allerdings sind folgende Rahmenbedingungen zu regeln:

- Im Arbeitsvertrag ist eine bestimmte wöchentliche und tägliche Arbeitszeit zu regeln. Ist dies nicht der Fall, werden wöchentlich 10 Stunden und täglich 3 Stunden (am Stück!) als gesetzlich geregelt angesehen (§ 12 Abs. 2 TzBfG).

- » Die Arbeitszeit kann nur in bestimmten Grenzen schwanken, wobei die Arbeitsgerichte die vereinbarte Arbeitszeit als Untergrenze ansehen. Die Schwankung nach oben (Mehrarbeit) ist auf 25 Prozent der Mindestarbeitszeit begrenzt. So werden Mitarbeiter vor Vereinbarungen geschützt, die nur eine geringe (starre) Mindestarbeitszeit und einen hohen variablen Arbeitszeitanteil vorsehen und so die (finanzielle) Planungssicherheit des Mitarbeiters in unangemessener Weise beeinträchtigen. Ein Mitarbeiter, mit dem eine Mindestarbeitszeit von 30 Stunden vereinbart wurde, kann also bis zu 37,5 Stunden eingesetzt werden. Ein Mitarbeiter mit nur 15 Wochenstunden kann aber nur zusätzlich für 3,75 Stunden eingesetzt werden. Das heißt: Die Möglichkeit der Mehrarbeit ist stark abhängig von der vereinbarten Mindestarbeitszeit.
- » Es kann vertraglich auch eine Minderarbeitszeit vereinbart werden, die Untergrenze liegt hier aber bei 20 Prozent unter der vertraglichen Arbeitszeit.
- » Der (flexible) widerrufliche Anteil am Gesamtverdienst, inklusive übertariflichen Zulagen und Fahrtkostenerstattung (Ersatz von Aufwendungen), darf nicht mehr als 25 Prozent bis 30 Prozent des Gesamtverdienstes ausmachen (Aktenzeichen: BAG 5 AZR 364/04).
- » Die „Lage" (also der konkrete Zeitraum der Arbeit) muss mindestens 4 Tage im Voraus angekündigt werden. Will der Arbeitgeber, dass der Mitarbeiter am Mittwochnachmittag arbeitet, hat er dies spätestens am Freitag der Vorwoche anzukündigen. Ansonsten wäre der Arbeitnehmer nicht zur Übernahme dieser Arbeitszeit verpflichtet (soweit es nur um Abrufarbeit geht).

Vorankündigungsfristen nach KAPOVAZ

Angestrebter Arbeitstag	Erforderlicher Zugang am
Montag	Mittwoch
Dienstag	Donnerstag
Mittwoch	Freitag
Donnerstag	Freitag
Freitag	Freitag der Vorwoche
Samstag	Montag
Sonntag	Dienstag

© SysPra.de 2006/2014: Einsatzplanung

Grafik 5.2

KAPOVAZ muss auf der Grundlage eines individualrechtlichen Arbeitsvertrages erfolgen, nicht ausreichend ist hierzu eine Rahmenvereinbarung oder tarifvertragliche Regelung. Wenn ein Tarifvertrag jedoch Regelungen über die tägliche und wöchentliche Arbeitszeit und die Vorankündigungsfrist vorsieht, kann auch von der oben erwähnten 4-Tages-Frist zu Ungunsten der Mitarbeiter abgewichen werden (§12 Abs. 3 TzBfG), nicht jedoch durch Einzelverträge.

Wesentlicher Nachteil der Abrufarbeit ist die für die Ambulante Pflege relativ lange Ankündigungsfrist von 4 Tagen. Andererseits wünschen und benötigen die Mitarbeiter auch frühzeitig konkrete zeitliche Vorgaben für ihre private Zeitgestaltung. Denn spontan jeden Tag flexibel zur Arbeit gehen zu müssen, wollen die wenigsten Mitarbeiter.

Abgrenzung zwischen Abrufarbeit zur Mehrarbeit/Überstunden:
Nicht jede kurzfristig angekündigte Mehrarbeit fällt unter die Regelungen der Abrufarbeit:

- » Ist der Mitarbeiter über den Arbeitsvertrag verpflichtet, bei dringenden betrieblichen Erfordernissen Mehrarbeit oder Überstunden zu leisten,
- » gilt das auch für Vollzeitmitarbeiter und
- » erfolgt der Einsatz nur vorübergehend und unregelmäßig,

handelt es sich um eine Mehrarbeit/Überstunden-Abrede und keine Arbeit auf Abruf im Sinne §12 TzBfG.

Anders sieht es bei dieser Konstellation aus:

- » Ist der Mitarbeiter zu überplanmäßiger variabler Arbeitsleistung verpflichtet, ohne dass dies arbeitsvertraglich auf dringliche betriebliche Erfordernisse eingeschränkt wurde und
- » erfolgt die variable Arbeitsleistung regelmäßig,

dann handelt es sich faktisch um Arbeit auf Abruf, die Schutzvorschriften des §12 TzBfG sind anzuwenden. Auch das in der Ambulanten Pflege bekannte Modell von Sießegger „Auszahlung der Mehrstunden bei ständiger Unterbesetzung" (Häusliche Pflege 05/2000 – PDL Kolleg 2000) ist deshalb Arbeit auf Abruf und die gesetzlich bzw. durch das BAG fixierten Grenzen (Vorankündigungsfrist, Schwankungsbreiten der Mehr- oder Minderleistungen, flexibler Gehaltsanteil) sind zu beachten.

5.4 Arbeitszeitflexibilisierung durch Arbeitszeitmodelle

Arbeitszeitmodelle stellen eine weitere Konkretisierung der Beschäftigungsverhältnisse in Bezug auf Lage/Verteilung (z. B. Schichtarbeit) und Dauer (Mehr-/Überstunden, Arbeitszeitkonten) der zu leistenden Arbeitszeit dar. Möglich sind auch Arbeits-

Handbuch Ambulante Einsatzplanung · Andreas Heiber und Gerd Nett
 · ISBN 978-3-86630-378-2

zeitmodelle, bei denen die zu leistende Arbeitszeit nicht wie üblich innerhalb 1 Woche oder 1 Monats, sondern im Durchschnitt eines definierten Zeitraumes, z. B. 1 Jahr (= Jahresarbeitszeitkonto), erreicht wird.

Bei den Arbeitszeitmodellen geht es darum, wie man von der arbeits- und/oder tarifvertraglich geregelten meist fixen wöchentlichen Arbeitszeit abweichen kann, um so flexibler zu steuern.

Die klassischen Arbeitszeitmodelle, die man auch aus der stationären Versorgung kennt, gehen von festen Strukturen aus: Beispielsweise wird die Arbeitszeit pro Tag (Schichten) festgelegt. Damit weiß der Mitarbeiter nicht nur, wie viele Stunden er arbeiten muss, er hat auch das Recht darauf, diese Arbeitszeit ausgezahlt zu bekommen, selbst wenn er nicht gearbeitet hat. (Das wäre ein Annahmeverzug gem. §615 BGB, weshalb er das volle Gehalt bekäme.)

Eine über die definierte vereinbarte tägliche Arbeitszeit hinausgehende Mehrarbeit wäre nur im Notfall möglich. (§242 des BGB erlaubt dies, aber eben nur im Notfall.)

Beispiel 1 (Grafik 5.3):

Der aktuelle Tourenplan weist für die „Tour 1" einen täglichen Bedarf an Mitarbeiterzeit von 6 Stunden aus. Dem Pflegedienst steht „im Augenblick" aber nur ein Mitarbeiter mit einer Vollzeitstelle zur Verfügung. Dessen arbeitsvertraglich geregelte Wochenarbeitszeit beträgt 40 Stunden bei einer 5-Tage-Woche. Seine regelmäßige tägliche Arbeitszeit beträgt demnach 8 Stunden.

Beispiel 2 (Grafik 5.4):

Der aktuelle Tourenplan weist für die „Tour 2" ebenfalls einen täglichen Bedarf an Mitarbeiterzeit von 6 Stunden aus. Dem Pflegedienst steht im Augenblick aber nur ein Mitarbeiter mit einer 50-Prozent-Teilzeitstelle zur Verfügung, d. h. seine regelmäßige tägliche Arbeitszeit beträgt demnach nur 4 Stunden.

In Beispiel 1 erfolgt eine Überbesetzung, in Beispiel 2 eine Unterbesetzung. Aufgrund der Regelung einer Tagesarbeitszeit würde im Beispiel 1 trotzdem die volle Arbeitszeit bezahlt, in Beispiel 2, unter Voraussetzung einer Notlage, die entsprechenden Mehrstunden.

Die Beispiele machen deutlich, dass in der Ambulanten Pflege Tagesarbeitszeiten oder feste Schichtzeiten ein ungeeignetes Instrument zur Personalsteuerung sind.

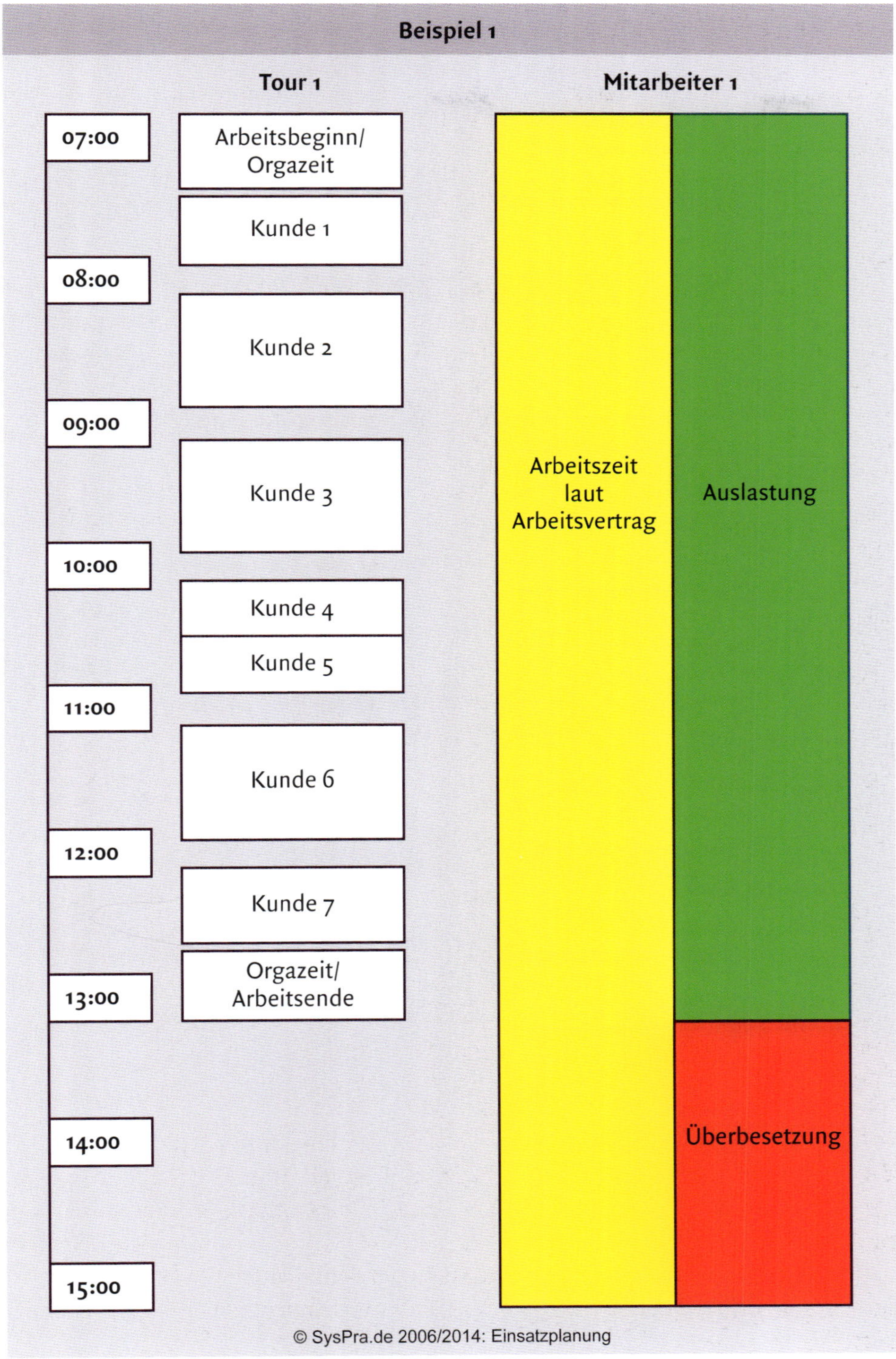
Beispiel 1
Tour 1
Mitarbeiter 1
07:00
08:00
09:00
10:00
11:00
12:00
13:00
14:00
15:00
Arbeitsbeginn/ Orgazeit
Kunde 1
Kunde 2
Kunde 3
Kunde 4
Kunde 5
Kunde 6
Kunde 7
Orgazeit/ Arbeitsende
Arbeitszeit laut Arbeitsvertrag
Auslastung
Überbesetzung
© SysPra.de 2006/2014: Einsatzplanung

Grafik 5.3

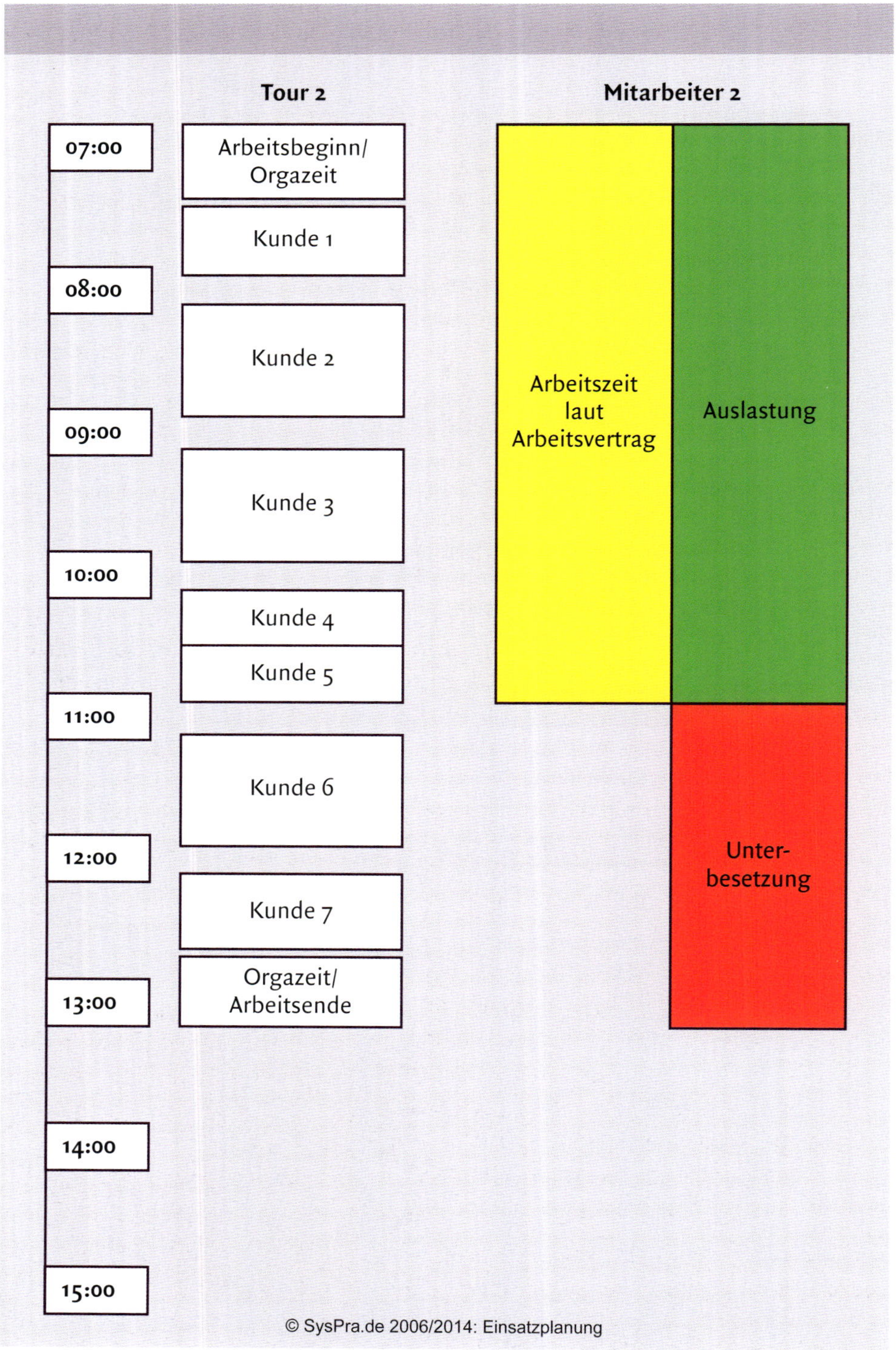
Tour 2
Mitarbeiter 2
07:00
08:00
09:00
10:00
11:00
12:00
13:00
14:00
15:00
Arbeitsbeginn/ Orgazeit
Kunde 1
Kunde 2
Kunde 3
Kunde 4
Kunde 5
Kunde 6
Kunde 7
Orgazeit/ Arbeitsende
Arbeitszeit laut Arbeitsvertrag
Auslastung
Unter-besetzung

Grafik 5.4

5.4.1 Schichtarbeit

Üblicherweise liegt die formale Betriebszeit eines Pflegedienstes, also die Zeit, in der er Leistungen anbietet, bei 24 Stunden pro Tag an 7 Tagen die Woche. Daher ist es notwendig, bei Schichtarbeit mehrere Schichten einzurichten, da ansonsten die tägliche Arbeitszeit einer Vollzeitstelle die gesetzliche Höchstgrenze von normalerweise 8 bzw. max. 10 Stunden, welche das Arbeitszeitgesetz (§ 3 ArbZG) zulässt, überschreiten würde. Dabei ist „die Arbeitszeit der Nacht- und Schichtarbeitnehmer nach den gesicherten arbeitswissenschaftlichen Erkenntnissen über die menschengerechte Gestaltung der Arbeit festzulegen" (§ 6 Abs. 1 ArbZG). Dies wird später insbesondere bei der Betrachtung von sogenannten „Teildiensten" (oder „geteilte Dienste") wichtig.

Meistens sind für Schichtdienste arbeits- und tarifvertragliche Zuschläge zu zahlen, gegebenenfalls auch mehr Urlaub zu gewähren.

„Arbeitnehmer müssen nach Beendigung der täglichen Arbeitszeit eine ununterbrochene Ruhezeit von mindestens 11 Stunden einhalten." (§ 5 Abs. 1 ArbZG) Sie kann aber „in Einrichtungen zur Behandlung, Pflege und Betreuung von Personen (z. B. Krankenhäuser, Pflegedienste) auf bis zu 10 Stunden reduziert werden" (§ 5 Abs. 2 ArbZG). Hierbei sind Arbeitszeiten bei mehreren Arbeitgebern (§ 2 Abs. 1 ArbZG), bei sogenannten Mehrfachbeschäftigten, zusammenzurechnen. Das heißt, theoretisch sind auch zwei Schichten pro Tag (bei einem oder mehreren Arbeitgebern) möglich, aber nach Erreichen der Arbeitszeithöchstgrenze von 8 bzw. max. 10 Stunden (s. o.), gilt es, die Einhaltung der Ruhezeit bis zum Beginn der nächsten Schicht sicherzustellen.

Dies ist auch zu beachten, wenn der Mitarbeiter in Teildiensten (siehe nächstes Kap.) arbeitet und beispielsweise der „späte Dienstteil" erst um 22.00 Uhr endet und der nächste „frühe Dienstteil" am nächsten Tag um 6.00 Uhr starten soll. Dies ist dann nicht möglich, da die zwischenzeitliche Ruhezeit dann nur 8 Stunden betragen würde!

5.4.2 Geteilter Dienst

Im Unterschied zur Schichtarbeit geht der geteilte Dienst, auch „Teildienst" genannt, von der Erbringung der täglichen Arbeitszeit in nur einer „Schicht" aus, bei der aber die Arbeitszeit im Verlaufe dieser einen Schicht bis zu mehreren Stunden unterbrochen wird. Geteilte Dienste sind also durch eine Arbeitsunterbrechung gekennzeichnet: So könnte beispielsweise der Dienst am Morgen von 7.00 Uhr bis 14.00 Uhr gehen, abends dann noch mal von 17.00 Uhr bis 20.00 Uhr dauern. Erfahrungsgemäß werden am Wochenende (bei veränderten Touren und weniger einsetzbarem Personal) öfter Teildienste geplant als in der Woche.

Praktisch spricht vieles eher gegen Teildienste:

- Mitarbeiter wollen diese i. d. R. nicht,
- sie können sehr belastend sein,

- würde man hierfür zwei Mitarbeiter einplanen können, hätte man im Vertretungsfall mehr „Köpfe“ zur Verfügung,
- die hierzu benötigten vielen kleinen Touren erhöhen den Planungsaufwand, ähnlich wie bei der Umwandlung einer Vollzeitstelle in zwei Teilzeitstellen,
- je nach Tarifvertrag fallen auch hier Schichtzulagen an.

Andererseits könnten auch einige Argumente dafür sprechen:

- Mit einem solchen Modell können Vollzeitkräfte besser oder überhaupt ausgelastet werden, man könnte deshalb vielleicht (erst) Vollzeitarbeitsplätze anbieten.
- Beispiel: Kombiniert man 4 Teildiensttage mit einem zusätzlichen freien Tag, könnte eine Vollzeitkraft 4 Tage je 9,6 Stunden arbeiten und dann 1 Tag Freizeitausgleich zu den normalen anderen 2 freien Tagen (bei einer 5-Tage-Woche) haben.
- Auch für die Kunden könnte das von Vorteil sein, wenn sie an einem Tag mit zwei Einsätzen nur einen Mitarbeiter erleben (und nicht zwei verschiedene).

Teildienste sollte man deshalb nicht grundsätzlich ablehnen, sondern im Einzelfall genauer prüfen und mit Mitarbeitern besprechen, welche Vor- oder Nachteile sich daraus ergeben können. Hat man allerdings ein großes Team mit Teilzeitkräften und/oder sind die Teildienste (vor allem am Abend) nur sehr kurz, sollte man versuchen, diese zu vermeiden.

5.4.3 Mehrarbeit und Überstunden

Im Bereich der Mehrarbeit bzw. Überstunden sind bereits die Begrifflichkeiten streitig. Eine allgemeine, gesetzliche Definition von Mehrarbeit bzw. Überstunden existiert nicht. Während unter „Mehrarbeit“ eigentlich nur die Überschreitung der gesetzlichen Höchstarbeitszeit (ArbZG) verstanden wird, handelt es sich bei „Überstunden“ um die Überschreitung der tarif- und/oder arbeitsvertraglich festgelegten (täglichen) Arbeitszeit.

In der Praxis herrscht allerdings oft ein anderes Verständnis vor: Der Begriff „Überstunden“ wird mit der Zahlungspflicht von (Überstunden-)Zuschlägen verbunden, wohingegen der Begriff der Mehrarbeit nur anzeigen soll, dass jemand über seine vertraglich geregelte tägliche Arbeitszeit hinaus arbeitet, aber eben keine Zahlungspflicht für (Überstunden-)Zuschläge entsteht. Wir werden den Begriff „Mehrarbeit/Überstunden“ verwenden, unabhängig davon, ob für die mehr geleisteten Arbeitsstunden auch Zuschläge zu zahlen sind.

Der Arbeitgeber kann Mehrarbeit/Überstunden grundsätzlich nur auf der Basis einer vertraglichen Regelung (siehe Kap. 5.1, Direktionsrechtserweiterung) anordnen, dies gilt sowohl für Vollzeit- als auch für Teilzeitkräfte. Für Vollzeitkräfte wird eine solche vertragliche Vereinbarung in der Regel existieren, für Teilzeitkräfte eher selten, da gerade der Teilzeitarbeitsvertrag ein Indiz dafür darstellt, dass der Mitarbeiter die Arbeitsleistung nur in dem vertraglich festgelegten Umfang erbringen möchte. Bei bestimmten besonders schutzwürdigen Arbeitnehmergruppen ist die Anordnung von Mehrarbeit/Überstunden generell ausgeschlossen oder jedenfalls nur eingeschränkt möglich, dazu gehören Schwangere, Jugendliche und Schwerbehinderte.

Bei der Anordnung und Praktizierung von Mehrarbeit/Überstunden sind insbesondere hinsichtlich der Dokumentation die Vorgaben des ArbZG zu beachten. Mehrarbeitszeiten, die über die werktägliche Arbeitszeit von 8 Stunden hinausgehen, hat der Arbeitgeber aufzuzeichnen und diese Aufzeichnungen 2 Jahre aufzubewahren (§16 Abs. 2 ArbZG).

Abgeltung der Mehrarbeit/Überstunden

Es gibt grundsätzlich zwei verschiedene Arten, geleistete Mehrarbeit/Überstunden abzugelten. Einerseits besteht die Möglichkeit einer Abgeltung der mehr geleisteten Stunden in Freizeit. Andererseits kann aber auch ein finanzieller Ausgleich erfolgen.

Dabei ist Folgendes zu beachten:

» **Bei zeitlichem Ausgleich:**

1. Die Abgeltung von Mehrarbeit/Überstunden durch Freizeit setzt eine dahingehende arbeits- oder tarifvertragliche Vereinbarung voraus; einseitig ist der Arbeitgeber nicht in der Lage, dem Arbeitnehmer den Freizeitausgleich aufzudrängen; dies gilt auch umgekehrt.
2. Auch bei freizeitlicher Abgeltung von Mehrarbeit/Überstunden ist normalerweise lediglich die anteilige Vergütung ohne Zuschläge zu gewähren (s. u.).

» **Bei finanziellem Ausgleich:**

1. Grundsätzlich ist bei der finanziellen Abgeltung von Mehrarbeit/Überstunden zu beachten, dass auch ohne eine vertragliche Vereinbarung zumindest der übliche Stundenverdienst als Grundvergütung für die Mehrarbeit/Überstunden zu zahlen ist.
2. Der Arbeitgeber ist nach dem ArbZG nicht prinzipiell verpflichtet, einen Zuschlag für geleistete Mehrarbeit/Überstunden zu gewähren, es sei denn, es besteht eine besondere arbeits- oder tarifvertragliche Regelung.

3. Die Knüpfung der Zahlung eines Mehrarbeit/Überstunden-Zuschlages an die Überschreitung der regelmäßigen wöchentlichen bzw. werktäglichen Arbeitszeit ist zulässig und daher faktisch nur für Vollzeitbeschäftigte möglich, wie folgende Grafik zeigt:

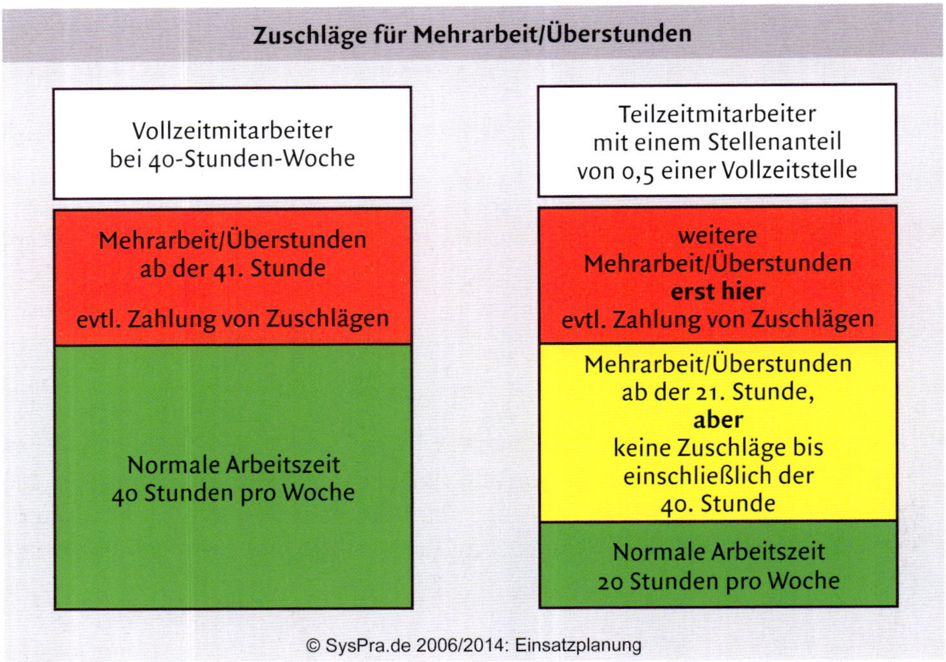

Grafik 5.5

Angenommen die wöchentliche Arbeitszeit einer Vollzeitkraft liegt bei 40 Stunden, die einer Teilzeitkraft bei 20 Stunden. Nach Überschreiten seiner normalen wöchentlichen Arbeitszeit (> 40 Std.) hat der Vollzeitbeschäftigte Anspruch auf Mehrarbeits-/Überstunden-Zuschläge, sofern solche vereinbart wurden (s. o.). Der Teilzeitbeschäftigte hat nach Überschreiten seiner normalen wöchentlichen Arbeitszeit (> 20 Std.) aber noch keinen Anspruch auf die Zuschläge. Erst wenn er mehr als die normale wöchentliche Arbeitszeit einer Vollzeitkraft arbeitet (> 40 Std.), erhält er ebenfalls Zuschläge. Dass Teilzeitkräfte diese Grenze erreichen, kommt jedoch nur selten vor.

Anordnung von Mehrarbeit/Überstunden:
Der Mitarbeiter trägt die Darlegungs- und Beweislast dafür, dass die von ihm verrichtete Mehrarbeit/Überstunden auch vom Pflegedienst angeordnet war und wann diese geleistet wurde.

Es reicht allerdings aus, dass die Mehrarbeit/Überstunden durch die Erledigung der dem Mitarbeiter obliegenden Arbeit notwendigerweise entstanden sind.

Das heißt, weist die Tourenplanung schon eine längere Tourzeit als die arbeitsvertraglich geregelte Arbeitszeit aus, ist die sich hieraus ergebende Mehrarbeit bzw. sind die sich daraus ergebenden Überstunden auch angeordnet.

Auch die bloße Billigung oder Duldung von Mehrarbeit/Überstunden durch den Arbeitgeber reicht aus, z. B. wenn der Arbeitgeber dem Mitarbeiter eine Arbeit überträgt, bei der klar ist, dass sie nicht innerhalb der regelmäßigen vertraglichen Arbeitszeit zu bewältigen ist.

5.4.4 Notfälle

In Notfällen, insbesondere in nicht vorhersehbaren Fällen mit konkreter Kundengefährdung, oder wenn im Notfall die Pflege und Betreuung der Kunden nicht anders sichergestellt werden kann, darf der Arbeitgeber „Arbeit" anordnen. Das heißt, der Mitarbeiter kann auch ohne Regelung, bzw. sogar bei explizitem Ausschluss von Mehrarbeit/Überstunden im Arbeits- oder Tarifvertrag, nach Treu und Glauben (§ 242 BGB) zu Mehrarbeit/Überstunden verpflichtet sein. Im Notfall kann der Arbeitgeber den Arbeitnehmer also anweisen, länger zu arbeiten oder kürzere Ruhezeiten einzuhalten.

Gleichlautend sieht das ArbZG in § 14 Absatz 2 Satz 2 auch nur für diese außergewöhnlichen (Not-)Fälle, z. B. „bei unaufschiebbaren Arbeiten zur Behandlung, Pflege und Betreuung von Personen ... an einzelnen Tagen, wenn vom Arbeitgeber andere Vorkehrungen nicht zugemutet werden können", Ausnahmen vor.

Aber wie man sieht, ist hier nur der **tatsächliche Notfall** gemeint: Das heißt, alles, was im planbaren Bereich liegt, wird hiervon nicht abgedeckt. So müsste beispielsweise ein Mitarbeiter im Rahmen einer ambulanten Intensivbetreuung länger bei seinem Kunden bleiben als geplant, wenn der Kollege auf dem Weg zur Arbeitsstelle (Kunden) einen Unfall hat und deshalb ausfällt. Aber bei einem Personalausfall wegen „normaler" Krankheit (im Team fällt bei zehn Mitarbeitern ein Mitarbeiter wegen Krankheit aus) dürfte kein „außergewöhnlicher Fall" im Sinne des § 14 vorliegen, der eine Verletzung der Schutzvorschriften des Arbeitszeitgesetzes erlauben würde. Hierfür hat der Arbeitgeber entsprechende Vorkehrungen in der Arbeits- und Arbeitszeitorganisation zu treffen, das ist auch zusätzlich in den entsprechenden Verträgen mit den Kostenträgern Regelungsgegenstand.

5.5 Arbeitszeitsteuerung durch Arbeitszeitkonten

Arbeitszeitkonten sind eine Unter- oder Sonderform eines Arbeitszeitmodells: Hier wird die zu leistende Arbeitszeit nicht wie üblich innerhalb einer Woche oder eines Monats, sondern im Durchschnitt eines definierten Zeitraumes (z. B. eines Jahres = Jahresarbeitszeitkonto) erreicht. Der Mitarbeiter erhält sein Gehalt entsprechend der wöchentlich oder monatlich festgelegten Arbeitszeit, unabhängig davon, ob er in diesem Zeitraum mehr oder weniger Stunden gearbeitet hat. Der Ausgleich von Minder- oder Mehrstunden erfolgt über einen größeren Zeitraum. Damit verbunden ist das Führen von sogenannten „Arbeitszeitkonten".

5.5.1 Arbeitszeitkonten

Bei Arbeitszeitkonten handelt es sich um eine Methode der Arbeitszeiterfassung und -verwaltung. Hiermit wird die zu leistende Arbeitszeit abzüglich Minderstunden und Mehrstunden verwaltet. Weicht die tatsächlich geleistete Arbeitszeit (im Ist-Dienstplan) von der arbeits- und/oder tarifvertraglich geregelten Soll-Arbeitszeit ab, wird die jeweilige Differenz als „Mehr- oder Minusstunden" dem persönlichen Arbeitszeitkonto zugeschrieben. Unabhängig von den vielen Varianten, die es in diesem Bereich gibt, haben jedoch alle Folgendes gemeinsam:

» Sie dienen dazu, Abweichungen der tatsächlichen von der vertraglich vereinbarten Arbeitszeit festzuhalten, unabhängig von der Art des Beschäftigungsverhältnisses,

» die geleistete Arbeitszeit ist stundenweise zu verbuchen, sodass ein Guthaben entweder auf- oder abgebaut wird und ein mögliches Guthaben entweder in Freizeit oder in Geld ausgeglichen werden kann. Sie ähneln damit im Ergebnis den aus dem Bankwesen bekannten Girokonten.

In der Theorie soll es so sein, dass sich die Mehr- und Minderstunden in einem Zeitraum ausgleichen können: Arbeitet man in einer Woche mehr, gleicht man das in der nächsten Woche durch mehr Freizeit aus. Praktisch ist dies aber angesichts der zunehmenden Kundenzahl schwieriger, daher müssen Regeln zum Umgang mit Arbeitszeitkonten hier Grenzen setzen und alternative Ausgleiche definieren:

» **Schwankungsbreite:** Ober- und Untergrenzen der täglichen oder wöchentlichen Arbeitszeitdauer unter Beachtung des ArbZG.

» **Ausgleichszeitraum:** Zeitraum innerhalb dessen die vertragliche Durchschnittsarbeitszeit erreicht werden muss, also das Konto „Null" beträgt; meist 1 Jahr („Jahresarbeitszeitkonto").

» **Ausgleichsmechanismen:** Höchstgrenzen für Zeitguthaben bzw. -schulden und Gegensteuerungsmechanismen wie Auszahlung, wenn ein Ausgleich innerhalb des festgesetzten Ausgleichszeitraums nicht möglich ist (siehe z. B. Ampelkonten).

Handbuch Ambulante Einsatzplanung · Andreas Heiber und Gerd Nett
© Vincentz Network GmbH & Co. KG, Hannover 2014 · ISBN 978-3-86630-378-2

In der Praxis gibt es fast überall in Pflegediensten Arbeitszeitkonten, problematisch sind allerdings sinnvolle Bewirtschaftungsinstrumente:

Aus **Arbeitgebersicht** sind Plusstunden der Mitarbeiter, die nicht sofort ausgezahlt werden, zunächst einmal ein kostenloser Kredit durch die Mitarbeiter: Sie haben in dieser Zeit Leistungen erbracht und damit Erträge erwirtschaftet, denen kurzfristig keine konkreten Kosten gegenüberstehen. Allerdings schuldet der Arbeitgeber eben diese Arbeitszeit (in Freizeitausgleich oder durch Lohn) den Mitarbeitern. Schon für die Beurteilung der monatlichen Betriebsergebnisse müsste er immer auch den Saldo der Arbeitszeitkonten mit auf der Kostenseite darstellen und bewerten, ansonsten ist das dargestellte Betriebsergebnis zu hoch. (Es fehlen Personalkosten.) Spätestens mit dem Jahresabschluss müssen die nicht ausgezahlten Arbeitsstunden bewertet und in die Bilanz als offene Kosten dargestellt werden.

Aus **Arbeitnehmersicht** erscheint es unter Umständen verlockend, sich ein Konto an Plusstunden anzuhäufen: Das vertraglich vereinbarte Gehalt über die arbeitsvertraglich vereinbarten Arbeitsstunden hat man bekommen, dazu noch die Aussicht auf mehr Geld oder einen Freizeitausgleich. Die Auszahlung könnte aus steuerlicher Sicht nicht so reizvoll sein, weil dann wegen der sogenannten „Kalten Progression" (Anstieg des Steuersatzes bei höherem Einkommen) vom steigenden Bruttoverdienst weniger übrig bleibt. Andererseits ist ein Freizeitausgleich oft dann nicht möglich, wenn es aus Sicht des Mitarbeiters wünschenswert wäre. Dazu kommt die Gefahr, dass der Arbeitgeber evtl. das Guthaben nicht mehr auszahlen möchte oder wegen schlechter akuter Wirtschaftslage nicht auszahlen kann (z. B. wegen Insolvenz).

5.5.2 Steuerungsinstrument Ampelkonto

Es ist arbeitgeber- und arbeitnehmerseitig wichtig darauf achten, dass die Höchstgrenzen von Arbeitszeitkonten – sei es für Zeitguthaben (Mehr- oder Plusstunden) oder für Zeitschulden (Minder- oder Minusstunden) – nicht überschritten werden bzw. bei drohender oder bereits eingetretener Überschreitung automatisch verschiedene gegensteuernde Maßnahmen erfolgen. Dazu sind Kontrollinstrumente notwendig.

Ein bewährtes Werkzeug zur Steuerung des Arbeitszeitkontos ist das Prinzip des Ampelkontos: Analog einer Verkehrsampel wird für verschiedene Korridore (Stundenmengen) festgelegt, wie mit den angehäuften Mehr- oder Minderstunden umgegangen wird.

Basis ist dabei immer die wöchentliche durchschnittliche Arbeitszeit, von der aus die weiteren prozentualen Referenzwerte für die einzelnen Stufen ermittelt werden. Die Bereiche sind individuell auf den Betrieb abzustimmen und die farblichen Stufen bedeuten dabei:

» **Grüner Bereich:** Die Abweichung von der vertraglich vereinbarten Arbeitszeit ist gering. Diese Abweichung kann sowohl in einem positiven als auch in einem negativen Saldo bestehen. Es gibt keinen Handlungsbedarf.

» **Gelber Bereich:** Die Abweichung ist höher: Es hat auf dem Zeitkonto eine erhebliche Ansammlung von Plus- bzw. Minusstunden stattgefunden. Es besteht Handlungsbedarf und entsprechende Maßnahmen sollten eingeleitet werden. So könnte bei Plusstunden beispielsweise geprüft werden, wie im nächsten Planungszeitraum Minusstunden, z. B. durch Freizeitausgleich, realisiert werden können oder eine Teilauszahlung stattfinden soll. Umgekehrt könnte der Mitarbeiter bei Minusstunden vermehrt in längeren Touren eingesetzt werden oder weitere Aufgaben(-bereiche) übernehmen.

Beispiel für Ampelkonten-Grenzwerte in Abhängigkeit von Beschäftigungsumfang und Ausgleichszeitraum

Vollzeitmitarbeiter bei 40 Stunden/Woche	Prozent der Wochenarbeitszeit bzw. Stunden (+/-)		
Ausgleichszeitraum	bis 50%	51% – 75%	ab 76%
Quartal	bis (+/-) 20	(+/-) 21 – 30	ab (+/-) 31
Jahr	bis (+/-) 80	(+/-) 81 – 120	ab (+/-) 121

Teilzeitmitarbeiter bei 30 Stunden/Woche	% der Wochenarbeitszeit bzw. Stunden (+/-)		
Ausgleichszeitraum	bis 50%	51% – 75%	ab 76%
Quartal	bis (+/-) 15	(+/-) 16 – 22	ab (+/-) 23
Jahr	bis (+/-) 60	(+/-) 61 – 90	ab (+/-) 90

Teilzeitmitarbeiter bei 20 Stunden/Woche	% der Wochenarbeitszeit bzw. Stunden (+/-)		
Ausgleichszeitraum	bis 50%	51% – 75%	ab 76%
Quartal	bis (+/-) 10	(+/-) 11 – 15	ab (+/-) 16
Jahr	bis (+/-) 40	(+/-) 41 – 60	ab (+/-) 61

Grafik 5.6

» **Roter Bereich:** Trotz getroffener Maßnahmen im „gelben Bereich" ist das Arbeitszeitsaldo so sehr angestiegen, dass ein Abbau der Plus- bzw. Minusstunden im vereinbarten Ausgleichszeitraum fast unmöglich erscheint. Es besteht Handlungszwang: Entweder kann die Arbeitszeit im nächsten Planungszeitraum (Monat) unmittelbar gekürzt werden (Freizeitausgleich) oder es wird eine Anzahl an Stunden ausgezahlt. Auch die Erhöhung der Stundenzahl bei einem Teilzeitbeschäftigten bzw. die Reduktion der Stundenzahl bei einem Teilzeitbeschäftigten oder gar die Änderungskündigung bei einem Vollzeitbeschäftigten könnten in Betracht kommen.

Hinweise zur Praxis der Arbeitszeitkonten

Mehr- oder Minusstunden sollten zunächst in Freizeit abgegolten bzw. nachgearbeitet werden. Es sollte beobachtet werden, wie sich dauerhaft die Arbeitssituation darstellen wird, um frühzeitig entsprechende Schritte einleiten zu können.

Der Ausgleichszeitraum sollte nicht zu knapp gewählt werden, denn je kürzer der Ausgleichszeitraum gewählt wird, desto kleiner sind die Gestaltungsmöglichkeiten und umso höher ist der Aufwand. Ein Quartal dürfte hier die Untergrenze darstellen. Andererseits sollte spätestens am Jahresende ein Ausgleich stattfinden.

In Abhängigkeit vom gewählten Ausgleichszeitraum sollten die Mehrstunden – zumindest teilweise – ausgezahlt werden. Ansonsten wird die Einsetzbarkeit der Mitarbeiter durch zu hohe Freizeitansprüche behindert. Je weiter die Mehrstunden verschoben werden, desto schwieriger ist es, diese durch Freizeit abzugelten. Spätestens jedoch am Ende des Jahres sollten alle Mehrstunden ausgezahlt und nicht, wie vielleicht noch bei bestehenden Urlaubsansprüchen üblich, ins nächste Jahr übertragen werden, selbst wenn Mitarbeiter die Auszahlung nicht so gerne sehen. Etwas anderes gilt nur für sogenannte Langzeitarbeitszeitkonten, die zum Beispiel für Altersteilzeitmodelle oder ein „Sabbatjahr" genutzt werden.

Wenn man mit Arbeitszeitkonten arbeitet, sollten diese auch im Arbeitsvertrag erwähnt werden. Dazu gehören auch Regelungen, wie mit dem Arbeitszeitguthaben (bei positivem oder auch bei negativem Saldo) bei Beendigung des Arbeitsverhältnisses umgegangen wird.

Im Rahmen von tarifvertraglichen Regelungen sollte auch darüber nachgedacht werden, wie weit für den Fall einer Insolvenz die Arbeitszeitkonten abgesichert werden können. Nur bei Langzeitkonten (beispielsweise für die Altersteilzeit) ist eine solche Insolvenzsicherung gesetzlich vorgesehen. In den anderen Fällen müssen die Mitarbeiter selbst darauf achten, dass der Pflegedienst Vorkehrungen getroffen hat für den Fall einer Insolvenz. Es empfiehlt sich auch hier der Abschluss einer Insolvenzversicherung, damit das in Geld umgerechnete Arbeitszeitguthaben in einem solchen Fall nicht verlorengeht.

Eine vertraglich deutlich zu niedrig vereinbarte Arbeitszeit sollte nicht dauerhaft über die Arbeitszeitkonten (also ständige Mehrstunden) gesteuert werden. Sinnvoller ist hier die Erhöhung einzelner Arbeitsverträge, denn ständige Plusstunden können auch deshalb demotivierend wirken, weil Mitarbeiter mit dem Arbeitgeber eigentlich bewusst andere Arbeitszeiten im Arbeitsvertrag vereinbart hatten.

5.6 Zusammenfassung

- Eine Flexibilisierung der Arbeitszeit kann auf verschiedenen Ebenen (Beschäftigungsverhältnisse bzw. Arbeitszeitmodelle) ansetzen.
- Die Flexibilisierung darf dabei nicht einseitig auf Kosten der Mitarbeiter gehen, denn sonst wird man dauerhaft immer weniger Mitarbeiter finden. Um gravierende Nachteile für die Arbeitnehmer zu vermeiden, unterliegen viele Regelungen der Mitbestimmungspflicht durch Betriebsrat oder Mitarbeitervertretung bzw. im Streitfalle einer gerichtlichen Angemessenheitskontrolle („AGB-Kontrolle").
- Eine Direktionsrechtserweiterung ist in den Arbeitsverträgen vorzusehen, wenn Weisungen des Arbeitgebers bez. Mehrarbeit/Überstunden möglich sein sollen.
- Beschäftigungsverhältnisse sind versicherungspflichtige, nicht selbstständige Arbeiten in einem Arbeitsverhältnis.
- Ein Mix aus Vollzeit- und Teilzeitstellen erhöht die Flexibilität im Pflegedienst.
- Die Anwendung von Teilzeitstellen, Arbeit auf Abruf (KAPOVAZ) und geringfügige Beschäftigung unterliegen dem TzBfG.
- Zeitarbeitsfirmen zur Überbrückung kurzfristiger Personalengpässe einzusetzen ist sinnvoll, ansonsten aber zu teuer.
- Arbeitszeitmodelle konkretisieren die Beschäftigungsverhältnisse in Bezug auf Lage/Verteilung (Schichtarbeit, Teildienste) und Dauer (Mehr-/Überstunden, Arbeitszeitkonten) der zu leistenden Arbeitszeit.
- Schichtarbeit ist in der Ambulanten Pflege meist die Basis aller Arbeitszeitmodelle.
- Teildienste sind belastend und meist nur als kurzfristige Flexibilisierungslösung sinnvoll.
- Kurzfristige Belastungsspitzen können durch angeordnete Mehrarbeit/Überstunden abgefangen werden, wobei deren Anordnung rechtlich nur in engen Grenzen möglich ist.

Handbuch Ambulante Einsatzplanung · Andreas Heiber und Gerd Nett
 · ISBN 978-3-86630-378-2

- Arbeitszeitkonten sind ein Instrument der Arbeitszeiterfassung. Dabei werden Abweichungen der tatsächlichen von der vertraglich vereinbarten Arbeitszeit festgehalten.
- Arbeitszeitguthaben können als Mehr-/Plus- oder Minusstunden auf- oder abgebaut werden. Ein Ampelkonto ist ein Steuerungsinstrument für Arbeitszeitkonten und sorgt dafür, dass entsprechend hohe Arbeitszeitguthaben frühzeitig zu Konsequenzen führen.
- Wichtig ist, dass eine Unterbesetzung erkannt und entsprechend reagiert wird durch die Aufstockung der Arbeitsverträge und/oder die Neueinstellung von zusätzlichen Mitarbeitern.
- Arbeitszeitkonten ermöglichen einen sehr hohen Flexibilitätsgrad in der Arbeitszeitgestaltung.

6 Die Erstellung des Dienstplanes

6.1 Ziele

Um eine Tourenplanung zu erstellen, benötigt man die notwendigen Personalkapazitäten, die im Dienstplan organisiert sind. Basis für den Dienstplan ist wiederum der benötigte Personalbedarf, der sich aus dem Grundtourenplan (siehe Kap. 10.1) ergibt. Denn mit der Dienstplanung wird die Mitarbeiterkapazität geplant, die für die Tourenplanung und damit für die Leistungserbringung zur Verfügung steht. Was sich einfach anhört, ist deshalb in der Praxis schwierig, weil hier unterschiedliche Wünsche und Erwartungshaltungen in Einklang gebracht werden müssen: Die Kunden wünschen eine sehr flexible Versorgung, die sich nach ihren persönlichen zeitlichen Lebensgewohnheiten richtet. Die Mitarbeiter wünschen sich vor allem eine konstante Zeitplanung mit langen Arbeitszeiten pro Tag, am besten im bekannten Rhythmus der Stationären Pflege.

Stellen wir uns einmal einen Pflegedienst vor, der keine Dienstplanung vornehmen würde, sondern den Mitarbeitern die freie Wahl ihrer Arbeitszeiten überlässt. Die Mitarbeiter würden vermutlich nur in den für sie günstigen Zeiten arbeiten wollen. Da die meisten Pflegekräfte weder gern an Wochenenden noch nachts arbeiten, gäbe es vermutlich zu diesen Zeiten fast niemanden für die Kundenversorgung. Auch während der klassischen Urlaubszeiten und an Feiertagen ständen kaum Mitarbeiter zur Verfügung, aber umso mehr an Werktagen in der Vormittagszeit. Aber auch das wäre nicht sicher und ohne eine verbindliche Planung hätte niemand die Übersicht, ein heilloses Durcheinander wäre die Folge, die Versorgung der Kunden kann so nicht sichergestellt werden.

Aber auch aus formalen Gründen benötigen Pflegedienste eine Dienstplanung und konkrete Dienstpläne:

- Sie müssen gegenüber den Kostenträgern nachweisen (können), dass sie ihren vereinbarten Versorgungsauftrag erfüllen können und die damit evtl. verbundenen Personalressourcen vorhalten; wenn sie dies nicht können, gefährden sie somit ihre Zulassung als Pflegedienst.
- Sie müssen nachweisen können, dass sie bei der Planung der Arbeitszeit arbeitsrechtliche Vorschriften beispielsweise durch das Arbeitszeitgesetz oder das Bundesurlaubsgesetz einhalten.
- In vielen Tarifverträgen ist bei der Erstellung der Dienstpläne die Mitwirkung der Mitarbeitervertretungen (bzw. Betriebsräte) vorgesehen.

Handbuch Ambulante Einsatzplanung · Andreas Heiber und Gerd Nett
 · ISBN 978-3-86630-378-2

Das Hauptziel der Dienstplanung ist die Sicherstellung der Kundenversorgung. Der Dienstplan ermöglicht dies durch die schriftliche Auflistung der dem Arbeitgeber zur Verfügung stehenden Arbeitszeit der Mitarbeiter aus deren Arbeitsvertrag und erleichtert damit die Visualisierung.

Darüber hinaus verfolgt die Dienstplanung weitere Ziele, die in folgender Grafik zusammengestellt sind und in den folgenden Unterkapiteln erläutert werden:

Aufgaben und Ziele der Dienstplanung

Kundenorientierung

Sicherstellung der Kundenversorgung
- genügend qualifiziertes Personal für die Leistungserbringung
- genügend Personal für administrative Aufgaben (Verwaltung, Qualitätsmanagement)
- genügend Personal für Rufbereitschaft und Hintergrunddienst
- Mindestpersonalmengen laut der Rahmenverträge

Höchstmögliche Flexibilität bezüglich der Kundenwünsche
- Versorgungswunschzeiten

Mitarbeiterorientierung

Planungssicherheit für den Mitarbeiter

Mitarbeiterbelastung
- gleichmäßige Mitarbeiterbelastung
- keine Ungleichbehandlung

Einplanung aller Mitarbeiter zu Dienstbesprechungen und Fortbildungen

Flexibilität bezüglich Mitarbeiterwünschen

ausreichend Urlaubs- und Freizeitausgleich

Effektiver Personaleinsatz/Controlling

Effektiver Personaleinsatz
- Registrierung langfristiger Unter- oder Überbesetzung
- Vermeidung von Zuschlägen
- gleichmäßige Mitarbeiterauslastung

Controlling
- Arbeitszeitkonten
- Ampelkonten

Planungssicherheit für den Dienst

»Rechtliche« Vorgaben

zum Mitarbeitereinsatz sicherstellen
- Arbeitszeitgesetz
- Teilzeit- und Befristungsgesetz
- Mutterschutzgesetz
- Tarifverträge
- Betriebsvereinbarungen
- Arbeitsverträge

zur Dokumentation
- Rahmenverträge nach SGB V/XI
- z. B. »TÜV-Siegel«
- »Qualitätsprüfungen«

Grafik 6.1

6.1.1 Rechtliche Vorgaben

Die Dienstplanung ermöglicht die Kontrolle und/bzw. Einhaltung der verschiedenen gesetzlichen Regelungen und darüber hinausgehender tarif- und arbeitsvertragsrechtlicher Vereinbarungen.

So sieht das ArbZG zwar nicht zwingend Dienstpläne vor, aber da nach §16 Absatz 2 ArbZG die „über die werktägliche Arbeitszeit hinausgehende Arbeitszeit der Arbeitnehmer aufzuzeichnen und mindestens zwei Jahre aufzubewahren ist", benötigt man eine Arbeitszeitenübersicht/-aufzeichnung. Nicht zu vergessen, dass die Ist-Dienstpläne auch Grundlagen der Personalabrechnungen sind.

Auch andere Gesetze, wie z. B. das MuSchG, das JArbSchG, das TzBfG, das BetrVG (siehe Kap. 3) usw., beinhalten verschiedenste Anforderungen, die sinnvoll nur mit der Führung von Dienstplänen zu erreichen sind.

Gleiches gilt für die Regelungen aus dem Bereich des Tarif- und Arbeitsvertragsrechts. Hier gibt es meist Ausführungen zur Aufstellung von Dienstplänen und zur Mitbestimmung des Betriebsrates oder der Mitarbeitervertretung bei deren Verabschiedung, zumindest bei Rahmendienstplänen. Oft sind auch Fristen für die Erstellung von Rahmendienstplänen vereinbart, Schichtzeiten festgelegt sowie Regelungen der Zuständigkeiten der Planung und Genehmigung verankert, die es zu beachten gilt. Gegebenenfalls sind Vereinbarungen zur Führung von Dienstplänen/Arbeitszeitübersichten und „Stellenplänen" in den jeweiligen (Landes-)Rahmenverträgen nach §75 SGB XI bzw. in den Versorgungsverträgen nach §§132, 132 a SGB V zu beachten.

Verschiedene externe Qualitätsnormen wie z. B. das sogenannte „DIN/ISO-Siegel" oder das „Diakonie: Siegel Pflege" gehen von dem Vorhandensein von Dienstplänen aus und definieren darüber hinaus weitere Anforderungskriterien.

6.1.2 Kundenorientierung und Mitarbeiterressourcen

An erster Stelle steht die Sicherstellung der Versorgung, dass also genügend Mitarbeiter zur Abarbeitung der Soll-Leistungspläne zur Verfügung stehen. Erst wenn ein Pflegedienst, unter Beachtung wirtschaftlicher Grundsätze, nicht das erforderliche Pflegepersonal (über eine Mindestbesetzung hinaus) zu einem bestimmten Zeitpunkt oder für einen bestimmten Zeitraum sicherstellen kann, kann einem möglichen Kundenwunsch auf regelmäßige Versorgung oder auf spezielle Zeitwünsche nicht (mehr) entsprochen werden. Entweder wird ein anderer Zeitraum gefunden und mit dem Kunden vereinbart oder der Auftrag kann nicht angenommen werden, alles andere würde den Versorgungsvertrag, also die Versorgung des Kunden, gefährden.

Neben der direkten Leistungserbringung beim Kunden werden auch Arbeitszeiten/Mitarbeiter für die Organisationsleistungen benötigt, die im Regelfall nicht über Tourenpläne geplant werden, z. B. allgemeine Verwaltungstätigkeiten und oder Qualitätssicherungsaufgaben. Auch wenn es hier bei einer fehlenden Dienstplanung nicht zu einer unmittelbaren Gefährdung der Versorgung kommen würde, ist die

Erfassung und Planung dieser Mitarbeiter im Dienstplan jedoch ebenso vorteilhaft. Wenn z. B. nicht genügend Mitarbeiterressourcen während der „Abrechnungsperiode“ vorhanden sind (durch Urlaub) und die Rechnungen deshalb erst verspätet versendet werden können, hat dies auch direkte Auswirkungen auf die Liquidität und damit auf die wirtschaftliche Situation des Pflegedienstes.

Ebenso sind für die Rufbereitschaft Mitarbeiter zusätzlich einzuplanen, wenn sich diese Zuordnung nicht schon anderweitig aus der Tourenplanung ergibt.

Ein Aspekt, der immer wieder vergessen wird, ist die „(Ein-)Planung“ von „Notfällen“, sei es kunden- oder mitarbeiterseitig. Von Natur aus lassen sich diese nicht planen, sonst wären es keine Notfälle. Formal (im arbeitsrechtlichen Sinne) ist dies so nicht ganz sachgerecht, denn die Pflege und Betreuung von Kranken, evtl. auch von Schwerstkranken, wie z. B. Beatmungspatienten oder Sterbenden, ist Betriebszweck eines Pflegedienstes. Hier sind echte Notfälle dementsprechend häufiger zu erwarten, dazu können beispielsweise auch kurzfristige Patiententenentlassungen aus Krankenhäusern oder andere kurzfristige Kundenzugänge genauso gehören wie längere Arbeitszeiten in einer Tour.

Ebenso ist, statistisch gesehen, die Krankheitsrate der Mitarbeiter in der Pflege höher als der Bundesdurchschnitt aller Beschäftigten. Da beides bekannt ist und „regelmäßig auftritt“, muss der Pflegedienst insoweit entsprechende Vorkehrungen in der Arbeits- und Arbeitszeitorganisation treffen. Er kann sich nicht „dauernd“ auf „arbeitsrechtliche Notfälle“ berufen, um z. B. die Mehrarbeit der anderen Mitarbeiter per Überstundenanordnung (siehe Kap. 5.4.3) zu begründen. Möglichkeiten zur Lösung bietet hier u. a. der Einsatz von Springern oder KAPOVAZ mit einer kurzen Vorankündigungsfrist bzw. der Einsatz von Zeitarbeitnehmern.

Weiterhin sind eventuelle Regelungen zu einer Mindestpersonalmenge in den jeweiligen (Landes-)Rahmenverträgen nach § 75 SGB XI bzw. in den Versorgungsverträgen nach §§ 132, 132 a SGB V bei der Dienstplanung zu beachten.

6.1.3 Mitarbeiterinteressen

Zur Erhaltung eines guten Betriebsklimas, und damit auch aus wirtschaftlichen Gründen, sind die Mitarbeiterinteressen soweit wie möglich zu berücksichtigen. Durch eine ausreichende Berücksichtigung von Wünschen für Dienste und Urlaub kann der Pflegedienst gewährleisten, dass der einzelne Mitarbeiter einerseits nicht überfordert wird, aber auch seine Wünsche wahrgenommen werden. Weiterhin sind neben der Berücksichtigung evtl. tarifvertraglicher Regelungen, wie z. B. Schichtarbeit, 5-, 5,5- oder 6-Tage Woche, auch die individuellen arbeitsvertraglichen Regelungen wie Teilzeitarbeit, definierte Arbeitszeitkorridore (z. B. wegen der Kinder erst Arbeitsbeginn ab 8.00 Uhr möglich) und die jeweiligen Arbeitszeitsalden bei der Dienstplanung zu beachten.

Die Berücksichtigung/Steuerung der Arbeitszeitkonten sollte nach transparenten und klaren Kriterien erfolgen. Das bedeutet beispielsweise nicht unbedingt, dass Mitarbeiter mit Minusstunden vermehrt an den Wochenenden arbeiten müssen oder Mitarbeiter mit einem positiven Saldo sich die Tage des Freizeitausgleichs aussuchen können. Hier sollte, wie bei der Urlaubsplanung auch, eine Ungleichbehandlung der Mitarbeiter vermieden werden, z. B. durch eine entsprechende Rahmenvereinbarung, in der die Anzahl der pro Mitarbeiter zu leistenden Wochenend-, Nacht-, Bereitschafts- oder auch Teildienste verbindlich festgelegt ist.

Die durch eine Dienstplanung erzielbare Planungssicherheit ist für die Mitarbeiter ein wichtiges Gut, sie sollten ebenfalls hierauf vertrauen und ihren Alltag danach ausrichten können. Dies ist für die persönliche Freizeitgestaltung ebenso wichtig wie für die Tatsache, dass die Anzahl der Mehrfachbeschäftigungen (z. B. Krankenhaus und Pflegedienst) zunimmt und so weitere arbeitszeitliche Verpflichtungen bestehen können (siehe Kap. 4.3.3) Auch dies ist angemessen zu berücksichtigen, soweit solche Verpflichtungen bekannt sind und sich berücksichtigen lassen.

6.1.4 Effektiver Personaleinsatz/Controlling

Wie schon beschrieben ist heute eine Organisation ohne Arbeitszeitkonten in der Ambulanten Pflege kaum noch vorstellbar. Um die Mehr- bzw. Minusstunden steuern zu können, ist es hilfreich, die Arbeitszeitsalden der Übersichtlichkeit halber auch in den Dienstplan mit aufzunehmen. Dann können die jeweiligen Stände und die daraus resultierenden Folgen für die aktuelle und zukünftige Dienstplanung (siehe Ampelkonten, Kap. 3.5.2) berücksichtigt werden.

Für Mehrarbeit/Überstunden fallen einerseits meist (tarif- bzw. arbeitsvertragsabhängig) Zuschläge an und andererseits muss der Pflegedienst einem Mitarbeiter auch genügend Arbeit anbieten. Um diese wirtschaftlichen Risiken des Pflegedienstes zu minimieren, ist es wichtig, eine gleichmäßige Auslastung der Mitarbeiter sicherzustellen, ohne dass vermehrt Mehr- oder Minderstunden anfallen. Eine Planung der Mitarbeiterauslastung ist hierzu erforderlich und kann durch den Dienstplan erfolgen.

Die Dienstplanung schafft eine Planungssicherheit für die konkrete Leistungserbringung, da planerisch schon mittelfristig (2 bis 6 Wochen) festlegt wird, dass ausreichend Mitarbeiter für die Durchführung der Kundenaufträge zur Verfügung stehen.

6.2 Formale Inhalte und Strukturen

6.2.1 Formalkriterien

Dienstpläne sind Dokumente, die bei verschiedenen Rechts- und Haftungsfragen eine wichtige Bedeutung haben, beispielsweise wenn geprüft wird, ob die Regelungen des Arbeitszeitgesetzes in der Planung eingehalten wurden. Deshalb muss der Dienstplan

Handbuch Ambulante Einsatzplanung · Andreas Heiber und Gerd Nett

nicht nur dokumentenecht erstellt, sondern auch mindestens 2 Jahre aufbewahrt werden. (Das ergibt sich aus §16 Abs. 2 Arbeitszeitgesetz.) Die Dienstpläne müssen so erstellt werden, dass alle Änderungen nachvollziehbar sind und der fertig geplante Dienstplan (Soll-Dienstplan) muss unveränderbar (dokumentenecht) dokumentiert sein. Das bedeutet praktisch:

- Bei handschriftlichen Dienstplänen kein Bleistift!
- Änderungen müssen lesbar bleiben: keine Korrekturflüssigkeit, keine Überklebungen und Retuschierungen etc., kein Radieren, Überschreibungen müssen im Bedarfsfall lesbar bleiben.
- Bei Einsatz von EDV-Programmen zur Dienstplanung dürfte durch das Programm sichergestellt sein, dass sich Änderungen nachverfolgen lassen. Ist dem nicht so, bleibt nur der vorherige Papierausdruck und dessen Archivierung. Aber auch aus Sicherheitsgründen (Datenverlust, EDV-Wechsel etc.) sollten die jeweiligen Änderungs- und Endstände ausgedruckt und archiviert werden. Allerdings muss man davon ausgehen können, dass Anbieter von Dienstplansoftware solche Vorschriften kennen und sie programmtechnisch berücksichtigt haben. Bei Nutzung von Planungen über Tabellenkalkulationsprogramme muss dieser Soll-Dienstplan ausgedruckt werden, sonst sind Änderungen nicht nachvollziehbar.

Durch Betriebsvereinbarungen (z. B. Pflicht zur Erstellung von mittelfristigen Rahmendienstplänen), Qualitätsrichtlinien, Siegel (DIN-ISO etc.) und nicht zuletzt durch die Rahmenverträge mit den Sozialleistungsträgern können weitere Kriterien definiert sein. Für die Pflege- und damit auch Krankenkassen überprüft der MDK deren Einhaltung im Rahmen von Qualitätsprüfungen nach §114 ff. SGB XI. Prüfungsgrundlagen sind dabei die gesetzlichen Rahmenbedingungen und die Verträge.

Die zur Anwendung kommenden Erhebungsbögen und die „MDK-Prüfanleitung“ sehen als Minimalvoraussetzung für „geeignete Dienstpläne“, neben der Dokumentenechtheit, folgende Angaben an:

- Soll-, Ist- und Ausfallzeiten (gemeint sind Zeiten für Urlaub, Krankheit etc.),
- Zeitpunkt der Gültigkeit,
- vollständige Namen (Vor- und Zunamen),
- Qualifikation des Mitarbeiters,
- Umfang des Beschäftigungsverhältnisses (Wochen- und/oder Monatsarbeitszeit),
- Legende für Dienst- und Arbeitszeiten bzw. Schichtkennzeichen,
- Datum,
- Unterschrift der verantwortlichen Person.

Die vom MDK empfohlene gesonderte Ausweisung der Ausfallzeiten (s. o.) halten wir im Dienstplan für entbehrlich, da sie nur eine Teilsumme der Ist-Zeit darstellt. Wir empfehlen, darüber hinaus die folgenden Informationen in den Dienstplänen aufzunehmen:

» Gültigkeitszeitraum,
» Anzahl der vertraglich vereinbarten Arbeitstage pro Woche (falls es je nach Mitarbeitergruppe abweichende Regelungen gibt),
» Salden der (Rest-)Urlaubsansprüche des vorherigen Dienstplanzeitraumes (i. d. R. des Vormonats) sowie verbleibender Rest-Urlaubsanspruch (Urlaubsübertrag) für den nächsten Dienstplanzeitraum.

Bei Anwendung von Arbeitszeitkonten (was der Regelfall sein dürfte) zusätzlich:

» Salden der Arbeitszeitkonten des vorherigen Dienstplanzeitraumes sowie Salden der Arbeitszeitkonten für den nächsten Dienstplanzeitraum (Stundenübertrag),
» Soll-Zeit-Differenz (siehe Kap. 6.3.1),
» Ist-Zeit-Differenz (siehe Kap. 6.3.1),
» Planungsdifferenz (siehe Kap. 6.3.1).

Im Dienstplan sollten **alle** Mitarbeiter des Pflegedienstes verplant werden, einschließlich Verwaltung und Pflegedienstleitung, denn der Dienstplan stellt dann auch die Grundlage für die Personalabrechnung dar.

6.2.2 Planungsebenen/Zeitlicher Ablauf

Aus praktischen Gründen (mittelfristige Planung), aber auch aus formalen Gründen (Vereinbarungen mit Mitarbeitervertretung oder Betriebsrat über Vorlage von Dienstplänen) sollte der erste Dienstplan für den Planungsmonat schon relativ lange vorher fertig sein, in der Regel 3 bis 6 Wochen vorher. Danach können sich in der Planung weitere Änderungen ergeben, beispielsweise durch Personalausfälle (Krankheit etc.) oder Neukundenaufnahmen, die noch vor dem konkreten Arbeitstag (oder Arbeitswoche) stattfinden. Oftmals wird dann die erste Planung überschrieben oder anderweitig korrigiert. Wird dies nicht auf mehreren Ebenen dokumentiert, sondern wird die erste Planung zunächst noch weiter „überschrieben", ist später die erste Planung nicht mehr sichtbar, kann damit auch nicht mehr genutzt werden. Hilfreicher ist es, wenn man praktisch zwei Planungsebenen und eine Ist-Ebene nutzt. Unser Planungsbeispiel umfasst diese drei verschiedenen Ebenen (siehe Grafik 6.2 auf Seite 128).

Soll-1-Dienstplan:
Erster Dienstplan, je nach Organisation 3 bis 6 Wochen vor dem Planungsmonat, für den nächsten Planungszeitraum; notwendig für die mittelfristige Personaleinsatzplanung; Grundlage für Gremien etc.; wird nach Erstellung nicht mehr verändert; ist u. a. Basis für Berechnungen der Lohnfortzahlungsansprüche bei Krankheit etc., basiert auf dem Grundtourenplan bzw. evtl. schon konkretisiert auf der groben Soll-Tourenplanung, soweit diese schon bekannt ist.

Soll-2-Dienstplan:
Dokumentiert die Änderungen des Soll-1-Dienstplans, kann im Prinzip bis zur Leistungserbringung verändert werden, soweit sich planerische (und nicht kurzfristige) Änderungen ergeben.

Ist-Dienstplan:
Soll-Ist-Korrektur des Soll-2-Dienstplans aufgrund des tatsächlichen Ist-Tourenplans: dokumentiert die tatsächlich erfolgten Einsatzarten und konkreten Arbeitszeiten der Mitarbeiter; dient als Grundlage für die Personalabrechnung.

Soll- und Ist-Dienstpläne stellen dabei inhaltlich die gleichen Sachverhalte dar, nämlich die dem Arbeitgeber zur Verfügung stehende Arbeitszeit der Mitarbeiter sowie die Art der Verwendung (Einsatzart). Da sie das Gleiche, nur zu verschiedenen Zeitpunkten, abbilden, werden sie üblicherweise auch gemeinsam in einem Soll-Ist-Dienstplan dargestellt.

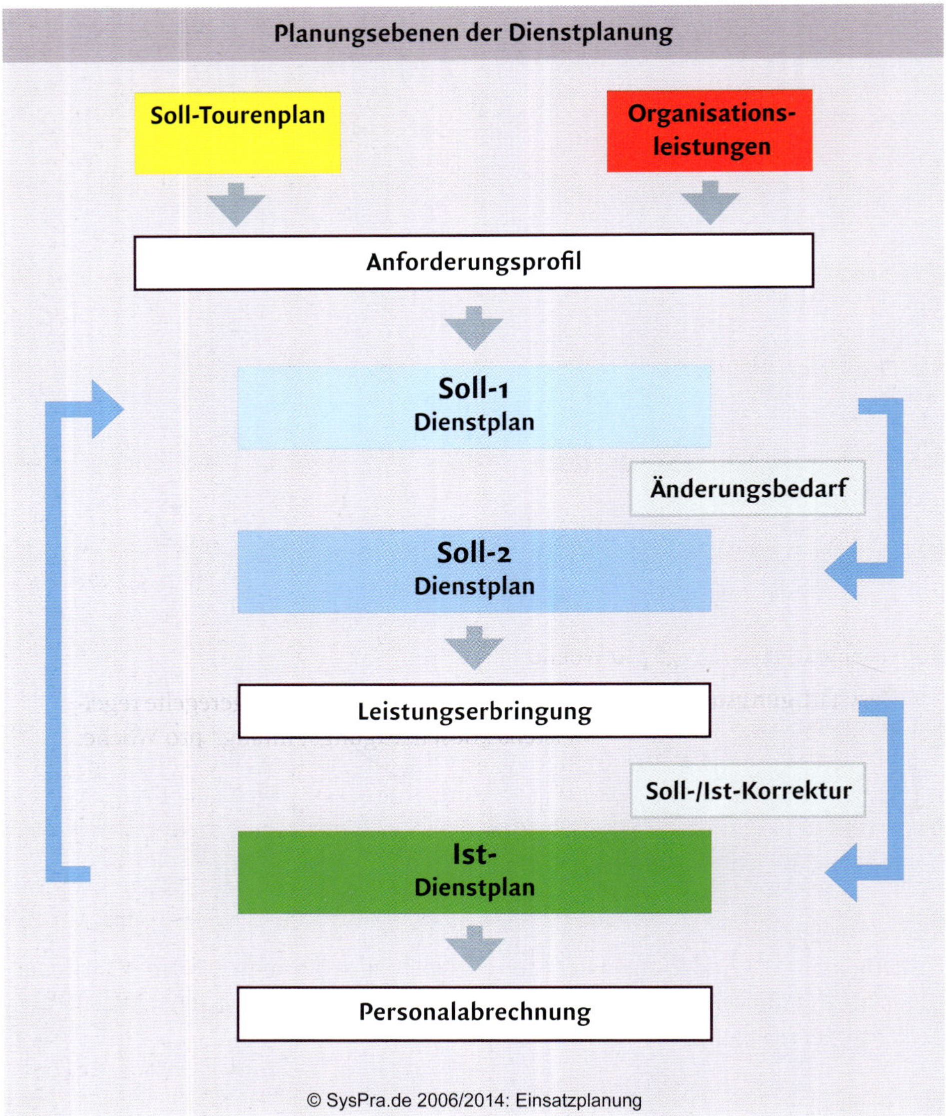

Grafik 6.2

6.3 Beispiel Dienstplanung mit Auswertung

Wir möchten ein Beispiel für einen Dienstplan darstellen und daran verschiedene Aspekte aufzeigen. Unser Beispiel, siehe Grafik 6.3, stellt ein Dienstplanformular dar, dass zusätzlich noch die Auswertung der Planung vornimmt, also auch Informationen enthält, wie groß jeweils die Differenzen zwischen der Planung und der

Handbuch Ambulante Einsatzplanung · Andreas Heiber und Gerd Nett
© Vincentz Network GmbH & Co. KG, Hannover 2014 · ISBN 978-3-86630-378-2

tatsächlichen Leistungserbringung waren (Soll-Zeitdifferenz (Soll-1 zu Soll-2), Ist-Zeit-Differenz sowie die Planungsdifferenz).

In der Praxis werden Pflegedienste zunehmend Softwarelösungen einsetzen, bei der die Dienst- und Einsatzplanung verknüpft und so die Daten jeweils aktuell sind. Das Beispiel hier soll zeigen, welche Punkte in einem Dienstplan sinnvoll und wichtig sind und wie man die Qualität der Dienstplanung damit aus- und bewerten kann.

Unser Dienstplanbeispiel sieht folgendermaßen aus (Grafik 6.3, Seite 130–131).

6.3.1 Begriffsdefinitionen des Dienstplanbeispiels

Rahmendaten

» **Name** = Nachname und Vorname, evtl. Namenskürzel und Handzeichen

» **Qualifikation** = Bezeichnung im Sinne der rahmenvertraglichen Regelungen, wie z. B. PDL, Pflegefachkraft, Pflegekraft, Hauswirtschaftskraft, Schüler, Praktikant, Bundesfreiwilligendienst, Freiwilliges Soziales Jahr etc.

» **Tage/Woche** = tarif- und/oder arbeitsvertraglich geregelte Anzahl der (regelmäßigen) Arbeitstage pro Woche

» **Beschäftigungsumfang** = tarif- und/oder arbeitsvertraglich geregelte regelmäßige Arbeitszeit, sprich meistens „Beschäftigungsumfang" pro Woche. Um den Beschäftigungsumfang des Monats zu errechnen, muss man die Wochenarbeitszeit durch die Anzahl der vertraglich geregelten Arbeitstage pro Woche dividieren und mit der Anzahl der zu arbeitenden Werktage des jeweiligen Monats multiplizieren.

» **Saldo aus Vormonat** = Stunden-Übertrag des Arbeitszeitkontos am Ende des vorherigen Dienstplanzeitraumes

» **Rest-Urlaub** = Saldo des Rest-Urlaubsanspruches am Ende des vorherigen Dienstplanzeitraume

Monatsraster

» **Ebene** = Kennzeichnung der verschiedenen Zeilen in den Bereichen Monatsraster, Soll-Zeit, Soll-Zeit-Differenz, Ist-Zeit, Ist-Zeit-Differenz, Saldo für den Folgemonat. Jede Zeile stellt dabei einen Dienstplanzustand zu einem bestimmten Zeitpunkt (siehe Grafik Dienstplanebenen) dar:

  » **Soll-1** = Angabe der geplanten Einsatzart bei erstmaliger Veröffentlichung des Dienstplanes

  » **Soll-2** = Angabe der planerisch geänderten Einsatzart vor Leistungserbringung, falls eine Änderung notwendig war.

» **Ist** = Angabe der tatsächlichen Einsatzart, wenn diese von der planerisch geänderten Einsatzart bzw. der (zuerst) geplanten Einsatzart abweicht.

» **Ist-Stunden** = tatsächlich erbrachte Arbeitszeit. Dies sind Leistungsstunden (Pflege, Verwaltung, etwaige Arbeitsleistung innerhalb der Rufbereitschaft etc.) oder Ausfallstunden (Urlaub, Krankheit etc.).

Soll-/Ist-Dienstplan — **Auszug aus einem Beispieldienstplan**

Name Qualifikation/Tage	Beschäftigungsumfang pro Woche	Beschäftigungsumfang pro Monat	Saldo aus Vormonat	Rest-urlaub
Schneider, Sascha Pflegefachkraft **PDL** 5-Tage-Woche	38,50	169, 40	15,00	5
Brenner, Sabine Pflegefachkraft 6-Tage-Woche	38,50	166,83	-11,05	5
Jacklen, Annegret Pflegefachkraft 6-Tage-Woche	25,00	108,33	17,92	0
Toft, Maria Pflegefachkraft, 1-jährig 6-Tage-Woche	19,25	83,42	-3,57	1
Ville, Frank Hauswirtschaftskraft 6-Tage-Woche	15,00	65,00	6,40	4

Ebene	Mo 1.	Di 2.	Mi 3.	Do 4.	Fr 5.	Sa 6.	So 7.	Mo 8.	Di 9.	Mi 10.	Do 11.	Fr 12.	Sa 13.	So 14.	Mo 15.
Schneider, Sascha															
Soll-1	S1	S1	S1	S1	S1	---	---	S1	S1	S1	S1	S1	---	---	S1-R
Soll-2							S2-R								
Ist						S2-R									
Ist-Stunden	7,70	7,70	7,70	7,70	7,70	6,42	6,42	7,70	7,70	7,70	7,70	7,70			7,70
Brenner, Sabine															
Soll-1	S2-R	S2-R	S2-R	S2-R	S2-R	S2-R	S2-R	S2	S2	S2	F	F	---	---	U
Soll-2							K	K							
Ist						K			K						
Ist-Stunden	6,42	6,42	6,42	6,42	6,42	6,42	6,42	6,42	6,42	6,42					6,42
Jacklen, Annegret															
Soll-1	F	F	F	S3	S3	---	---	S3-R	S3-R	S3-R	S3-R	S3-R	S3-R	S3-R	S3
Soll-2															
Ist															
Ist-Stunden				4,17	4,17			4,17	4,17	4,17	4,17	4,17	4,17	4,17	4,17
Toft, Maria															
Soll-1	S4	S4	S4	S4	S4	S4	S4	F	F	F	S4	S4	---	---	S4
Soll-2								S2							
Ist									S2						
Ist-Stunden	3,21	3,21	3,21	3,21	3,21	3,21	3,21	6,42	6,42		3,21	3,21			3,21
Ville, Frank															
Soll-1	S5	S5	S5	F	F	---	---	S5	S5	S5	S5	S5	S5	S5	S5
Soll-2															
Ist															
Ist-Stunden	2,50	2,50	2,50					2,50	2,50	2,50	2,50	3,50	2,50	2,50	2,50

Legende Einsatzarten (Soll-1; Soll-2; Ist)

S1 = Schicht 1 = Früh = ~**7,70 Std.**
S2 = Schicht 2 = Früh = ~**6,42 Std.**
S3 = Schicht 3 = Abend = ~**4,17 Std.**
S4 = Schicht 4 = Abend kurz = ~**3,21 Std.**
S5 = Schicht 5 = Mittag = ~**2,50 Std.**
U = Urlaub
F = Freizeitausgleich
--- = Dienstfrei
K = Krankheitsausfall
R = als zusätzliches Zeichen hinter der Einsatzart bedeutet Rufbereitschaft, z.B. **S3-R**

veröffentlicht am:
aktualisiert am:
gültig für:

Unterschrift:

Grafik 6.3

Zusammenfassung/Auswertung

- » **Soll-Zeit** = Saldo der laut Soll-Dienstplan verplanten Arbeitszeit; zum Zeitpunkt der Erstveröffentlichung (Zeile Soll-1) und der Änderung (Zeile Soll-2).
- » **Soll-Zeit-Differenz** = Differenz in Stunden zwischen der Soll-Zeit und dem Beschäftigungsumfang des Monats; zum Zeitpunkt der Erstveröffentlichung (Zeile Soll-1) und der Änderung (Zeile Soll-2).

Di	Mi	Do	Fr	Sa	So	Mo	Di	Mi	Do	Fr	Sa	So	Mo	Di	Soll-Zeit	Soll-Zeit-Differenz	Ist-Zeit	Ist-Zeit-Differenz	Saldo für Folgemonat	Planungs-Differenz	Urlaubs-Übertrag
16.	17.	18.	19.	20.	21.	22.	23.	24.	25.	26.	27.	28.	29.	30.							
S1-R	S1-R	S1-R	S1-R	---	---	U	U	U	U	U	---	---	S1-R	S1-R	169,40	0,00			15,00	12,83	0
															175,82	6,42			21,42		
7,70	7,70	7,70	7,70			7,70	7,70	7,70	7,70	7,70			7,70	7,70			182,23	12,83	27,83	8 %	0
U	U	U	U	---	---	S2-R	S2-R	S2-R	S2-R	S2-R	S2-R	S2-R	S2	S2	154,00	-12,83			-23,88	1,58	0
															154,00	-12,83			-23,88		
6,42	6,42	6,42	6,42			6,42	6,42	6,42	6,42	8,00	6,42	6,42	6,42	6,42			155,58	-11,25	-22,30	1 %	0
S3	S3	S3	S3	S3-R	S3-R	S3	S3	S3	S3	S3	---	---	S3	S3	95,83	-12,50			5,42	0,00	0
															95,83	-12,50			5,42		
4,17	4,17	4,17	4,17	4,17	4,17	4,17	4,17	4,17	4,17	4,17			4,17	4,17			95,83	-12,50	5,42	0 %	0
S4	S4	S4	S4	S4	S4	S4	S4	S4	S4	S4	---	---	S4	S4	73,79	-9,63			-13,20	12,83	0
															80,21	-3,21			-6,78		
3,21	3,21	3,21	3,21	3,21	3,21	3,21	3,21	3,21	3,21	3,21			3,21	3,21			86,63	3,21	-0,36	17 %	1
S5	S5	S5	S5	---	---	S5	S5	S5	S5	S5	S5	S5	F	F	55,00	-10,00			-3,60	1,00	0
															55,00	-10,00			-3,60		
2,50	2,50	2,50	2,50			2,50	2,50	2,50	2,50	2,50	2,50	2,50					56,00	-9,00	-2,60	2 %	4
																			über alle Mitarbeiter	28,25 5 %	

10.10.2004
05.12.2004
November 2004

Änderungen hervorgehoben

© SysPra.de 2006/2014: Einsatzplanung Seite 1 von 6

- **Ist-Zeit** = Saldo der lt. Ist-Dienstplan tatsächlich geleisteten Arbeitszeit, inklusive der Ausfallzeiten (Urlaub, Krankheit, Mutterschutz etc.)
- **Ist-Zeit-Differenz** = Differenz in Stunden zwischen der Ist-Zeit und dem Beschäftigungsumfang des Monats
- **Saldo für Folgemonat** = Stunden-Übertrag des Arbeitszeitkontos
  - **Zeile Soll-1:** zum Zeitpunkt der Erstveröffentlichung
  - **Zeile Soll-2:** zum Zeitpunkt der Änderung des Soll-Plans
  - **Zeile Ist:** Saldo nach Ist-Korrektur des Monats
- **Planungsdifferenz** = Differenz zwischen geplanter Arbeitszeit (Soll-1) und tatsächlicher Arbeitszeit (Ist-Zeit). Aus den Differenzen aller Mitarbeiter eines Monats kann eine Gesamtkennzahl abgeleitet werden.
- **Urlaubsübertrag** = Saldo des Rest-Urlaubsanspruches am Anfang des nächsten Dienstplanzeitraumes

Erläuterung der Legende:

- **Legende Einsatzarten** = z. B. Angabe der „Schichten" mit ungefährer Zeitfestlegung (Früh/Mittag/Abend) und in Einsatzstunden (Richtzeiten), evtl. Angabe der Touren etc. Jeder Einsatzart sind dabei zunächst bestimmte „Richtzeiten" zugeordnet. Die geplanten Zeiten im Dienstplan orientieren sich dabei in der Regel an den meist bekannten durchschnittlichen Tourzeiten bzw. dem Beschäftigungsumfang pro Tag bei Einsatzarten wie Urlaub, Mutterschutz, Fortbildung etc. Eventuell sind Kennzeichnungen für weitere Einsatzarten, z. B. für Mehrarbeit, sinnvoll. Ein „R" als zusätzliches Zeichen hinter der Einsatzart bedeutet eine zusätzliche Rufbereitschaft; z. B. S3-R. Geänderte Einsatzarten sollten aber auf jeden Fall farblich gekennzeichnet werden.
- **veröffentlicht am** = Herausgabedatum des Dienstplanes
- **aktualisiert am** = Datum des letzten Änderungsstandes
- **gültig für** = Dienstplanzeitraum
- **Unterschrift** = Unterschrift des Dienstplanverantwortlichen

6.3.2 Praktische Hinweise zum Beispiel

Alle Mitarbeiter sind mit Namen, Qualifikation (evtl. auch Funktion), Beschäftigungsumfang in Stunden pro Woche bzw. für den Monat sowie der vertraglich vereinbarten Arbeitstage pro Woche aufgeführt. Der Stand des Arbeitszeitkontos sowie die noch vorhandenen Urlaubstage geben Hinweise auf die potenzielle Verplanbarkeit der einzelnen Mitarbeiter. Weiterhin sind Regelungen bei Ampelkonten, arbeitsrechtliche Regelungen bezüglich des Resturlaubs etc. zu berücksichtigen, die hier nicht dargestellt sind.

Für jeden Mitarbeiter werden auf der Monatsebene vier Zeilen benötigt:

» In die erste **Zeile Soll-1** werden pro Tag die geplanten Einsatzarten eingetragen. Dabei beschreiben die Einsatzarten die Lage (von/bis) und Menge (Anzahl der Stunden) der geplanten Arbeitszeit (analog zu Schichten).

» Nach Veröffentlichung des Dienstplans mit der Planung Soll-1 werden alle weiteren Änderungen in der zweiten **Zeile Soll-2** eingetragen. Diese Zeile stellt die **Korrekturebene** vor der Leistungserbringung dar. Gibt es hier keinen Eintrag, wurde folglich für diesen Tag die erste Planung nicht geändert und der Eintrag aus Soll-1 gilt. Durch die Einführung der Änderungszeile kann schon auf den ersten Blick erkannt werden, was und wie viel sich zur Ursprungsplanung geändert hat. So ist auf einen Blick sichtbar, was sich nach der ersten Veröffentlichung noch geändert hat, das erleichtert auch Mitarbeitern die Umplanungen zu erkennen.

» In der dritten Zeile werden die tatsächlich **geleisteten Einsatzarten** (Ist) eingetragen, aber nur, wenn es zu **Änderungen** gegenüber der planerisch geänderten Einsatzart bzw. der zuerst geplanten Einsatzart gekommen ist. Auch hier ist so die visuelle Kontrolle der Planung möglich: Stimmten die Einsatzarten überein oder haben sich diese noch kurzfristig vor bzw. bei der Leistungserbringung geändert?

» In der vierten Zeile werden die tatsächlich **geleisteten Arbeitszeiten** (Ist-Stunden) inklusive der Ausfallzeiten (Urlaub, Krankheit, Mutterschutz etc.) erfasst. Dies ist dann notwendig, wenn die tatsächliche Arbeitszeit einer Einsatzart nicht mit der geplanten Richtzeit für diese Einsatzart übereinstimmt, beispielsweise weil aufgrund eines „Notfalls" Mehrarbeit geleistet wurde oder weil die Einsatzarten nur ungenau die tatsächlichen Arbeitszeiten beschreiben.

Planungs- und Auswertungsebene (rechts auf dem Dienstplan)
Die nach der Monatsübersicht dargestellten Summenspalten erlauben die Auswertung des Dienstplanes, können aber auch eine konkrete Planungshilfe sein, vorausgesetzt das Beispielformular kann auf der Basis einer Tabellenkalkulation oder einer EDV-Lösung aktiv rechnen. (Die händische Berechnung wäre zu aufwendig.) Werden die Ist-Zeiten tagesaktuell bzw. sehr zeitnah in das System eingepflegt und die Einträge in den Monatsspalten permanent saldiert, kann man die bis dahin aufgelaufenen Arbeitszeiten sehen. Diese Informationen können dann bei einer (erneuten) Dienstplanänderung genutzt werden, da man direkt sehen kann, ob ein Mitarbeiter evtl. einen weiteren Tag arbeiten soll oder nicht.

Die Spalten **„Soll-Zeit“** bzw. **„Soll-Zeit-Differenz“** zeigen Planungsdifferenzen zwischen der vertraglich vereinbarten Beschäftigungszeit und der verplanten Arbeitszeit. Normalerweise sollte die Soll-Zeit-Differenz sehr niedrig sein, um keine Mehr- oder Minderstunden in diesem Planungszeitraum zu verursachen und den Mitarbeiter optimal auszulasten. Diese Werte stehen schon bei der Planung zur Verfügung.

Die Spalten **„Ist-Zeit“** und **„Ist-Zeit-Differenz“** zeigen die tatsächliche Arbeitszeit und deren Differenz im Verhältnis zum vertraglich vereinbarten Beschäftigungsumfang, sind also erst nach der Leistungserbringung verfügbar. Je aktueller sie eingepflegt werden können, desto schneller kann im Einzelfall reagiert werden, beispielsweise wenn eine enorm gestiegene Ist-Zeit-Differenz eine ungeplante Mehrbelastung eines Mitarbeiters anzeigt.

Die Spalte **„Saldo für den Folgemonat“** zeigt die planerischen bzw. tatsächlichen Auswirkungen auf das Arbeitszeitkonto: Während die Werte in den Zeilen Soll-1 und Soll-2 jeweils die planerischen Werte darstellen (Arbeitszeit aus den Einsatzarten zzgl. Stand des Arbeitszeitkontos am Monatsanfang), stellt der Wert in der Ist-Zeile den abschließenden Wert bzw. im laufenden Monat den sich saldierenden Wert der tatsächlichen Arbeitszeiten dar.

Die **„Planungs-Differenz“** kann als qualitative Kennzahl für die Verlässlichkeit der Dienstplanung genutzt werden, wobei hier die Differenz zwischen Soll-1 und Ist (Erste Planung im Verhältnis zur Leistungserbringung) ausgewiesen wird. Eine Kennzahl für das Verhältnis von Soll-2 zu Ist auszuweisen ergibt keinen Sinn, weil diese am Ende des Planungszeitraumes notwendigerweise bei oder nahe null sein muss (ansonsten wäre kein Mitarbeiter verfügbar gewesen). Zur besseren Beurteilung sollte die Kennzahl über alle geplanten Mitarbeiter ermittelt werden. Je niedriger diese Kennzahl ist, desto verlässlicher ist die Dienstplanung gewesen. Da jede Änderung Zeitaufwand verursacht (bei PDL und Mitarbeitern wegen erneuter Absprachen, Rücksprachen etc.) und unter Umständen Mitarbeiter verunsichert bzw. verärgert („Wann soll ich denn arbeiten? Ich hatte den Tag schon verplant.“), sollte eine hohe Verlässlichkeit angestrebt werden.

Diese ist aber auch nur zu erreichen, wenn die Dienstplanung von allen ernst genommen wird. Dies gilt auch und gerade für die Mitarbeiter, die erst nach dem Aushang des Dienstplans entdecken, wann sie frei haben wollten oder mit wem sie lieber tauschen wollen.

6.4 Kriterien der Dienstplanung

Um einen Dienstplan aufzustellen oder zu aktualisieren, sind bei der Planung folgende Punkte zu beachten:

Handbuch Ambulante Einsatzplanung · Andreas Heiber und Gerd Nett
© Vincentz Network GmbH & Co. KG, Hannover 2014 · ISBN 978-3-86630-378-2

Formale Kriterien

- **Tägliche Arbeitszeit:** 8 Stunden
  - auch 10 Stunden möglich, bei tarifvertraglichen Regelungen oder wenn im Ausgleichszeitraum von 24 Wochen die werktägliche Arbeitszeit von durchschnittlich 8 Stunden nicht überschritten wird.
- **Tägliche Ruhezeit:** 11 Stunden
  - kann auf 10 Stunden reduziert werden, wenn innerhalb des Ausgleichszeitraums von 4 Wochen an einem anderen Tag die Ruhezeit mindestens 12 Stunden beträgt.
- **Nachtarbeit** (von 23.00 Uhr bis 6.00 Uhr): bei regelmäßiger Nachtarbeit (Nachtarbeitnehmer): 8 Stunden, verlängerbar auf 10 Stunden, wenn innerhalb des Ausgleichszeitraums von 4 Wochen die werktägliche Arbeitszeit von 8 Stunden nicht überschritten wird,
  - durch Tarifvertrag kann hier eine Anpassung erfolgen.
- **Sonn- und Feiertagsarbeit:** 15 Sonntage müssen beschäftigungsfrei bleiben, der Ausgleich für Sonntagsarbeit muss durch einen Ruhetag innerhalb von 2 Wochen erfolgen; der Ausgleich für einen Feiertag, der auf einen Werktag fällt, muss innerhalb von 8 Wochen erfolgen,
  - durch Tarifvertrag kann die Anzahl der beschäftigungsfreien Sonntage auf 10 reduziert werden.

Betriebliche Kriterien

- Stand der Arbeitszeitkonten
  - Wo ist Freizeitausgleich nötig oder vereinbart?
- Urlaubsplanung
- Planung gewünschter freier Tage

Fachliche Kriterien

- Notwendige Anzahl der jeweiligen Berufsqualifikation pro Tag
  - Insbesondere Fachkraftanteil wegen Behandlungspflegen, soweit notwendig

6.5 Praktische Dienstplanung

6.5.1 Wer und was werden im Dienstplan verplant?

Ein Dienstplan sollte alle Mitarbeiter des Pflegedienstes erfassen, egal, ob sie den Bereichen Pflege und Betreuung, Verwaltung, Administration, Qualitätssicherung, Leitung (z. B. Geschäftsführung, Abteilungsleitung, Pflegedienstleitung/verantwortliche Pflegefachkraft bzw. deren Stellvertretung), „Springer" oder „Rufbereitschaft" zugeordnet sind, denn der Dienstplan ist die Grundlage der Personalabrechnung (bzw. sollte sie sein, um eine ansonsten nötige „doppelte Buchführung" zu verhindern).

Die für die Pflege- und Betreuungsleistungen benötigten Mitarbeiter ergeben sich hierbei aus dem Soll-Tourenplan bzw. zunächst aus dem Grundtourenplan. Bezogen auf den jeweiligen Planungszeitraum (Monat/Woche) definiert er die insgesamt für die Leistungserbringung erforderliche Mitarbeiteranzahl in der jeweils notwendigen Qualifikation pro Tag und Uhrzeit. Eine Sondersituation stellen hierbei Dienstbesprechungen und Fortbildungen dar, da diese, wenn überhaupt, nur zum Teil in die Touren eingeplant werden (können). Soll ein Mitarbeiter aus dem Bereich Pflege und Betreuung teilnehmen, hat aber an diesem Tag keine Tour zu fahren, ist er im Dienstplan dennoch zu berücksichtigen.

Unabhängig vom sich aus der konkreten Soll-Tourenplanung ergebenden Anforderungsprofil wird man immer von einer Mindestanzahl von Mitarbeitern einer bestimmten Qualifikationsstufe ausgehen müssen (siehe Versorgungsverträge) nach dem Motto: „Jeden Tag muss mindestens eine Pflegefachkraft arbeiten." Diese sind mindestens im Grundtourenplan festgelegt.

Die für die anderen Bereiche (z. B. Verwaltung) benötigte Mitarbeiterzahl ist nicht dem Soll-Tourenplan oder den Grundtourenplan zu entnehmen. Für diese Gruppen sollte ein eigenes Anforderungs-/Anwesenheits-Profil erstellt werden. Dieses wird sich ebenfalls am Arbeitsaufkommen und dessen Schwankungen orientieren. So ist der Aufwand für Verwaltung und Abrechnung am Monatsende bzw. zum Quartals- oder Jahreswechsel erfahrungsgemäß höher und entsprechend mehr (Personal-)Arbeitszeit wird benötigt.

Letztlich sind auch die Pflichtvoraussetzungen aus den verschiedenen Rahmen- und Versorgungsverträgen zu beachten. Häufig ist hier eine Mindestanzahl von Personal gefordert. Dies betrifft vor allem die Positionen:

- leitende Pflegefachkraft/Pflegedienstleitung und deren Vertretung,
- Anzahl und Definition von einer Mindestanzahl von Pflegefachkräften,
- notwendige Mindestanzahl an Mitarbeitern insgesamt (hier zählen in einigen Verträgen auch Pflegekräfte),
- 24 Stunden Erreichbarkeit und 24 Stunden Hintergrunddienst: Offen ist die Frage der Qualifikation, sie ist im SGB XI nicht festgelegt, in den SGB-V-Rahmenverträgen auf Landes-/und Kassenebene meist schon.

Eine Fachkraft wird auf jeden Fall dann benötigt, wenn es im Bereich der Behandlungspflege Bedarfsverordnungen oder Patienten mit potenziellem Bedarf gibt (z. B. Portversorgung, SAPV etc.).

6.5.2 Wer steht zur Verfügung?

Zunächst stellt sich folgende Frage: Welche Mitarbeiter haben Urlaub/Sonderurlaub, sind in Mutterschutz, Rehabilitation oder Kur, sind krank und stehen für den Pflegedienst somit nicht zur Verfügung? Hierzu empfiehlt sich die Führung eines langfristigen Urlaubsplanes, in dem auch die Mitarbeiterwünsche entsprechend eingeflossen sind.

Bei den verbliebenen Mitarbeitern ergeben sich evtl. Einschränkungen aus konkreten Vereinbarungen in den Arbeitsverträgen, also der Art des Beschäftigungsverhältnisses und -umfanges sowie der Verteilung der Arbeitszeit, beispielsweise „nur 4 Tage pro Woche“ bzw. noch detaillierter „nur montags bis mittwochs“ oder auch „täglich nur bis 12.00 Uhr“.

Eine ebenfalls wichtige Rolle spielt die Verteilung der Dienste an Wochenenden und Feiertagen bzw. die Gewährung von Dienstfrei oder Freizeitausgleich. Eine – vielleicht auch mehrjährige – Übersicht der Dienst- und Freizeitverteilung an Wochenenden und insbesondere Feiertagen, ähnlich der Urlaubsplanung, hilft bei der Sicherstellung einer gleichmäßigen Mitarbeiterbelastung und kann die Zufriedenheit erhöhen.

Eine langfristige Übersicht ist auch wichtig bei der Anwendung von Arbeitszeitkonten, da diese über die Dienstplanung gesteuert werden sollten. Dabei bestimmt das Arbeitszeitsaldo des Einzelnen auch seine Einsetzbarkeit, zumindest in gewissen Grenzen (siehe Ampelkonten). Hierbei darf jedoch nicht der Grundsatz einer möglichst gleichmäßigen Mitarbeiterbelastung vergessen werden. Bei entsprechend vereinbarten Regelungen lassen sich hierdurch auch Ängste der Mitarbeiter vor „Minus-Stunden“ reduzieren, z. B. wenn ein negatives Arbeitszeitkonto nicht gleichbedeutend ist mit „mehr Wochenenddienste oder geteilte Dienste leisten zu müssen“ oder umgekehrt ein positives Konto nicht automatisch heißt „Freizeitausgleich, wann ich es will“. Wenn negative Salden auch zur Folge haben können, mal eine andere, längere Tour zu fahren bzw. vielleicht auch zeitweise andere oder weitere Aufgaben(-bereiche) zu übernehmen, ist die Akzeptanz meist recht hoch.

Auch die Teilnahme von Mitarbeitern an Fortbildungen und Dienstbesprechungen muss im Dienstplan geplant werden, da diese in den entsprechenden Zeiträumen für die Touren nicht zur Verfügung stehen.

6.5.3 Urlaubsplanung

Die Urlaubsplanung sollte immer langfristig und frühzeitig erfolgen. Die Vorgaben, also die Mindestbesetzung pro Tag/Woche, sind durch die regelmäßigen Dienstpläne bzw. zu fahrenden Touren bzw. den Grundtourenplan festgelegt. Das heißt:

- » Anzahl der Fachkräfte,
- » Anzahl der Pflegekräfte,
- » Verteilung der Rufbereitschaft.

Für die weitere Urlaubsplanung kann und sollte man formale Spielregeln festlegen:

- » Mitarbeiter mit schulpflichtigen Kindern dürfen vorrangig in der Schulferienzeit frei nehmen,
- » besondere Regelungen für Teilgruppen (z. B. Schwerbehinderte),
- » Historie der letzten Jahre: Wer hat wann Urlaub gemacht? Das kann hilfreich sein, wenn bestimmte begehrte Urlaubszeiten nicht für alle möglich sind, sodass man alternierend diese Zeiten vergibt.

Mit diesen Regelungen könnten bzw. sollten die Mitarbeiter auch eigenständig untereinander absprechen, wer wann wie viel Urlaub wünscht und ob dies mit den Wünschen der anderen, bzw. mit den definierten Spielregeln, in Einklang zu bringen ist. Das ist sicherlich der transparentere und einfachere Weg als der, dass die PDL alle Einzelwünsche der Mitarbeiter alleine planen soll (und sie damit auch verantwortlich für die schlechte Planung ist).

6.5.4 Planungswünsche für den nächsten Planzeitraum

Es ist normal und sinnvoll, wenn Mitarbeiter frühzeitig bestimmte Wünsche anmelden (wie bestimmte Familienfeiern etc.). Solange es klare Regelungen zur Wochenendarbeit sowie zu Mindestbesetzungen gibt, lassen sich viele dieser Wünsche berücksichtigen oder verständlicherweise nicht berücksichtigen.
Die Aufstellung eines Dienstplans ist fast immer ein Kompromiss zwischen Wünschenswertem und Möglichem, das sollte man immer wieder vermitteln. Die PDL ist dabei nur diejenige, die versucht, alles in Einklang zu bringen. Im Vordergrund stehen aber immer die Kunden mit ihren Pflegeaufträgen, denn diese finanzieren die Mitarbeiter (und nicht umgekehrt).

6.5.5 Reaktionsschemata für Veränderungen

Reaktionsschemata für den „Notfall" dienen dazu, den Organisationsaufwand und die hierzu benötigte Zeit zu reduzieren. So gilt es im Dienstplanbereich, eventuelle

Ankündigungsfristen (z. B. KAPOVAZ) einzuhalten, Mitarbeiter einer Zeitarbeitsfirma sind nicht immer sofort verfügbar und müssen evtl. noch eingearbeitet werden, falls sie in diesem Pflegedienst noch nie eingesetzt wurden. Auch die Umorganisation mehrerer Touren nimmt Zeit in Anspruch und die Kunden müssen hierüber evtl. noch informiert werden.

Andererseits dienen Notfallpläne dazu, die Anzahl der Betroffenen, seien es Kunden oder Mitarbeiter, so gering wie möglich zu halten. Je kleiner die Reaktionsmöglichkeiten und je kürzer die Reaktionsfristen sind, desto wichtiger sind solche Reaktionsschemata für die Dienst-, aber auch für die Tourenplanung.

Man kann den Aufwand für Dienstplanänderungen deutlich reduzieren, wenn man Handlungsleitlinien festlegt, nach denen Änderungen durchgeführt werden. Das könnten beispielsweise folgende Punkte sein:

- Wer wird wann angesprochen?
  - Vertretungsgruppen: Vertretungen im Krankheitsfall werden zunächst innerhalb des Versorgungsteams gelöst, danach gegebenenfalls teamübergreifend.
  - Einsatz von Springern: Dann müssen weder andere Mitarbeiter aus dem Frei geholt werden etc. (Probleme siehe Kap. 10.5.4)
  - Gibt es Kooperationspartner, die im Krankheitsfall aushelfen können, beispielsweise andere Pflegedienste innerhalb des eigenen Betriebs, Verbands etc.?
  - Einsatz von Zeitarbeitsmitarbeiter: Sicherlich die teuerste Variante, aber immer noch besser als Kunden nicht zu versorgen oder abzusagen.
- In welchen Fällen wird jemand aus dem Urlaub zurückgerufen?
- Wann beendet man die Suche nach Vertretungspersonal und fängt an, die Touren aufzuteilen bzw. Kunden (evtl. auch auf andere Tage) zu verschieben?
- Wann wird, wenn das Vertretungsproblem mittel- bis langfristig bestehen sollte, neues Personal gesucht?

Hilfreich ist es, hierzu verschiedene Übersichten zu haben:

- Mitarbeiter, die überhaupt zur Verfügung stehen
  - Stehen Springer zur Verfügung?
  - Wer ist im Dienstfrei (hier insbesondere Mitarbeiter auf GfB-Basis, z. B. Studenten oder Kräfte, die sonst nur am Wochenende oder nachts arbeiten)?
  - Wer ist im Freizeitausgleich?

  - Wer ist im Urlaub?
  - Wer ist im Urlaub und könnte zurückgerufen werden (also nicht auf Fernreise etc.)?
- Arbeitszeitsalden der Mitarbeiter
- Mitarbeiter, die tatsächlich immer „einspringen“ können bzw. wollen
- Häufigkeitsverteilung solcher Zusatzdienste im Jahresverlauf

Sollte kein Personal gefunden werden, das den sonst drohenden Tourausfall kompensieren kann, muss die Tour aufgeteilt werden. Auch hierfür sollte es (feste) Schemata geben.

6.5.6 Kurz- oder mittelfristiges Problem

Wichtig für die Dienstplanung ist auch, schnell herauszufinden, ob die Vertretungssituation nur kurzfristig oder längerfristig eintreten wird.

Bei dauerhafter Erkrankung muss man anders planen als bei kurzfristigem Ausfall. Bei absehbarer dauerhafter Erkrankung ist auch zu klären, ob für diese Zeit nicht eine Aushilfe eingestellt oder vorhandene Teilzeitmitarbeiter ihre vertraglich vereinbarten Arbeitszeiten erhöhen können. Die Vertretung allein über die (Aus-)Nutzung der Arbeitszeitkonten zu organisieren, dürfte bald an Grenzen stoßen, andererseits haben vor allem Teilzeitkräfte klare Vorstellungen über ihre durchschnittliche Arbeitszeit (das soll nur die vereinbarte sein). Wenn diese Mitarbeiter ständig über ihrem Soll arbeiten sollen, dürften sich diese Mitarbeiter in ihren Wünschen nicht mehr ernst genommen fühlen. Besser und klarer wäre es, wenn man eine befristete Veränderung der vertraglich definierten Arbeitszeit vereinbart.

Bei sehr kurzfristigen Änderungen wird es immer auch notwendig sein, Mehrarbeit anzuordnen, aber dies muss weitestgehend die Ausnahme bleiben und darf nicht zur Regel werden. In Notfällen erleichtert eine höhere Anzahl von Mitarbeiter(köpfen), auf die man notfalls zurückgreifen kann, die Lösung dieser Situationen.

6.5.7 Controlling der Dienstpläne

Gerade mithilfe der im Musterdienstplan dargestellten Auswertungsmöglichkeiten kann man gut überprüfen, ob die rechtlichen Rahmenbedingungen eingehalten sind und ob die Personalkapazitäten ausreichen oder es eine strukturelle Unterbesetzung gibt.

Formal sind folgende Punkte zu prüfen:

- Einhaltung der Tagesarbeitszeit
- Einhaltung der Ruhezeiten
- Einhaltung der Sonn- und Feiertagsregelungen

Inhaltliche Kriterien:

- Einsatz des Personals gemäß den Arbeitsverträgen
- Regelmäßige/Gleichmäßige Verteilung der Touren und Wochenenddienste
- Verteilung der Plus- und Minusstunden: gleichmäßige Belastung aller Mitarbeiter
- Stand des Urlaubskontos
- Ausgleich der Mehr-/Minderstunden

Wenn man technisch in der Lage ist, die Daten aus den täglichen Tourenplanänderungen in den Dienstplan einzuspielen (beispielsweise durch eine integrierte Software für die Dienst- und Tourenplanung sowie Leistungsabrechnung), kann man effektiv die Arbeitszeiten steuern und so eine größere Zufriedenheit der Mitarbeiter erzielen.

Wer die Ergebnisse seiner Dienstplanung erst wieder am Monatsende auf der Basis von monatlichen Stundenzetteln sieht, kann im laufenden Monat nicht effektiv eingreifen, weil ihm die Datenbasis fehlt.

6.6 Zusammenfassung

- Mit der Dienstplanung wird die Mitarbeiterkapazität geplant und dokumentiert, die für die Leistungserbringung benötigt wird.
- Der Dienstplan konkretisiert die individuellen arbeitsvertraglichen Regelungen bezüglich der Arbeitszeitverteilung.
- Der Soll-/Ist-Abgleich des Tourenplans hat auch Änderungen auf den aktuellen und zukünftigen Dienstplan sowie die Personalabrechnung.
- Basis für den Dienstplan ist der benötigte Personalbedarf, der sich aus dem Grundtourenplan ergibt.

Handbuch Ambulante Einsatzplanung · Andreas Heiber und Gerd Nett

- Eine gute und effektive Dienstplanung benötigt immer die aktuellen Stände der Arbeitszeitkonten der Mitarbeiter, um deren Belastung (Auslastung) gleichmäßig steuern zu können.
- Die formalrechtlichen Anforderungen an einen Dienstplan sind relativ gering. Zur effektiven Personalsteuerung und zur Bildung von Kennzahlen sollten weitere Informationen aufgenommen werden.
- Dienstpläne umfassen einen Planungszeitraum von 1 Monat, die Arbeit an Feiertagen sowie die Urlaube sollten jahresübergreifend geplant werden, um eine Ungleichbehandlung der Mitarbeiter weitgehend auszuschließen.
- Mithilfe von Reaktionsschemata für den „Notfall" kann man den Organisationsaufwand für Dienstplan- und Tourenplanänderungen reduzieren.

Kapitel
1
2
3
4
5
6
7
8
9
10
11
12
13
14

7 Definition der Leistungszeiten

Für jede Art von Tourenplanung werden eindeutig definierte Einsatzzeiten benötigt. Schon die Vorgänger der Pflegedienste, die „Gemeindeschwestern“, konnten ohne konkrete Zeiten nicht entscheiden, ob und wann sie weitere Kunden versorgen konnten. Die wesentliche Änderung von früher zu heute liegt in der Tatsache begründet, dass nicht mehr die Pflegekräfte eigenständig die Versorgungszeit ihres **Patienten** (und damit auch die Leistungen allein und vielleicht auch willkürlich) festlegen, sondern dass mit Einführung der Pflegeversicherung nun die **Kunden** entscheiden, welche Leistungen sie beim Pflegedienst einkaufen und welche eben nicht. Ohne konkret definierte Einsatzzeiten kann keine Tourenplanung erfolgen, es können somit auch keine konkreten Versorgungszeiten eingehalten werden.

Durch das Pflege-Neuausrichtungsgesetz (PNG, 2013) hat der Kunde im Bereich SGB XI nun zwei systematisch unterschiedliche Leistungssysteme zur Auswahl: die Definition nach Pauschalen und die Definition nach Zeit. Für die Definition der Leistungszeiten sind diese beiden Systeme zu unterscheiden.

7.1 Definition der Leistungszeit bei Pauschalen

Wie in Kap. 2 ausgeführt, sind die meisten Leistungen der Pflege- und Krankenversicherung mit Pauschalen finanziert, die man folgendermaßen zusammengefasst definieren kann:

Der Leistungsinhalt steht fest, nicht jedoch die Leistungszeit (Dauer).

Teilweise bestehen die Pauschalen aus einzeln definierten Teilleistungen wie bei den Leistungskomplexen im Rahmen der Pflegeversicherung, teilweise sind es nur konkrete einzelne Leistungen wie oft bei der Behandlungspflege. Nur wenige Leistungen wie in einigen Katalogen bei der Hauswirtschaft, der Grundpflege im Rahmen des SGB V oder auch der Privatleistungen (einschließlich der Verhinderungspflege und der Zusätzlichen Betreuung nach § 45 b) sind bisher schon mit konkreten Zeiten definiert.

Deshalb muss ein Weg gefunden werden, wie die Zeit für eine Pauschalleistung (z. B. eine Kleine Pflege) für die Tourenplanung zu definieren ist. Um die Leistungszeit zu bestimmen, muss geklärt werden, was über die eigentlichen Leistungsinhalte hinaus zur Leistungserbringung dazugehört bzw. nötig ist.

Unmittelbare Vor- und Nachbereitung definieren

Problematisch bei der Definition der Vor- und Nachbereitung für eine konkrete Leistung ist die Abgrenzung zu anderen Leistungen, meist hauswirtschaftlichen Tätigkeiten. Denn die Vor- und Nachbereitung umfasst nur die unmittelbar mit der ver-

Handbuch Ambulante Einsatzplanung · Andreas Heiber und Gerd Nett
© Vincentz Network GmbH & Co. KG, Hannover 2014 · ISBN 978-3-86630-378-2

einbarten Leistung verbundenen Tätigkeiten, wie schon in Kap. 2.1.2 ausführlich beschrieben. Im Regelfall ist hier vor allem die Körperpflege betroffen. Im Einzelfall sollten die konkreten Inhalte der Vor- und Nachbereitung in der Pflegeplanung mit aufgeführt werden, um Missverständnisse bei Mitarbeitern und Kunden zu reduzieren.

Dokumentation der Leistungserbringung

Die Durchführungsdokumentation der Leistungserbringung gehört ebenfalls zur Leistung dazu. Dokumentiert werden muss die Leistungserbringung (Durchführungskontrolle oder Leistungsnachweis) sowie evtl. aufgetretene Besonderheiten oder Abweichungen von der geplanten Pflege im Pflegebericht.

Die erste Pflegeanamnese und Pflegeplanung sowie die regelmäßige Evaluation der Pflegeplanung gehören nicht zur konkreten Leistung, sondern sind eigenständige Leistungen, die teilweise auch eigenständig finanziert sind (Erstgespräch) und separat als Leistungen geplant werden sollten. Zumal gerade die umfangreiche Evaluation nur periodisch, beispielsweise alle 3 Monate erfolgt.

Genaue Inhalte beachten

Nur wenn die Inhalte der konkreten Leistungen zweifelsfrei definiert und allen Mitarbeitern und Kunden bekannt sind, kann auch eine Zeit für die Leistung definiert werden (ausführlich dazu Kap. 2.1.3).

7.1.1 Individuelle Definition pro Kunde

Bei allen Pauschalleistungen (ob Leistungskomplexe oder Einzelleistungen) sind die Leistungen so definiert, dass sie pro Kunde und Versorgungssituation, bezüglich der Hilfeart (siehe Kap. 2.1.1), des Umfangs der möglichen aktivierenden Pflege (nur bei der Grundpflege) sowie damit der Dauer, anzupassen sind. In vielen Leistungsvereinbarungen wird (oftmals in der Einleitung) auch beschrieben, was zur Leistungserbringung dazugehört. Dazu sei beispielhaft die Definition in der Vergütungsvereinbarung nach SGB XI NRW (s. u.) zitiert:

„Die entsprechend dem Leistungskatalog vereinbarten Leistungsinhalte richten sich immer nach dem individuellen Pflegebedarf, den Selbstpflegemöglichkeiten des Pflegebedürftigen sowie den Möglichkeiten und Fähigkeiten der beteiligten Pflegepersonen. Leistungsart und Leistungsinhalte werden von dem Pflegedienst als Unterstützung, als teilweise oder vollständige Übernahme der Verrichtungen oder im Rahmen der Beaufsichtigung oder Anleitung des Pflegebedürftigen mit dem Ziel der eigenständigen Übernahme dieser Verrichtungen erbracht. Mit den ausgewiesenen Vergütungen eines Leistungskomplexes sind alle vertraglichen Leistungen abgegolten. Der für die jeweilige Verrichtung erforderliche Vor- und Nachbereitungsaufwand ist Bestandteil der Verrichtung und nicht gesondert vergütungsfähig. Der jeweilige Leistungskomplex ist nur dann abrechnungsfähig, wenn neben der unter

„Leistungsart« beschriebenen Verrichtung die wesentlichen Leistungsinhalte vollständig erbracht werden." Einleitung zu Leistungskomplexe NRW, Stand 11.09.2008, 2014 so weiter gültig.

Bei Behandlungspflegeleistungen nach SGB V, wie beispielsweise einer Medikamentengabe, ist die Definition der notwendigen Leistungszeit ungleich einfacher: denn hier gibt es keine „aktivierende" Pflege und die Leistungsinhalte sind klar definiert und im Grunde bei jedem Kunden gleich.

Die Leistungszeit für die vereinbarten Leistungen ist folgendermaßen zu definieren:

» Zeit für die konkrete Leistung bzw. Leistungen,
» direkte Vor- und Nachbereitungszeit für die Leistungen,
» Durchführungsdokumentation.

Theoretisch können sich bei gleichem Leistungsinhalt, je nach Kunde und Versorgungssituation, völlig unterschiedliche Leistungszeiten ergeben, wie die nachfolgende Grafik beispielhaft aufzeigt: Eine Leistung, die im Jahresdurchschnitt in knapp 16 Minuten erbracht wird, kann je nach Kunde in diesem Beispiel zwischen 7 bis 30 Minuten schwanken. Das kann von der Pflegestufe abhängen, vom gesundheitlichen Zustand, von der Art der Mithilfe („aktivierende Pflege"), von der Wohnungsstruktur und Einrichtung (z. B. lange Wege), von der Mithilfe von Pflegepersonen bis hin zu individuellen Wünschen (lange Haare zu kämmen; Nassrasur, ...).

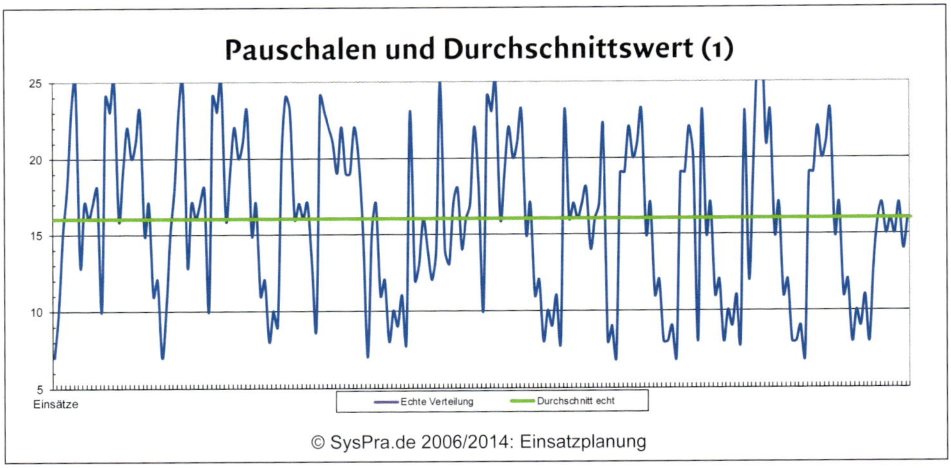

Grafik 7.1

Bei **Neukunden** ergibt sich die Schwierigkeit, dass man weder die Kunden kennt, noch die tatsächliche Versorgungssituation einschätzen kann. Daher sollte man die Leistungszeit bei Beginn vorsichtig einschätzen, wobei hier in der ersten Planung ein mutmaßlich zu kurzer Zeitwert genommen werden sollte. Dann bekommt man meist eine bessere Rückmeldung der Mitarbeiter, wie eine realistische Zeit aussehen kann. Gibt man von Beginn an eine mutmaßlich zu hohe Zeit vor, kann es passieren, dass Mitarbeiter diese Zeit (aus-)nutzen, ohne sie nach unten anzupassen. Zu beachten ist, dass gerade bei Neukunden erst nach ca. 2 Wochen sich alles so eingespielt hat, dass man die Zeiten dann realistisch bewerten kann. Deshalb empfiehlt es sich, diese spätestens nach ca. 2 Wochen zu überprüfen.

Um eine solche kundenindividuelle Zeit „richtig" zu definieren, gibt es unterschiedliche Methoden:

- Die ersten Versorgungen werden von ausgewählten Mitarbeitern übernommen, erst danach erfolgt die Versorgung durch die geplante Tour/Mitarbeiter.
- Es wird der rechnerische Durchschnitt mehrerer Mitarbeiter zugrunde gelegt, sinnvollerweise nach Rücksprache mit diesen Mitarbeitern (vor allem, wenn die Zeiten noch weit auseinanderliegen).
- Da sich in der Anfangszeit auch die vereinbarten Leistungen noch verändern können (es können neue Leistungen dazu kommen, es ergeben sich andere Leistungen, beispielsweise auch Leistungen, die als Serviceleistungen kostenfrei erbracht werden sollen), sollte anfangs, in Rücksprache mit den Mitarbeitern, kritisch hinterfragt werden, ob die im Pflegevertrag vereinbarten Leistungen sachgerecht sind oder ob sich noch ein anderer Bedarf (mehr oder weniger) ergibt.

Sind die Abläufe beim Kunden (und beim Neukunden) geklärt, empfiehlt es sich, für die Praxis einen verbindlichen Ablaufplan zu schreiben. Hier kann jeder (neue) Mitarbeiter dann schnell nachvollziehen, was konkret zu machen ist. Dieses Instrument ist auch deutlich hilfreicher als eine Pflegeplanung nach den bisherigen Modellen, die sich dann in zwölf Detailkapitel gliedert, wodurch der Zusammenhang verloren geht. Die 2014 vorgestellte geplante Reform der Dokumentation wird hier hoffentlich positiv helfen.

Die Zeitvorgaben pro Kunde pro Einsatz müssen individuell sein, d. h. auch: **minutengenau**. Vorgaben beispielsweise im 5-Minuten-Takt sind weder inhaltlich nachvollziehbar noch begründet. Auch im Hinblick auf die Frage der wirtschaftlichen Betriebsführung können Zeitvorgaben im 5-Minuten-Takt nicht helfen.

7.1.2 Die Durchschnittsfalle und die erlösorientierte Definition

In der Praxis ergibt sich das Problem, dass sich definierte Leistungszeiten oft von deren eigentlichem Inhalt verselbstständigen: Die einmal definierte Leistungszeit wird oft sowohl von den Kunden als auch von den Mitarbeitern als **Mindestzeit** angesehen, also als Zeituntergrenze: So lange darf der Mitarbeiter bleiben bzw. bleibt er auch immer.

Diese Sichtweise beruht auf einem fundamentalen Missverständnis: Mit der eingekauften Pauschalleistung hat der Kunde eben nicht eine feste Zeit eingekauft, sondern nur einen bestimmten Leistungsinhalt. Ist dieser Inhalt erbracht, endet die Leistung und damit die Anwesenheitszeit. Dabei spielt es keine Rolle, ob es im Einzelfall schnell oder langsam geht. Der Kunde hat die Leistung erhalten, die er bestellt hat, wenn die Inhalte erbracht wurden. Er hat nicht das Recht auf eine gewisse Leistungszeit eingekauft. Genau dieses Leistungsverständnis wurde oftmals weder den Kunden noch den Mitarbeitern erklärt, obwohl es seit Beginn der Pflegeversicherung für diese Leistungen gilt. Im Gegenteil, gerade in der Anfangszeit der Pflegeversicherung gab es öfter die systematisch falsche Umrechnung der Punktwerte in Leistungszeit („10 Punkte = 1 Minute"), was dazu führte, dass die Mitarbeiter allein nach der Zeit gearbeitet haben, nicht aber auf die vereinbarten Inhalte achteten.

Auch das Konzept der sogenannten **„erlösorientierten Einsatzplanung"** hat diesen falschen Ansatz weiter gefördert. Die Idee dahinter:

Wenn man die Kosten pro Stunde bzw. Minute definiert, kann man ausrechnen, wie lange man mit dem jeweiligen Leistungspreis beim Kunden bleiben kann. Beispiel:

» Die Leistung wird pauschal mit 10,66 € vergütet, der eigene Stundensatz beträgt 40,00 €.

» Die Versorgung (Leistungszeit) kann dann durchschnittlich 16 Minuten dauern.

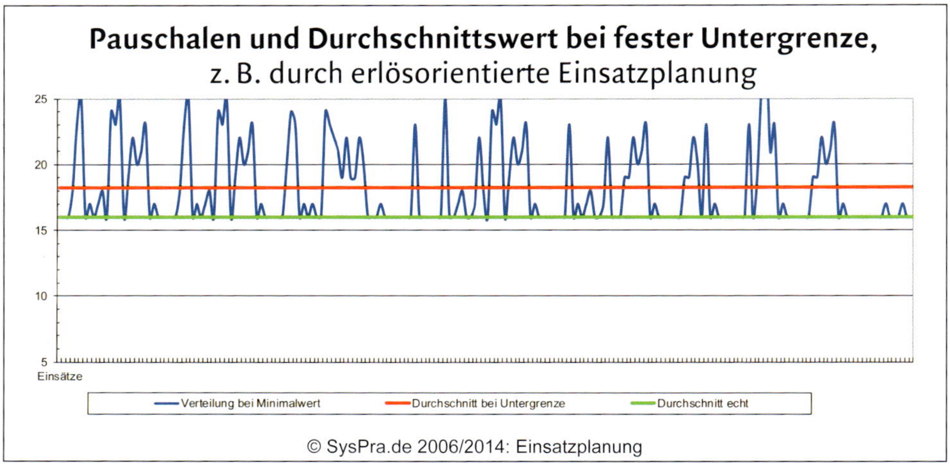

Grafik 7.2

Solange der Mitarbeiter die 16 Minuten nicht überschreitet, wäre scheinbar alles wirtschaftlich in Ordnung.

Problematisch wird es jedoch, wenn bei einzelnen Kunden aufgrund ihrer Erkrankung die Zeit nicht eingehalten werden kann. Wenn hier dann im Einzelfall aus pflegefachlichen Gründen eine längere Zeit vereinbart oder benötigt wird, geht die Durchschnittsrechnung nicht mehr auf, denn der Durchschnitt verschiebt sich, wie in der Grafik dargestellt auf über 18 Minuten. Da aber nur 16 Minuten im Schnitt refinanziert sind, erwirtschaftet die Einrichtung trotz oder besser formuliert wegen der erlösorientieren Einsatzplanung ein Minus.

Praktisch wird an der „grünen" Linie (in der Grafik) die Argumentation gewechselt:

» Solange die ermittelte Mindestzeit eingehalten wird, wird die Leistung im Sinne einer **Zeitabrechnung** verstanden. Der Kunde hat das Recht auf die Mindestzeit, er hat sie ja (angeblich) bezahlt!

» Sobald die Mindestzeit überschritten wird (grüne Linie), wird das System der Zeitabrechnung verlassen und mit der **Pauschale** und den damit verbundenen Inhalten argumentiert: Die Inhalte sind noch nicht erbracht, also wird mehr Zeit benötigt.

Die Problematik der erlösorientierten Einsatzplanung wird durch den immer stärkeren EDV-Einsatz dann verschärft, wenn das genutzte Computerprogramm genau dieses Denkmodell mit optischen Hinweisen unterstützt. Manche Computerprogramme zeigen grüne oder rote Signale an, wenn sich aufgrund der Kosten ein Einsatz nicht rechnet. Wer dann teilweise rote Punkte auf dem Bildschirm hat, muss dem zufällig vorbeikommenden Geschäftsführer viel erklären. Das Gemeine ist, dass man sich nicht für die „grünen" Signale rechtfertigen muss (also wenn beispielsweise manche Kunden zu viel Zeit bekommen), sondern nur für die roten, die sich oft fachlich nicht vermeiden lassen. Leider wird die Aufmerksamkeit damit in die falsche Richtung gelenkt, denn ob man bei einzelnen Kunden nicht zu viel Zeit plant, interessiert den Computer nicht. Bei einigen Programmen kann man diese erlösorientierten Hinweise aber auch ausschalten/ausblenden, was auf jeden Fall zu raten ist!

Zur Begründung der erlösorientierten Einsatzplanung wird oftmals allgemein die **Wirtschaftlichkeit** angeführt. Auch erscheint es auf den ersten Blick plausibel: Man kann nur das Geld ausgegeben, was man einnimmt, also definiert man über das Geld eine Mindest- und gleichzeitig Maximalzeit. Allerdings wird es dann schwierig, wenn im nächsten Jahr zwar die Personalkosten aufgrund von Tarifsteigerungen etc. steigen, aber die Pflegevergütung (beispielsweise wegen nicht geführter Vergütungsverhandlungen) gleich bleibt. Dann müsste im nächsten Jahr die Leistungszeit in unserem Beispiel um 1 Minute gekürzt werden, statt 16 Minuten stünden dann nur noch 15 Minuten zur Verfügung. Ganz abgesehen davon, dass man diesen Umstand weder Kunden noch Mitarbeitern sinnvoll erklären kann, ist dies grundsätzlich der falsche Weg. Denn es verlagert das wirtschaftliche Risiko einseitig auf die Mitarbeiter und Kunden, obwohl evtl. die Geschäftsführung durch Vergütungsverhandlungen das hätte lösen können.

Weiterhin ist es irreführend, den Begriff der Wirtschaftlichkeit erlösorientiert zu verwenden, denn eine Wirtschaftlichkeit pro Einsatz ist nicht vertraglich vereinbart worden. Im Gegenteil, weil eben jeder Kunde eine Mindestzeit erhält, auch wenn er sie für die gekauften Leistungen gar nicht benötigt, handelt der Pflegedienst dann mit dem Konzept der erlösorientierten Einsatzplanung **unwirtschaftlich** (siehe Kap. 1.3).

7.1.3 Keine festen Vorgabezeiten!

Eine weitere gern gewählte Argumentation für die Leistungszeit ist der Hinweis, im Computerprogramm wären doch die Leistungszeiten festgelegt. Allerdings legt jeder Anwender/jede Einrichtung die Stammdaten und damit die Leistungszeiten selber fest. Auch wenn man die Standardwerte der EDV-Firma übernommen hat, die diese aufgrund ihrer Erfahrung mit anderen Einrichtungen so übertragen hat, ist jeder für die eigenen Stammdaten zuständig und verantwortlich. Vor allem, jede Einrichtung kann die Werte ändern und selbst definieren.

Damit in der Praxis die Leitungskräfte nicht auf im Einzelfall falsche, weil zu hohe, „Durchschnittswerte" reinfallen, sondern die Zeiten kundenbezogen individuell definieren, könnte man einen **Trick** anwenden und in den Stammdaten der Leistungen zunächst völlig unzureichende Zeitvorgaben machen: beispielsweise für eine Große Pflege/Morgentoilette eine Vorgabezeit von 2 Minuten! Bei der ersten Planung wird man schnell selbst sehen oder die Rückmeldung der Mitarbeiter bekommen, dass diese Zeit nicht reichen kann und gemeinsam mit den Mitarbeitern eine individuelle kundenbezogene Leistungszeit definieren und dem Kunden zuordnen.

Moderne Computerprogramm ermöglichen es, kundenspezifische Zeiten zu hinterlegen, die sich das System dauerhaft (bis zur nächsten Änderung) merkt und statt der Systemvorgabe diese Werte nutzt. Falls die eingesetzte Software das nicht unterstützt, wäre es ratsam, entweder den Hersteller zur Weiterentwicklung zu bringen oder das Programm zu wechseln. Denn diese Funktionalität (Individualisierung der Leistungszeit) ist essenziell für eine wirtschaftliche Betriebsführung und Kalkulations- und Vertragsgrundlage der Vergütungsvereinbarungen! In keinem Fall darf das Computerprogramm als „Ausrede" dienen, warum man die Einsatzzeiten nicht individualisieren kann.

7.1.4 Die Einsatzpauschale

Ein weiteres planerisches Hilfsmittel, um die Zeit für Pauschalen klarer zu definieren, ist die Einführung einer Einsatzpauschale. Allerdings kann dieses „Planungsmittel" nicht bei der Zeitabrechnung (unabhängig ob Grundpflege, Betreuung oder Hauswirtschaft) genutzt werden, weil hier der Kunde die Gesamtzeit pro Einsatz selbst festlegt.

Jeder ambulante Pflegeeinsatz enthält folgende, im Umfang fast immer gleichbleibende, Tätigkeiten:

» Begrüßung und Verabschiedung
» Jacke ausziehen (vor allem im Winter), ggf. Schutzkleidung anziehen/ausziehen
» Überprüfung der Pflegedokumentation bei Beginn (aktuelle Einträge im Pflegebericht)

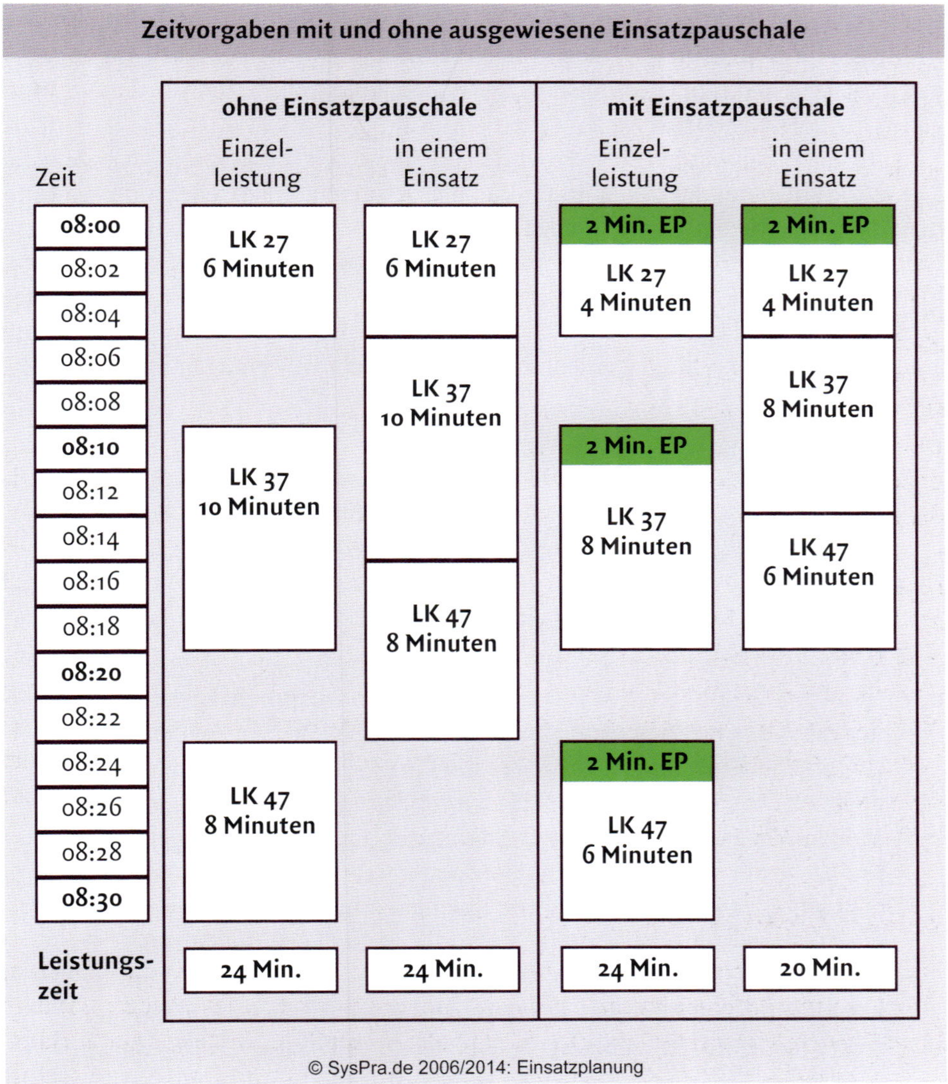

Grafik 7.3

- Leistungsdokumentation (Leistungsnachweis/Durchführungskontrolle sowie falls nötig Pflegebericht)
- „Wie geht es Ihnen?“: Zeit für Kommunikation außerhalb der konkreten Versorgungstätigkeit

Diese Inhalte fallen bei jedem Einsatz an, selbst die benötigte Zeitdauer dürfte sich nicht danach unterscheiden, ob in einem Einsatz viele Leistungen erbracht werden oder ob er lange oder kurz dauert.

Für die Definition von Leistungszeiten nach Pauschalen stellt sich deshalb die Frage, wie man praktisch damit umgeht: Würde man diese Zeit von beispielsweise 2 Minuten (im Durchschnitt) immer für jede einzelne Leistung berücksichtigen, würden diese Zeiten mit der Leistungsmenge entsprechend steigen, obwohl der Aufwand gleich bleibt (siehe Grafik 7.3 auf Seite 151).

In der Praxis werden diese Synergien oft „händisch“ berücksichtigt, indem die Leitungskräfte dann die Zeiten im Einsatz gleich kürzen. Praktischer wäre es, wenn man losgelöst von der Definition der Leistungszeit für eine einzelne Leistung diese immer anfallenden Zeiten definiert: als **Einsatzpauschale** (in manchen Softwarelösungen heißt sie „Hausbesuchsgrundzeit“). Der Effekt bei der Nutzung dieser Einsatzpauschale lässt sich in der Grafik beobachten: Da die Synergien im Einsatz automatisch berücksichtigt werden, müssen diese nicht aufwendig im Einzelfall definiert werden.

Die Einsatzpauschale bringt auch noch weitere Vorteile mit sich:

- Wenn man die **Dokumentationszeit** separat ausweist (also als Bestandteil der Einsatzpauschale), kann kein Mitarbeiter seine mangelnde Dokumentation mit fehlender Zeit dafür entschuldigen. Selbst wenn diese „Ausrede“ auch so falsch ist, ist es in der Praxis wirkungsvoll, wenn die Mitarbeiter wissen, sie haben dafür eingeplante Zeit und diese ist in der Einsatzpauschale hinterlegt.
- Gerade gemeinnützige Träger haben öfter den Anspruch, **mehr Zeit** als nur für die reine Pflege zu haben, manchmal bekommen sie dafür auch zweckgebundene Zuschüsse. Über die Einsatzpauschale (die man dann noch um die entsprechenden Minuten verlängern könnte) kann man darstellen, evtl. auch auswerten und dokumentieren, dass man länger geblieben ist, als für die reine Leistung notwendig war (und so den Nachweis für die sachgerechte Verwendung von Spenden erbringen). Eine solche Zeit könnte dann auch „diakonische Zeit“ oder „Unsere Zeit für Sie“ oder ähnlich heißen und so vermarktet werden. Wird sie so eigenständig definiert, hat man auch eine konkrete Planungsgröße und kann sie andererseits später für die Kostenrechnung zur Darstellung als Trägerleistung nutzen. Eine in der Einsatzpauschale einbezogene Zusatzzeit gilt dann für jeden

Kunden und Einsatz, anders als eine individuell erbrachte Serviceleistung für einen oder einzelne Kunden.

7.2 Definition bei Zeitabrechnung

Bei der Definition nach Zeit, wie sie durch das PNG für die Grundpflege, die Häusliche Betreuung teilweise auch für die Hauswirtschaft eingeführt wurde (und durch das PSG I als freiwillige Option weiterhin möglich ist) oder in manchen Katalogen für die Hauswirtschaft vorhanden ist, steht die Einsatzzeit bereits fest. Das gilt auch für Privatleistungen sowie die Leistungen auf der Basis der Kostenerstattung (Verhinderungspflege und Zusätzliche Betreuung nach §45 b SGB XI). Denn diese Zeit hat der Kunde konkret definiert und eingekauft. Daher darf der Einsatz nur genau diese Zeit umfassen. Auch eine (in diesem Sinne dann zusätzliche) Einsatzpauschale, wie sie bei Pauschalleistungen sinnvoll ist, kann es in der Zeitabrechnung nicht geben. Es sei denn, es geht um eine Zusatzleistung/Zeit des Trägers beispielsweise im Sinne einer „diakonischen Leistung".

In Abhängigkeit von der Definition in der Vergütungsvereinbarung im jeweiligen Bundesland gehört auch die Zeit der Dokumentation zur Leistungszeit dazu (so z. B. in Hamburg oder Niedersachsen bei der Zeitabrechnung Grundpflege und Häusliche Betreuung geregelt).

7.3 Umgang mit Zeitvorgaben

Durch die zwangsweise Einführung der parallel anzubietenden Zeitabrechnung müssen die Mitarbeiter je nach Art (Pauschale oder Zeitabrechnung) unterschiedlich mit den Zeitvorgaben umgehen.

7.3.1 Die Zeitvorgaben bei Pauschalleistungen

Bei der Pauschalabrechnung ist es wichtig, dass die Mitarbeiter die Definition, die Funktion und den Umgang mit den Zeitvorgaben richtig verstehen und in der Praxis handhaben. Die Zeitvorgaben sind weder Mindest- noch Maximalzeiten:

Keine Mindestzeiten
Der Kunde hat eine Leistung mit konkreten Inhalten gekauft, nicht jedoch eine dafür immer zustehende Mindestzeit. Sind die vereinbarten Inhalte erbracht, endet die Leistung.

Keine Maximalzeiten
Die Zeitvorgaben sind auch keine festen Endzeiten. Erfordert die Versorgung im Einzelfall (z. B. weil es ihm heute schlechter geht oder weil weitere Teiltätigkeiten dazu

Handbuch Ambulante Einsatzplanung · Andreas Heiber und Gerd Nett
© Vincentz Network GmbH & Co. KG, Hannover 2014 · ISBN 978-3-86630-378-2

kommen, die nicht jeden Tag durchgeführt werden müssen (z. B. Nagelpflege), mehr Zeit, so kann und muss der Mitarbeiter länger bleiben.

Weil (vermutlich aufgrund erlösorientierter Definition) Mitarbeiter in der Praxis den Kunden schon mal erzählen, sie hätten eine minutengenaue Zeitvorgabe und dürften diese nicht überschreiten, hat sich mutmaßlich das Stichwort „Minutenpflege“ entwickelt. Selbst in der Politik ist es als Negativ-Etikett angekommen. (So hat z. B. der ehemalige Bundesgesundheitsminister Bahr die Einführung der Zeitabrechnung begründet.) Jedoch ist in keiner Vergütungsvereinbarung zu Leistungskomplexen oder Pauschalen (gilt auch für die Behandlungspflege) eine konkrete Vorgabezeit für die Pauschale und damit Minutenpflege vereinbart worden.

Zeiten nicht verheimlichen

Um falsche Erwartungen und Missverständnisse zu vermeiden, geben manche Leitungskräfte den Mitarbeitern die Vorgabe, die Leistungszeiten den Kunden zu **verheimlichen**. Dann, so die Argumentation, entstehen auch keine falschen Erwartungen. Auch diese Strategie dürfte in der Praxis nicht hilfreich sein, denn Kunden und/oder ihre Pflegepersonen wollen wissen, wie lange ungefähr die Versorgung und damit die Anwesenheit in der Wohnung dauern wird. Hier hilft nur die ständige Aufklärung, dass bei Pauschalen keine garantierte Anwesenheitszeit eingekauft wird, sowie die Angabe einer ungefähren Zeit. Wichtiger ist weiterhin, dass die Mitarbeiter so selbstbewusst erzogen und geschult sind, dass sie wissen, wie sie bei weiteren Wünschen der Kunden nach längerer Anwesenheit bzw. zusätzlichen Leistungen reagieren müssen.

Im Notfall, also bei gesundheitlichen Problemen, sind die Zeitvorgaben sowieso unwichtig, das dürfte sich aber von selbst verstehen.

Zeitabweichungen (intern) dokumentieren

Bei jeder **Zeitabweichung**, egal, ob der Mitarbeiter weniger oder mehr Zeit benötigt hat, ist der Grund zumindest stichworthaft im Tourenplan zu **dokumentieren.** Nur so kann die Einsatzleitung die Abweichungen bewerten und Konsequenzen für die nächste Planung daraus ziehen, z. B.:

- bei einmaligen Vorfällen keine weiteren,
- bei Verschlechterung der Situation dauerhaft längere Versorgungszeiten,
- bei zusätzlichen Leistungen diese Leistungen vertraglich vereinbaren und einplanen,
- bei kürzerer Versorgungszeit (z. B. bessere Gesundheit oder Pflegepersonen übernehmen Leistungen) dauerhaft kürzere Versorgungszeiten planen.

Zeit ist nicht gleich Zeit

Die Zeit wird von jedem Menschen anders erlebt und wahrgenommen. Wer auf jemand Wichtigen wartet, für den wird jede Verspätungsminute zur Qual. Wer sich lose in der Kneipe verabredet hat, der freut sich, wenn der Freund doch noch nach einer Stunde kommt. Auch die Wahrnehmung von Zeit kann man durch sein Verhalten prägen:

» Kommt der Freund rein, begrüßt einen schon mit Stress in der Stimme und verkündet, dass er eigentlich nicht hier sein kann, weil er noch einen Termin hat, er aber trotzdem nur ganz kurz vorbeikommen wollte, und ja, auch kurz was trinken will, aber eigentlich doch keine Zeit hat und gleich los muss, und eigentlich war der Tag eine Katastrophe ... Und geht nach einer halben Stunde.

» Kommt der Freund rein, begrüßt einen herzlich, setzt sich, bestellt sich was zu trinken, fragt, wie es einem geht, man plaudert, das Getränk ist ausgetrunken, dann sagt der Freund, er müsse nun leider wieder los, weil er noch woanders hin müsse, aber man hat sich trotzdem mal wieder gesehen und geht nach 15 Minuten.

Die Beispiele, die vermutlich jeder nachvollziehen kann, zeigen, dass auch das Verhalten die Zeitwahrnehmung prägen kann. Das ist in der Pflege nicht anders als im normalen Leben:

Wer die Wohnung mit Schweißperlen auf der Stirn betritt und vor der Begrüßung schon verkündet, es wäre heute alles katastrophal gelaufen und man hätte heute gar keine Zeit, vermittelt von Beginn an das Gefühl von Knappheit und Stress. Egal, wie lange dann die Versorgung dauert und wie viel Zeit sich der Mitarbeiter lässt, der Kunde wird glauben, es war heute alles ganz knapp und ganz schnell. („Sie waren ja so im Stress, sie hatten ja gar keine Zeit!“)

Wenn der Mitarbeiter es aber noch geschafft hat, sich die Schweißperlen vorher abzuwischen und einmal tief durchzuatmen, bevor er die Wohnung betritt, dann ohne weitere negative Einstimmung normal wie immer den Kunden begrüßt, kann es sein, dass die heute schnelle Versorgung vom Kunden gar nicht oder auf jeden Fall nicht negativ wahr genommen wird. („Mensch, heute waren wir ja mal schnell!“)

Es kommt also auch darauf an, wie wir die Zeit kommunizieren und wie wir sie wirken lassen. Es gibt Mitarbeiter, die verbreiten immer „Hektik“, obwohl sie viel mehr Zeit benötigen als Kollegen, die schneller sind, aber hier die Kunden das Gefühl haben, sie hätten sich Zeit gelassen! Den Mitarbeitern, die immer zu „Hektik“ neigen, können evtl. Rollenspiele oder andere Methoden helfen, zu erkennen, dass sie es sind, die sich selbst die Zeit verknappen und sich damit selbst zusätzlich stressen.

Kapitel 1 2 3 4 5 6 **7** 8 9 10 11 12 13 14

7.3.2 Die Zeitvorgaben bei Zeitabrechnung

Bei Einsätzen mit Zeitabrechnung ergeben sich völlig andere Probleme. Da der Kunde explizit die konkrete Zeit eingekauft hat, ist diese im Grundsatz immer einzuhalten. Also sind diese Zeitvorgaben sowohl Minimal- als auch Maximalzeiten in einem. Selbst wenn der Mitarbeiter im Einsatz schneller war, muss er (formal gesehen) dann den Kunden fragen, was er sonst (im Rahmen der möglichen Leistungsart) noch machen soll. Denn es wäre vertragswidrig, wenn er ohne Rücksprache früher als vereinbart gehen würde. Nur wenn der Kunde keine Wünsche mehr hat **und** darauf besteht, dass der Mitarbeiter geht, muss der Mitarbeiter die Wohnung verlassen und darf auch nur die dann kürzere Leistungszeit dokumentieren. Wichtig für die Abrechnung: Nur die tatsächliche, hier kürzere Zeit darf gegenüber der Pflegekasse abgerechnet werden! Auch bei Leistungskomplexen gibt es diese Situation, wenn der Kunde weniger Leistungen wünscht als vorher bestellt (z. B. heute kein Duschen, nur eine Teilwäsche).

Wird der Mitarbeiter mit den geplanten Leistungsinhalten im Einsatz mutmaßlich nicht fertig (z. B. weil es dem Kunden schlechter geht und alles länger dauert), muss er vor der Zeitüberschreitung nachfragen, ob er länger bleiben kann, denn dies bedeutet ja auch Mehrkosten für den Kunden. Nur wenn der Kunde zustimmt (und dies im Zweifelsfall nachvollziehbar dokumentiert ist), kann er länger bleiben und die längere Zeit kann abgerechnet werden. Willigt der Kunde nicht ein, kann der Mitarbeiter nicht alle vorgesehenen Arbeitsschritte vollenden und er muss nach dem ursprünglich vereinbarten Zeitkontingent gehen. Übrigens ist das nicht anders bei Leistungskomplexen, beispielsweise wenn der Kunde heute (spontan) eine Mehrleistung wünscht, wie einen Toilettengang. Auch hier müsste geklärt werden, dass diese Leistung dann zusätzlich bezahlt werden muss, auch hier ist der Sonderwunsch zu dokumentieren.

Wegen dieser besonderen Problematik sollten die Kunden (und Mitarbeiter) zur Vermeidung von Missverständnissen darauf aufmerksam gemacht werden, was Zeitabrechnung wirklich bedeutet. Der Kunde **kauft Zeit** und **nicht eine konkrete Leistung** bzw. ein Ergebnis: Kauft er am Morgen 15 Minuten Zeit Grundpflege ein, ist nicht garantiert, dass er danach angezogen ist. Kauft er stattdessen den Leistungskomplex Kleine Morgentoilette/Pflege ein, ist garantiert, dass er angezogen ist, wenn der Mitarbeiter die Wohnung verlässt.

Ist die Dokumentationszeit Bestandteil der Leistung (je nach Festlegung in der Vergütungsvereinbarung im Bundesland), muss der Mitarbeiter bei der Arbeit so rechtzeitig fertig werden/aufhören, dass er noch Zeit für die Dokumentation hat. Denn diese ist immer notwendiger und unverzichtbarer Bestandteil der Leistung.

Keine Lösung für die Zeitabrechnung sind Vertragskonstruktionen, bei denen der Kunde zustimmt, dass der Mitarbeiter automatisch auch mehr abrechnen darf, falls es einmal länger dauert. Eine solche pauschale Öffnungsklausel müsste im Pflegevertrag stehen. Das würde aber bedeuten, dass die Summe, die im Kostenvoranschlag steht, in keinem Fall stimmen kann. Um es mit einem Beispiel darzustellen: Wenn die Autowerkstatt die Reparatur im Kostenvoranschlag mit „150 € oder mehr“ einschätzt, wird man trotzdem sauer sein und klagen, wenn sie dann tatsächlich 1.500 € kostet. Damit war der Kostenvoranschlag so unspezifisch und die Rechnung liegt so weit über dem Kostenvoranschlag, dass dies juristisch nicht durchsetzbar wäre. Wenn man in der Pflege eine Vereinbarung wie „15 Minuten oder länger“, aber einen Kostenvoranschlag von 15 Minuten erhalten hätte, der Pflegedienst nun ständig 20 oder 25 Minuten abrechnet, wäre das der vergleichbare Effekt, denn die Rechnung läge mindestens ein Drittel oder noch höher über dem Kostenvoranschlag.

In der Praxis sollte man deshalb Kostenvoranschläge nach Zeit immer mit einer Höchstzeit erstellen, sodass im Einzelfall eher weniger als mehr abgerechnet wird. Dann gibt es auch keinen Ärger, weil die Kosten eigentlich nie höher, sondern eher niedriger sind.

7.3.3 Praxisproblem: Langsame und schnelle Mitarbeiter

Im Pflegealltag kennt man das, ob ambulant oder stationär: Es gibt Mitarbeiter, die sind flott und schnell und andere, die sind weniger flott und langsam. Oft wird dann das Alter oder der körperliche Zustand des Mitarbeiters als Entschuldigung herangezogen nach dem Motto: „Die kann doch nicht mehr so schnell arbeiten!“

Zunächst soll einmal geprüft werden, welche Folgen es hat, wenn zwei Mitarbeiter unterschiedlich arbeiten, der eine schneller, der andere langsamer. Allerdings gilt das Beispiel nur für Pauschalleistungen, die Probleme bei der Zeitabrechnung werden später noch diskutiert:

Im Beispiel beginnen beide die Tour um 8.00 Uhr beim ersten Kunden, aber der „langsame Mitarbeiter“ benötigt pro Kunde immer 5 Minuten länger und ist deshalb beim letzten Kunden erst um 11.10 Uhr statt um 10.45 Uhr wie geplant. Was bedeutet das?

- » Fährt die schnelle Mitarbeiterin die Tour, werden alle Kunden früher versorgt, je länger die Tour dauert, umso größer ist die Zeitverschiebung. Vermutlich wird sich ein Teil der Kunden über die frühere Versorgung freuen, ein Teil wird sich eher ärgern.
- » Fährt die langsamere Mitarbeiterin die Tour, werden die Kunden später versorgt, je länger die Tour dauert, umso größer die Verspätung. Ein Teil der Kunden wird sich freuen, dass er beispielsweise länger schlafen kann, ein Teil wird sich wegen der längeren Wartezeit ärgern.

Wer von beiden Mitarbeitern die richtige, bessere oder qualitativ sachgerechte Versorgung durchführt, ist unklar. Oft ist nicht einmal klar, wo der langsame Mitarbeiter mehr Zeit benötigt, zumindest am Ende der Tour ist er später zurück. Das vermutlich

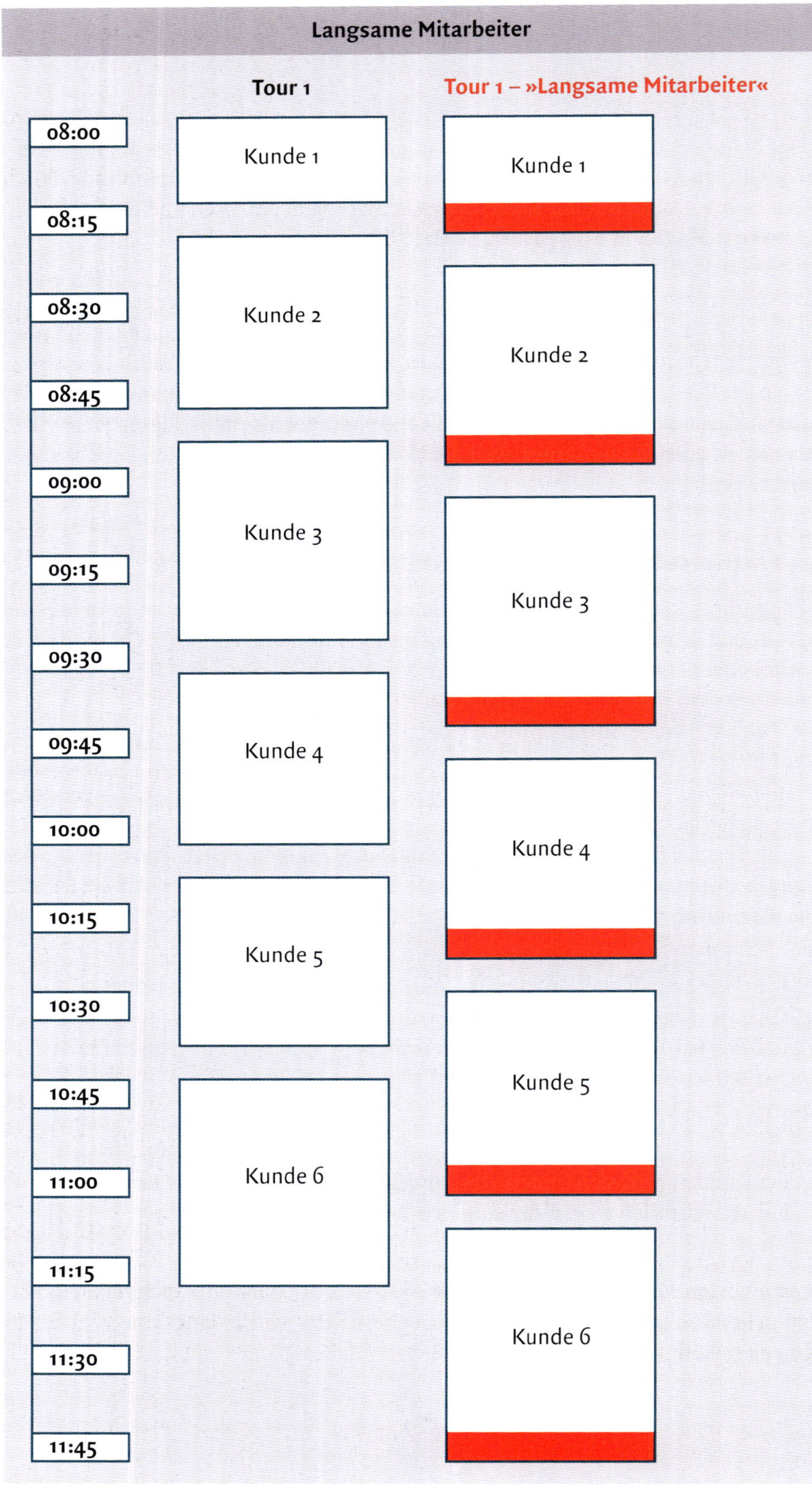
Langsame Mitarbeiter
Tour 1
Tour 1 – »Langsame Mitarbeiter«
08:00
08:15
08:30
08:45
09:00
09:15
09:30
09:45
10:00
10:15
10:30
10:45
11:00
11:15
11:30
11:45
Kunde 1
Kunde 2
Kunde 3
Kunde 4
Kunde 5
Kunde 6
Kunde 1
Kunde 2
Kunde 3
Kunde 4
Kunde 5
Kunde 6

Grafik 7.4

wichtigste Qualitätskriterium aus Kundensicht dürfte neben der Freundlichkeit die Pünktlichkeit sein, denn diese beiden Faktoren kann der Kunde beurteilen (die Pflegequalität eher nicht).

Das ist der Hauptgrund, warum man die Ursachen der ungleichen Zeiten herausfinden muss und diesen Zustand nicht akzeptieren kann.

Die Gründe für die längeren Zeiten sind vielfältig; ob sie plausibel sind, steht aber auf einem anderen Blatt. Ein erstes Argument ist oft das Alter: Ältere Mitarbeiter können nicht mehr so schnell arbeiten oder laufen als jüngere, dadurch ergibt sich schon ein Zeitunterschied. Dagegen spricht aber ein anderes Phänomen: Mit dem Alter sammelt man auch viel Erfahrung, was im Alltag durchaus auch Zeit sparen kann:

- Arbeitsabläufe werden zunehmend verschlankt. Wo man früher dreimal gegangen ist, geht man heute nur noch einmal. Jüngere Mitarbeiter müssen diese Erfahrung erst einmal machen.
- Ältere Mitarbeiter haben es leichter, sich gegen zusätzliche Wünsche der Kunden zu wehren. Die Erfahrung, aber auch die äußere Erscheinung („graue Haare") hilft, deutlicher und klarer „Nein" zu sagen; bei älteren Mitarbeitern geben solche Kunden auch leichter auf als bei jüngeren Mitarbeitern, die dabei noch unsicherer wirken. Die klassischen Methoden wie „Die andere Schwester macht das auch immer!" funktionieren bei jungen oder neuen Mitarbeitern eher als bei „alten" Hasen, die das schon lange kennen und nicht mehr darauf hereinfallen.

Es gibt darüber hinaus viele weitere Gründe, die außerhalb des „Alters" liegen. Um diese zu finden, bleibt als Methode der Wahl zur Überprüfung nur die **unangekündigte Tourenvisite** bei beiden Mitarbeitern. Es geht bei der Tourenvisite auch nicht darum herauszufinden, warum der eine zu langsam ist. Es kann ja auch sein, dass der andere zu schnell ist, weil er auf im Pflegedienst definierte Qualitätsstandards verzichtet. Deshalb sollte der Ansatz der Tourenvisiten immer der sein, zu schauen, warum die Versorgung so läuft. Wenn die Mehrzeit begründet ist, dann ist sie Grundlage der Planung. Wenn also ein Mitarbeiter wirklich nicht mehr „so schnell" laufen kann und nur deshalb die erhöhten Zeiten zustande kommen, dann ist das zu akzeptieren. Zu prüfen ist eher, welches Team man dann dieser Tour zuordnet (also möglichst Mitarbeiter mit vergleichbarem Tempo).

Im Rahmen der unangekündigten Tourenvisiten kann die Leitungskraft beobachten, warum und wie sich die Einsatzzeiten darstellen. Oft liegen die Gründe für Mehrzeiten gar nicht unmittelbar an der Pflegezeit, sondern an anderen Punkten.

Hier eine Aufzählung häufiger Gründe für unterschiedliche Zeiten und Lösungsansätze:

» **Probleme beim Weg finden und Parken**

Der Mitarbeiter fährt einen Umweg, weil er nur diesen Weg kennt oder er den anderen Weg nicht fahren will. Er findet keine Parklücke, die groß genug ist.

Lösung: Fahrkurs/Parkübungen beispielsweise im Rahmen eines Fahrsicherheitstrainings.

» **Anderes Leistungsverständnis** (Stichwort: Wie viele „Teile" werden beim Teilwaschen gewaschen?)

Oftmals sieht man erst in der Praxis, wie viele „Teile" wirklich gewaschen werden. Die Begründung der Mitarbeiter lautet dann oft: Sie hätte das in der Ausbildung so gelernt und es würde zu einer guten Pflege dazugehören (siehe Kap. 2.1.3).

Lösung: Schulung der Leistungskomplexe und Leistungsinhalte, aussagekräftige Preisliste mit beispielhaften Darstellungen (siehe Heiber 2011).

» **Heimliche Leistungen**

Wenn beispielsweise der Hund freudestrahlend mit der Leine im Maul wartet oder die Tasse Kaffee auf dem Tisch steht, ...

Lösung: Schulung der Mitarbeiter: Heimliche Leistungen sind keine Werbung etc., sondern eher das Gegenteil; Veränderung zumindest hin zu dokumentierten Serviceleistungen (siehe Heiber 2010).

» **Ineffektives Arbeiten** (z. B. unsinnige Reihenfolge, nicht alles vorbereitet etc.)

Da die Mitarbeiter ständig alleine arbeiten, haben sie keinen, der ihnen evtl. Tipps gibt oder auch nur reflektiert, wie sie arbeiten.

Lösung: Individuelle Hilfen im Rahmen von Tourenvisiten oder Hospitationen. (Mitarbeiter fährt die gleiche Tour bei anderen Kollegen mit.)

» **Mitarbeiter will sich nicht „hetzen" lassen**

Die Zeitvorgaben sind so zu bemessen, dass die vereinbarte Leistung zu schaffen ist, ohne zu hetzen. Wenn der Mitarbeiter aus persönlichen Gründen meint, er wolle immer langsamer arbeiten, ist dies nicht der richtige Arbeitsplatz. Denn durch sein Verhalten sorgt er für Unfrieden im Team („Warum lassen Sie sich nicht auch so viel Zeit wie der Kollege?") und bei den Kunden (Pünktlichkeit). Keine Lösung ist es, hier das Gehalt zu kürzen. Dann sind zwar wirtschaftliche Auswirkungen reduziert, aber die anderen Probleme bleiben. Vor allem werden dann auch die anderen Mitarbeiter mit der Forderung konfrontiert, länger zu bleiben, das ginge ja schließlich! Der Mitarbeiter arbeitet als Angestellter und nicht auf eigene Rechnung, das Direktionsrecht hat der Arbeitgeber, hier die PDL. Diesen Anweisungen hat der Mitarbeiter zu folgen, ansonsten müsste man über eine Vertragsauflösung/Kündigung nachdenken.

Eine andere Problematik ergibt sich, wenn der Mitarbeiter bei der hospitierten Tour genauso schnell ist wie die Kollegen, am nächsten Tag aber wieder so langsam wie bisher. Dann sollte die Leitungskraft den Mitarbeiter nach dieser Tour fragen, was heute zu den Abweichungen geführt hat. Die vermutlich dann genannten Gründe über spezielle Besonderheiten bei Kunden sollten am nächsten Tag mit einer erneuten Tourenvisite überprüft werden, denn solche Abweichungen sind ja in der Dokumentation dokumentiert. Ist dies nicht der Fall, muss dem Mitarbeiter klargemacht werden, dass man ein solches Verhalten nicht akzeptieren kann. Eventuell müssen sonst arbeitsrechtliche Schritte angedroht bzw. durchgeführt werden.

Zeitabrechnung und Mitarbeiter

In Zusammenhang mit der **Zeitabrechnung** gewinnt die Problematik der unterschiedlich schnellen Mitarbeiter noch eine weitere Dimension: Denn „langsame" Mitarbeiter sind (bei gleichem Ergebnis) für die Kunden teurer als „schnelle" Mitarbeiter. Deshalb wird der Kunde bei Zeitabrechnung sensibel darauf achten, dass alle Mitarbeiter gleich schnell sind bzw. dann nur noch die schnellen Mitarbeiter wünschen. Das kann bei der Pauschalabrechnung auch genau umgekehrt sein.

Allerdings zeigt die Erfahrung, dass die Mindestzeit bei der Zeitabrechnung im Regelfall vom Team eingehalten werden kann. Selbst die „schnellen" Mitarbeiter schaffen es, die Mindestzeit nicht zu unterbieten. Ansonsten sollte man das im Team besprechen, schließlich hat der Kunde ja auch die gesamte Zeit bestellt. Problematisch sind dann nur die Mehrzeiten.

7.4 Bezahlung nach festgelegter Leistungszeit?

Könnte man das Problem der abweichenden Zeiten nicht auch betriebswirtschaftlich lösen nach Modellen aus anderen Wirtschaftsbereichen? Man definiert einen internen Festpreis pro Leistung, den der Mitarbeiter erhält. Er ist dann frei, zu entscheiden, wie lange oder kurz er die Leistung erbringen will, Hauptsache, sie ist erbracht. Und da in einer Tour auch schnelle und langsame Kunden zu finden sind, gleicht es sich finanziell (und damit zeitlich) aus, wenn der Mitarbeiter bei einzelnen Kunden länger bleiben muss, so zumindest die Theorie!

Bei diesem Modell gibt es mehrere Probleme: Wenn der einzelne Mitarbeiter pauschal vergütet wird, kann er doch auch selbst entscheiden, wie lange er bleibt (bleiben will)? Das dürfte je nach Mitarbeiter dann beim gleichen Kunden unterschiedlich lang sein. Da aber die PDL die Tourenplanung und damit praktisch auch

Handbuch Ambulante Einsatzplanung · Andreas Heiber und Gerd Nett
 · ISBN 978-3-86630-378-2

die Anwesenheitszeit verantwortet, gäbe es hier ein Direktionsproblem: Kann die PDL eine längere Versorgungszeit anordnen, als der Arbeitgeber über die Pauschale bezahlt? Soll ein Kunde mit Parkinson beispielsweise 45 Minuten versorgt werden, obwohl die Leistung dem Mitarbeiter nur mit 20 Minuten bezahlt wird, stellt sich die Frage, ob hier überhaupt eine rechtsgültige Arbeitsanweisung erfolgen kann. Der Verweis auf den Durchschnittswert ist nicht hilfreich, da nicht der Mitarbeiter bestimmt, welche Kunden er versorgt und welcher Durchschnittswert damit für ihn zu erzielen ist, sondern die PDL. Die einzelnen Touren werden keineswegs nach sinnvollen wirtschaftlichen Durchschnitten pro Mitarbeiter/Tour erstellt, sondern nach ganz anderen Kriterien wie Geografie, Fachlichkeit, Zeitwünschen etc.; damit wird sich auch in vielen Fällen kein sachgerechter Durchschnitt für den einzelnen Mitarbeiter ergeben. Auf der Ebene der Qualität dürfte dieses System nur dann funktionieren, wenn die Mitarbeiter von sich aus diese notwendige Mehrarbeitszeit erbringen. Gesteuert werden kann die Qualität damit allerdings nicht, sondern sie ist nur ein Zufallsprodukt.

Es wird durch diese Methode nur das wirtschaftliche Risiko auf den Arbeitnehmer übertragen, was auch arbeitsrechtlich schwierig ist (siehe Kap 5.2). Dieses Modell führt nach unseren Beobachtungen außerdem zu einer deutlichen Verschlechterung des Betriebsklimas, was durchaus verständlich ist. Betriebswirtschaftlich kann sich die Bezahlung nach Leistung zwar rechnen, allerdings fehlt dann auch jegliche Möglichkeit einer Vergütungserhöhung für die Pflegeleistungen, da auch hier die Erträge systembedingt immer die Kosten tragen.

7.5 Zusammenfassung

» Die Leistungszeiten bei Pauschalen (also vor allem bei Leistungskomplexen/Modulen der Pflegeversicherung) sind individuell pro Kunde und Einsatz zu definieren unter Berücksichtigung deren gesundheitlichen Verhältnissen sowie der baulichen Gegebenheiten der Kundenwohnung.

» Pauschalleistungen haben keine definierte Mindestzeit: Denn wenn der Inhalt der Leistung erbracht ist, muss der Mitarbeiter gehen.

» Die „erlösorientierte“ Einsatzplanung kontrolliert nur die rechnerische Durchschnittszeit und deren Überschreitung, ignoriert aber mögliche Unterschreitungen. Dadurch entsteht schnell eine Mindestzeit pro Leistung, was dann wiederum zu einem falschen, weil erhöhten, Durchschnitt führt.

» Definierte Einsatzpauschalen können für die Zeitdefinition und Planung hilfreich sein.

Handbuch Ambulante Einsatzplanung · Andreas Heiber und Gerd Nett
© Vincentz Network GmbH & Co. KG, Hannover 2014 · ISBN 978-3-86630-378-2

- Zeitvorgaben im Tourenplan sind keine fixen Zeiten: Mitarbeiter können und dürfen in jeder Richtung davon abweichen, solange die Gründe dafür dokumentiert werden.
- Bei Zeitleistungen ist die Einsatzzeit vom Kunden definiert und damit einzuhalten.
- Bei langsamen Mitarbeitern sind zunächst die tatsächlichen Gründe der Zeitabweichung über unangekündigte Tourenvisiten zu ermitteln. Nur dann lassen sich auch mögliche Lösungen finden.
- Die Bezahlung nach fixen Leistungen (streng genommen: Akkordarbeit) ist rechtlich stark umstritten und nicht hilfreich für die Praxis und Planung.

8 Weitere Bausteine der Einsatzplanung

Nachdem die Definition der Leistungszeiten diskutiert wurde, fehlen noch weitere Aspekte und Punkte, die bei der Einsatzplanung eine Rolle spielen.

8.1 Touren statt Mitarbeiterzuordnung

Standardbausteine in der ambulanten Einsatzplanung sind heute sogenannte **Touren.** Diese beinhalten eine Reihe von Einsätzen, die im Regelfall zunächst nach geografischen Gesichtspunkten und nach vertraglich erforderlicher Qualifikation (Fachkraft/Pflegekraft) zusammengestellt werden. Die Touren werden auch abstrakt benannt, meist nach Dienstbeginn (Früh 1, Spät 1) oder auch gekoppelt mit geografischen Bezeichnungen (West früh 1, ...). Erst danach erfolgt eine Zuordnung von bestimmten Mitarbeitern zu Touren.

Zu Zeiten der „Gemeindeschwestern", also vor Beginn der Pflegeversicherung, gab es bedingt durch die Systematik eine andere Struktur: Die einzelne Gemeindeschwester nahm in der Regel ihre Patienten an und war dann für ihre Patienten auch zuständig, selbst wenn im Laufe der Zeit eine andere Zuordnung sinnvoller gewesen wäre. Diese **Mitarbeiter- oder Schwesterntouren** sorgten zwar für eine hohe Mitarbeiterkontinuität (es kam ja immer der gleiche Mitarbeiter), aber nicht unbedingt für eine zeitliche Kontinuität. Das Modell war oft auch nicht wirklich wirtschaftlich.

Durch die Einführung einer separaten Ebene in der Planung der Tour, erfolgt im ersten Schritt keine feste Zuordnung mehr zu einem einzelnen Mitarbeiter. Erst wenn die Touren festlegt sind, erfolgt im zweiten Schritt die Zuordnung von Mitarbeitern zu Touren. Dass auch hier auf eine hohe Personalkontinuität geachtet werden sollte, hat mehrere, vor allem praktische Gründe: Wird die Tour immer von einer gleichen Gruppe Mitarbeiter (Team) versorgt, sorgt die Kontinuität in der Versorgung nicht nur für zufriedene Kunden (sie kennen den Mitarbeiter, er kennt sich auch aus), sondern ist auch wirtschaftlicher als ein ständiger Wechsel. Denn wenn die Mitarbeiter und Kunden sich kennen, sind Abläufe auch bekannt und daher schneller und unkomplizierter, als wenn ständig neue Mitarbeiter sich orientieren müssen.

Schwierig wird es allerdings, wenn einzelne Mitarbeiter nur noch bestimmte Kunden versorgen wollen oder wenn bestimmte Kunden nur noch einen konkreten Mitarbeiter wollen. Beides deutet darauf hin, dass etwas nicht stimmt: Hier sollte man den Mitarbeiter fragen, warum das so sein soll? Wenn er nicht in der Lage ist, sich auf unterschiedliche und im Einzelfall auch schwierige Kunden einzustellen, kann er seinen Arbeitsplatz in der Ambulanten Pflege nicht mehr ausfüllen. Würde man dem Mitarbeiter seinen „Willen" lassen, wäre das eine Ungleichbehandlung im Team, die dauerhaft negative Folgen haben würde. („Der kann sich seine Kunden

Handbuch Ambulante Einsatzplanung · Andreas Heiber und Gerd Nett
 · ISBN 978-3-86630-378-2

aussuchen!") Bei Konflikten mit einzelnen Kunden sollte man immer die wirklichen Ursachen klären.

8.2 Fachliche Anforderungen

Bei den zu erbringenden Leistungen stellt sich immer die Frage, welche Fachlichkeit in Bezug auf Berufsausbildung (formale Qualifikation) bzw. praktische Fähigkeiten (materielle Qualifikation) notwendig sind. Unabhängig von den formalen oder materiellen Qualifikationen ist immer die PDL für den Personaleinsatz verantwortlich.

Je nach Leistungsträger, aber vor allem je nach Bundesland, sind die Anforderungen zum Teil sehr unterschiedlich definiert.

8.2.1 Personalanforderungen Pflegeversicherung

Für die Pflegeversicherung ist dies bundesweit einheitlich über die „Maßstäbe und Grundsätze für die Qualität und Qualitätssicherung sowie für die Entwicklung eines Einrichtungsinternen Qualitätsmanagements nach § 113 SGBXI in der Ambulanten Pflege vom 27. Mai 2011" geregelt. Verantwortlich für den Personaleinsatz ist die PDL, die die Pflegekräfte gemäß ihren Fähigkeiten einsetzt und deren Leistungen überwacht. Eingesetzt werden kann damit jede Kraft, soweit die PDL von ihrer Qualifikation überzeugt ist. Zwar gibt es in Absatz 3.1.6 eine Aufzählung aller Berufsgruppen (Fachkräfte und Helfer), hier nicht genannte Ausbildungen bzw. Mitarbeiter ohne Ausbildung sollen unter fachlicher Anleitung einer Fachkraft tätig sein.

In zwei Bundesländern gibt es zurzeit nach unserem Kenntnisstand davon allerdings abweichende Vergütungsvereinbarungen:

- In Rheinland-Pfalz gibt es beim Einsatz von Hilfskräften in der Grundpflege eine entsprechende Einarbeitungsvereinbarung zu beachten.
- In Baden-Württemberg werden die Leistungen nach Berufsgruppen (Fachkräfte, Hauswirtschaftliche Fachkräfte, Ergänzende Hilfen) differenziert, dabei gehören in Baden-Württemberg auch Pflegehilfskräfte (Alten- und Krankenpflegehelfer) zu den sogenannten Fachkräften.

Bei der neuen Leistung „Häusliche Betreuung" gibt es in den ersten Verträgen Hinweise auf fachliche Qualifikationen in Bezug auf die Betreuung dementer Pflegebedürftiger. Im Regelfall sind die Formulierungen offen gehalten, sodass es bei den bisher bekannten Umsetzungen keine genau definierten Kriterien gibt.

Im Rahmen der Leistungen auf der Basis der Kostenerstattung (Verhinderungspflege [§ 39] sowie Zusätzliche Betreuung [§ 45 b]) gibt es keine fixierten Personalvoraussetzungen, da hier keine vertraglichen Vorgaben mit den Pflegekassen vorhanden sind und auch die rahmenvertraglichen Regelungen (nach §§ 75 sowie 113 SGB XI) formal nicht gelten. Denn die Vergütungsvereinbarung und damit alle weiteren

Kapitel
1
2
3
4
5
6
7
8
9
10
11
12
13
14

Handbuch Ambulante Einsatzplanung · Andreas Heiber und Gerd Nett
 · ISBN 978-3-86630-378-2

Inhalte werden direkt mit dem Kunden vereinbart, der die Leistung direkt bezahlt und später von den Pflegekassen erstattet bekommt.

Für die hauswirtschaftliche Versorgung gibt es ebenfalls kein definiertes Personalprofil. Aber auch hier, wie bei allen Leistungen nach SGB XI, gilt, dass die Mitarbeiter geeignet sein müssen, sonst dürfen sie nicht eingesetzt werden. Das bedeutet sicherlich, dass auch Mitarbeiter, die für die hauswirtschaftliche Versorgung eingesetzt werden, nicht nur eine regelmäßige Hygiene- und Notfallausbildung haben, sondern genauso im Umgang mit Dementen geschult sind. Denn in der Ambulanten Pflege sind die Pflegebedürftigen immer da, auch wenn man „nur" Hauswirtschaftliche Leistungen erbringt.

8.2.2 Personalanforderungen Krankenversicherung

Im Bereich der Krankenversicherung finden sich die Regelungen über den Personaleinsatz in den entsprechenden Verträgen nach § 132 a SGB V, die mit den jeweiligen Krankenkassen bzw. Krankenkassenverbänden abgeschlossen wurden. Die Regelungen können von Land zu Land und/oder von Kassenart zu Kassenart (beispielsweise AOK und VdEK) unterschiedlich sein. Wesentliche Unterschiede gibt es bei der Frage der Behandlungspflegeleistungen. In einigen Ländern (z. B. in Sachsen-Anhalt) sind jegliche Behandlungspflegeleistungen – also auch das Ausziehen von Kompressionsstrümpfen – von Pflegefachkräften mit dreijähriger Ausbildung auszuführen, während in vielen anderen Ländern der Personaleinsatz in der Verantwortung der PDL liegt. In jedem Fall ist es wichtig, sich die für den Pflegedienst geltenden aktuellen Vereinbarungen selbst anzusehen und nicht beispielsweise Äußerungen von Mitarbeitern des MDK bei einer Qualitätsprüfung ungeprüft zu übernehmen. Nicht immer basieren diese Äußerungen auf den geltenden vertraglichen Grundlagen im Bundesland.

Problemfeld Medikamentengabe

Gemäß dem Ausbildungsstandard erfolgt eine Medikamentengabe nach der sogenannten „5er"-Regel: richtiger Patient, richtige Zeit, richtiger Wirkstoff/Medikament, richtige Dosis, richtige Applikationsform. Die Umsetzung setzt voraus, dass der Mitarbeiter sicher weiß, welche Medikamente er gerade verabreicht.

In der Praxis werden Medikamente oft vorgestellt, in der Regel von Pflegefachkräften in die typischen Schiebeschachteln mit drei oder vier Fächern. Auf dem Deckel der Schiebeschachteln steht dann die Tageszeit. Diese Behälter werden entweder im Büro oder vor Ort wochenweise mit den verschiedensten Medikamenten beladen. Für die eigentliche Medikamentengabe kommt dann eine andere Kraft, oftmals auch eine Pflegekraft oder Hilfskraft, sucht die richtige Schachtel und gibt die vorgestellten Medikamente. Faktisch kann der Mitarbeiter, der die Medikamente gibt, nur dann sicher sein, dass die richtigen Medikamente vorgestellt wurden, wenn er die Originalverpackungen vor Ort hat und prüfen kann, ob es beispielsweise die richtige „weiße" Tablette war. Aus diesem Grund ergibt das Vorstellen in Wochenboxen schon keinen Sinn mehr, die Kontrolle kostet dann mehr Zeit als die Tabletten direkt vor Ort zu stellen und zu geben. Trotzdem meinen viele Pflegedienste, die Vergütungsvereinbarungen würden festlegen, dass die Medikamente durch Fachkräfte „vorgestellt" werden müssten, eine Behauptung, die oft auch von MDK-Mitarbeitern kommt.

Ein Hauptmissverständnis rührt aus einer Vermischung von Abrechnungsmodalitäten und praktischem Tun. Es gibt im Regelfall zwei Leistungen der Medikamentengabe in der Vergütungsvereinbarung:

» Das **Stellen/Richten von Medikamenten**: Die Leistung erfolgt in der Regel wöchentlich und darf meist nur durch hierfür fachlich (aufgrund ihrer Ausbildung) qualifizierte Mitarbeiter erfolgen, also in der Regel Pflegefachkräfte. Die gestellten Medikamente werden dann von den Patienten eigenständig eingenommen.

» Die **Medikamentengabe** darf in vielen Bundesländern auch von Nichtfachkräften vorgenommen werden, die gegebenenfalls entsprechend weiter zu qualifizieren sind (und somit die „5er"-Regel kennen und beherrschen) oder wenn die PDL sich davon überzeugt hat, dass diese dazu in der Lage sind.

In der Praxis wird das vermischt und so interpretiert, dass Nichtfachkräfte zwar die Medikamente **geben** dürften, aber nur, wenn Fachkräfte diese vorher **gestellt** haben. Allerdings können die gebenden Mitarbeiter dann die eigenen Standards (siehe 5er-Regel) nicht mehr einhalten.

Es gilt hier die einfache Haftungszuordnung: „Wer gibt, der haftet!" Kein Mitarbeiter kann sich darauf berufen, dass er nicht wusste und/oder geprüft hat und/oder prüfen konnte, was in der Schiebeschachtel war. Deshalb gibt es eigentlich keinen Grund, die Medikamente vorzustellen. Denn nur, wenn man die Originalverpackungen hat, kann man die Leistung nach Standard durchführen.

Es sei auf den dritten Qualitätsbericht des MDS 2012 hingewiesen. Hier wird festgestellt, dass die geprüften Medikamentengaben zu 22,5 Prozent nicht der Verordnung entsprachen. Auch wenn man nicht alle Prüfergebnisse im Einzelfall nachvollziehen muss, zeigt doch die hohe Prozentzahl, dass hier noch Verbesserungsbedarf besteht. Nur bei einer sehr großen Medikamentenmenge (beispielsweise mehr als zehn Tabletten pro Einsatz) könnte das Vorstellen eine rein organisatorische Erleichterung bringen. Aber auch hier bleibt dann das Haftungsproblem. Sinnvoller wäre hier, wenn die Mitarbeiter, die die Tabletten geben, sich diese selbst vorstellen. Dann kennen sie wenigstens die Medikamente und deren Aussehen vom Stellen.

Das „Vorstellen" in Blistern durch die Apotheke hat eine andere Qualität, denn hier verantwortet die durchführende Apotheke die richtige Zusammensetzung der Blister, die Tabletten sind dann sozusagen „originalverpackt".

Das heißt für die Praxis: Es müssen im Regelfall keine Touren oder Zeiten für das Vorstellen von Medikamenten eingeplant werden, es sei denn, es handelt sich um verordnete Leistungen.

8.2.3 Andere Leistungen und besondere Berufsgruppen

Bei Leistungen im Auftrag der **Sozialhilfe** kommt es auf die dortigen Vereinbarungen an, bei Privatleistungen ist eine evtl. vereinbarte Qualifikation im Vertrag festgehalten. Im Regelfall gelten hier die vergleichbar offenen Regelungen der Pflegeversicherung, es sei denn, es werden beispielsweise Leistungen der Eingliederungshilfe erbracht.

Im Bereich der **Privatleistungen** liegt es in der Organisationsverantwortung des Pflegedienstes, welches Personal er bei von ihm definierten Leistungen zugesagt hat und einsetzt.

Der Einsatz von Praktikanten, Mitarbeitern im Bundesfreiwilligendienst, Kräften im Freiwilligen Sozialen Jahr (FSJ), Schülern und Mitarbeitern von Arbeitsförderungsmaßnahmen der Arbeitsagentur (beispielsweise für die Wiedereingliederung) richtet sich nach den Bedingungen der jeweiligen Arbeitsmaßnahmen. Aus Sicht der Pflegeversicherung gibt es für den Einsatz die geringsten Einschränkungen (s. o.).

Bei Kranken- und Altenpflegeschülern stellt sich immer auch die Frage des Ausbildungsstandes und des entsprechenden Lehrplans der Schule. Schüler im dritten Ausbildungsjahr verfügen sicherlich schon über andere Kenntnisse als Menschen ohne Pflegeausbildung. Allerdings sollte auch hier mit der Schule bzw. für das Bundesland geklärt werden, für welche Einsätze sie bereits qualifiziert sind.

8.3 Feste Uhrzeiten

Es gibt bestimmte zeitliche Vorgaben, die in jedem Fall beachtet werden müssen:

Behandlungspflege
Ärztliche Vorgaben in Bezug auf bestimmte Versorgungszeiten sind immer einzuhalten. Beispiele sind bestimmte Zeitabstände bei der Medikamentengabe oder Insulininjektion zu Mahlzeiten bzw. im Tagesverlauf. Das kann auch für weitere Behandlungspflegen wie Infusionen etc. gelten.

Termine und Fahrdienste
Als weiterer externer Faktor kommen Versorgungszeiten anderer, insbesondere Abholzeiten der Tagespflege oder Therapeutentermine, dazu. Gerade die Abholzeiten der Tagespflege können im Einzelfall mit der Einrichtung abgesprochen werden. Dabei sollte auch die Tagespflege in der Lage sein, die evtl. zeitlichen Zwänge des Pflegedienstes in der eigenen Fahrtplanung zu berücksichtigen. Vielleicht könnten

auch durch flexiblere Öffnungszeiten der Tagespflege größere Zeitkorridore entstehen, in denen die Kunden abgeholt werden.

8.4 Wünsche der Kunden

Wie mit weiteren Wünschen der Kunden in Bezug auf die Tourenplanung umzugehen ist, hängt zumindest teilweise von den Wünschen ab.

8.4.1 Feste Versorgungswunschzeiten

Aus Kundensicht sind solche Wünsche sehr zu begrüßen. Wenn man vereinbaren kann, dass der Pflegedienst immer exakt um 9.00 Uhr da ist, dann hört sich das gut an. Allerdings sind solche genauen Vorgaben in der Praxis unrealistisch, damit zu werben bzw. diese anzubieten, wäre mehr als schwierig. Versorgungszeiten sollten mit einer Schwankungsbreite beispielsweise von plus/minus 15 Minuten zugesagt werden mit dem Hinweis, dass bei früherem oder zu späterem Beginn der Kunde rechtzeitig informiert wird.

Zeitliche Wünsche

Gerade die Morgenversorgung stellt hier das größte Problem dar, da viele Menschen zur gleichen Zeit („morgens um 7.30 Uhr") versorgt werden wollen. Das lässt sich praktisch nicht immer realisieren, wie aus der Grafik 8.1 sichtbar wird, siehe auch in Kap. 4.1. Während morgens um 8.00 Uhr 14 Mitarbeiter notwendig wären, werden 2 Stunden später nur noch acht Mitarbeiter benötigt. Aus Sicht der Einsatzplanung stellt sich die Frage, wie möglichst viele Kundenwünsche mit den vorhandenen Mitarbeiterkapazitäten erfüllt werden können. Dabei kann schon eine geringe Veränderung der Kurve (Abflachung) positive Auswirkungen haben: Werden mehrere Kunden schon etwas früher versorgt, entspannt sich die Spitze.

Deshalb sollten schon bei den Vertragsgesprächen Strategien angewendet werden, um diese kritische Morgenzeit zu entzerren; zwei davon sind hier kurz skizziert:

» Bevor es im Vertragsgespräch um die Leistungsverteilung geht (also was der Pflegedienst machen soll), sollte zunächst einmal der Gesamtbedarf auf der Basis eines Tagesablaufes erfasst werden. Werden hier die bisherigen Lebensgewohnheiten stärker im Detail abgefragt (erst im Bademantel gefrühstückt und Zeitung gelesen, um 10.00 Uhr dann rasiert und angezogen?), könnte man auch entsprechend differenzierte Lösungen anbieten. Wichtig ist auch, den Pflegekunden nach seinen Wünschen zu fragen, und nicht (nur) die Angehörigen. Es könnte sein, dass der Vater erst um 10.00 Uhr aufstehen will, die Tochter will aber, dass er wie bisher spätestens um 8.00 Uhr aus

Handbuch Ambulante Einsatzplanung · Andreas Heiber und Gerd Nett

dem Bett kommt (siehe auch Heiber 2010 a), damit sie rechtzeitig zur Arbeit kommt.

» In vielen Katalogen sind die Grundpflegeleistungen als relativ große Pakete definiert (außer in Bayern, Katalog Wohlfahrt). Dann gehört das Aufstehen, Waschen, Anziehen und Rasieren meist immer zusammen, es kann nur so erbracht oder zumindest nur so abgerechnet werden. Hier würde die alternative Zeitabrechnung helfen können: Man könnte beispielsweise für morgens 5 Minuten Grundpflege vereinbaren, um jemand nur aus dem Bett an den Frühstückstisch zu helfen. Später würde man dann zum Duschen kommen. Oder man könnte später nur Zeit zum Rasieren vereinbaren. Dadurch lassen sich morgens mehr Kunden versorgen, weil einige Einsätze dann sehr kurz sind.

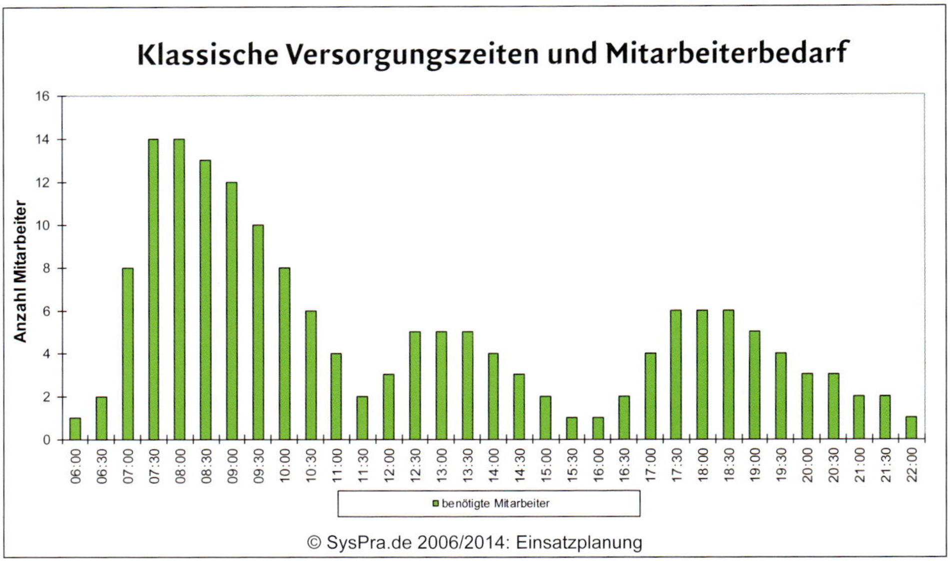

Grafik 8.1

Nachtzuschläge auf die Leistungen oder erhöhte Wegepauschalen begrenzen unter Umständen ebenfalls Versorgungszeiten: Viele Kunden würden auch erst um 21.00 Uhr ins Bett gehen, da aber im Leistungskatalog des eigenen Bundeslandes beispielsweise nach 20.00 Uhr die Wegepauschalen erhöht sind, wollen sie lieber früher versorgt werden. Sowohl in der Kranken- als auch in der Pflegeversicherung sind die Zeitzuschläge je nach Bundesland unterschiedlich geregelt, in der Höhe als auch in der Zeit. So sind die Zeiten ab 20.00 Uhr bis 6.00 Uhr in z. B. Niedersachsen und Hessen zuschlagspflichtig, in Schleswig-Holstein aber erst ab 22.00 Uhr. In Bayern „endet die Nacht" dafür erst um 8.00 Uhr. In einigen östlichen Bundesländern gibt es in der Pflegeversicherung keine ausgewiesenen Wegepauschalen, sondern sie sind integrale Bestandteile der jeweiligen Leistungskomplexe (Katalogstand 2014).

Unter Umständen ist dauerhaft zu überlegen, ob die Vergütungsvereinbarungen im jeweiligen Land den tatsächlichen Umständen gerecht werden: Viele Tarifzuschläge beginnen erst ab 22.00 Uhr und nicht schon ab 20.00 Uhr. Das Arbeitszeitgesetz spricht erst von Nachtzeit zwischen 23.00 Uhr und 6.00 Uhr (§2 Abs. 2 ArbZG), wobei Nachtarbeit erst beginnt, wenn auch mehr als 2 Stunden zur Nachtzeit gearbeitet wird (siehe Kap. 2.1).

Der zugesagte Versorgungsbeginn ist im Prinzip unveränderbar. Wurde Herrn Müller gesagt, dass er um 8.00 Uhr versorgt wird, gibt es grundsätzlich keinen Grund davon abzuweichen. Personalengpässe etc. sollten nicht zulasten der Versorgungszeiten der Kunden gehen.

8.4.2 Weitere Wünsche der Kunden

Es gibt eine Reihe von weiteren Wünschen, die bei der Tourenplanung eine Rolle spielen kann.

Keine Männer/Frauen

Wünsche nach einer bestimmten geschlechtsspezifischen Versorgung sollten auf jeden Fall berücksichtigt werden, wobei in der Praxis der Einsatz von Männern bei weiblichen Kunden problematischer ist als der Einsatz von Frauen bei männlichen Kunden. Gerade vor dem Hintergrund unterschiedlicher religiöser Regeln, aber auch aufgrund der biografischen Erfahrung (Kriegsfolgen), sollte man diese Wünsche immer befolgen oder klären, was im Ausnahmefall zu machen ist (evtl. dann nur eine Teilversorgung ohne Waschen etc.). Lässt sich die Versorgung nicht anders sicherstellen, sollten die Kunden vorher auf jeden Fall gefragt werden, ob eine Ausnahme möglich ist.

Keine Raucher?

Manche Kunden bestehen darauf, dass Mitarbeiter, die zu ihnen kommen, Nichtraucher sind, weil sie sich selbst bei kleinsten Rauchgerüchen unwohl fühlen. Dieser Wunsch ist nachvollziehbar, zumal man sich in der Grundpflege oft sehr nahe kommt. Allerdings wird es in der Praxis dann problematisch, wenn auch andere Kunden versorgt werden, die selbst rauchen. Es kann also vorkommen, dass man nach der Versorgung eines rauchenden Kunden schlimmer riecht als beim eigenen Rauchen. Hier ist es wichtiger, „Rauch“-Kunden entweder in einer „Raucher-Tour“ oder am Ende einer Tour zu versorgen, damit man sich danach umkleiden kann.

In der Praxis sind die Raucher unter den Mitarbeitern selbst schon so sensibilisiert, dass sie ihren Mundgeruch mit entsprechenden Hilfsmitteln gut im Griff haben und die Kleidung meist nicht das Problem ist (da in den Dienstwagen in der Regel nicht geraucht wird/werden darf).

Nur bestimmte Mitarbeiter/„Meine Schwester"
Wenn ein Kunde nach einer gewissen Zeit nur noch bestimmte Mitarbeiter haben will, andere Mitarbeiter mit Hinweisen auf „Unfreundlichkeit", „Unzuverlässigkeit", und ähnlichen diffusen Begründungen abgelehnt werden, deutet das eher auf mögliche „Heimliche Leistungen" hin, denen nachgegangen werden sollte. Wünsche nach nur einem Mitarbeiter zeigen meist, dass hier auch der Mitarbeiter nicht mehr die im positiven Sinne fachlich kompetente Pflegekraft mit dem berufsnotwendigen professionellen Abstand (bei aller sinnvollen Empathie) tätig ist, sondern eher die „Ersatz"-Tochter/der „Ersatz"-Sohn. Auch hier muss man reagieren und evtl. die betroffenen Mitarbeiter in andere Touren versetzen. Gleichzeitig müsste auch dem Kunden aufgezeigt werden, dass Heimliche Leistungen gar nicht und nur in begrenztem Maße als Serviceleistungen möglich sind.

Bestimmte Mitarbeiter ablehnen
Umgekehrt ist es genauso problematisch, wenn bestimmte Mitarbeiter abgelehnt werden. Grundsätzlich entscheidet jeder Kunde selbst, wen er in seine Wohnung lässt, daher muss der Pflegedienst diese Wünsche (die ja klare Anweisungen sind) akzeptieren. Wichtig wäre es jedoch herauszufinden, was die Ursache ist. Im Einzelfall kann es sein, dass sich zwei Menschen nicht mögen und deshalb der Kunde diesen Mitarbeiter ablehnt. In jedem Fall sollte mit beiden (Kunde und Mitarbeiter) einzeln gesprochen werden, um die Ursachen aufzuklären. Gibt es ein Fehlverhalten des Mitarbeiters oder hat der Mitarbeiter nicht die geforderten „Heimlichen Leistungen" erbracht, die andere erbringen und ist deshalb in „Ungnade" gefallen? Dann kann es sein, dass dies auch bei weiteren Mitarbeitern passieren wird, wenn man dem Kunden nicht verständlich macht, dass die Mitarbeiter richtig gehandelt haben.

Ein eigenes Problemfeld ergibt sich, wenn Kunden ausländische Mitarbeiter aus Prinzip („Ich will keine Ausländer/Russen/Farbige ... hier haben.") ablehnen. Gut wäre es, wenn der Pflegedienst sich dann vor seine Mitarbeiter stellt und dem Kunden selbst kündigt. Das würde auch den ausländischen Arbeitskräften (auf die die Pflegedienste dringend angewiesen sind) zeigen, dass der Pflegedienst zu ihnen steht und sich nicht erpressen lässt. Denn wer es zulässt, dass Kunden Mitarbeiter aufgrund der Nationalität oder Hautfarbe ablehnen können, der ermuntert Kunden geradezu, sich seine ihm genehmen Mitarbeiter selbst auszusuchen. Eine sinnvolle (auch wirtschaftliche) Tourenplanung ist so nicht mehr zu realisieren.

8.5 Individuelle Wegezeiten

Die Wegezeiten bilden in der Ambulanten Pflege einen großen Kostenblock, insbesondere wegen der hier aufzuwendenden Arbeitszeit der Mitarbeiter. Der Begriff „Wegezeit" sollte eindeutig definiert werden, denn er umfasst mehr als die reine Fahrtzeit (die man beispielsweise mit einer Routenplanungssoftware definieren könnte).

Die Wegezeit umfasst die Zeit vom Verlassen des vorherigen Kunden bis zur Ankunft beim nächsten Kunden. Die Wegezeit der Tour beginnt und endet (soweit zentral vom Büro aus gefahren wird) beim Verlassen/Erreichen des Büros. Bei dezentraler Organisation (Arbeitsbeginn beim ersten Kunden) beginnt die Tour beim ersten Kunden und endet beim Verlassen des letzten Kunden. Die Fahrtzeit von/zur Arbeitsstätte ist in diesem Fall die Fahrt zum ersten Kunden bzw. vom letzten Kunden nach Hause, die der Arbeitnehmer entsprechend steuerlich geltend machen kann und deshalb damit in den Privatbereich gehört, vergleichbar ansonsten mit der (privaten) Fahrt ins Büro.

Im Begriff **„Wegezeit"** sind damit nicht nur die reinen Fahrtzeiten gemeint, sondern auch die Zeit für das Finden eines Parkplatzes, das Laufen zum Haus bzw. evtl. auch innerhalb des Hauses bis zur Wohnungstür. Für die sachgerechte Zeiterfassung sollte als Wegezeit immer die Zeit nach dem Verlassen der Wohnung bis zum Betreten der nächsten Wohnung erfasst werden. (Das MDA hier entsprechend „gedrückt" werden, keinesfalls erst, wenn man im Auto ist oder es verlässt.)

Da die Wegezeiten von Kunde zu Kunde sehr unterschiedlich hoch sein können, ist es nur sachgerecht, nicht mit einer pauschalen Wegezeit zu arbeiten, sondern diese, wie die Leistungszeiten beim Kunden, individuell von Einsatzort zu Einsatzort festzulegen. Wie der Unterschied zwischen pauschalen und individuellen Wegezeiten aussehen kann, zeigt die nachfolgende Grafik 8.2.

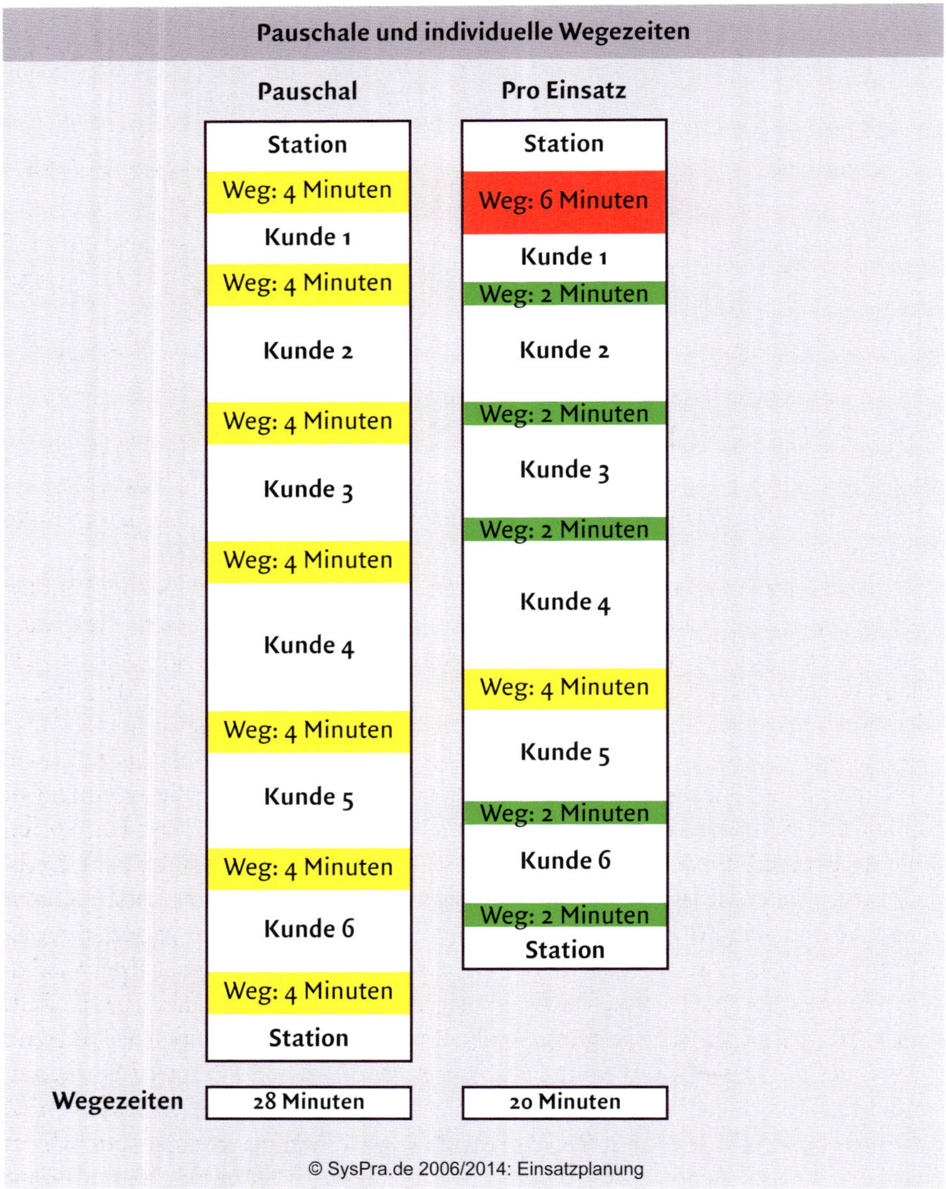

Grafik 8.2

Dazu kommt ein psychologisches Phänomen: Mitarbeiter nehmen es bewusst und oft negativ wahr, wenn ein Weg länger dauert, als geplant (hier erster Einsatz), aber es fällt nicht positiv auf, wenn die Wegezeit beim nächsten Einsatz zu hoch ist (wie bei den nächsten Einsätzen). Die Zeitreserve wird dann eher für eine kurze Verschnaufpause (oder Rauchpause?) genutzt, allerdings nicht unbedingt so der PDL dargestellt.

Durch genaue Wegezeiten lassen sich die Leistungszeiten auch richtig kalkulieren, ansonsten gibt es schon allein durch die pauschalen und damit oft falschen Wegezeiten Zeitverschiebungen, je länger die Tour dauert, umso größer wird der Effekt.

Ein weiteres Argument, durch die pauschalen Zeiten hätten die Mitarbeiter eigenen Spielraum und Zeitpuffer, wenn mal etwas länger dauert, widerspricht dem Grundgedanken der Einsatzplanung. Denn dann wüsste die Einsatzleitung nicht, was und warum was länger gedauert hat und kann damit auch nicht sachgerecht reagieren.

8.6 Rüst- und Organisationszeiten

Im Rahmen der Einsatzplanung müssen weitere Zeiten geplant werden, die nicht direkt mit den Einsätzen und der Kundenversorgung zu tun haben, die sogenannten Rüst- und/oder Organisationszeiten.

Rüst- und Organisationszeiten sind ein großes Feld, um vehemente Diskussionen zu führen, aber auch um Zeit und damit Geld einzusparen. Vorweg eine Klarstellung: **Ohne ausreichende Organisationszeiten** kann kein Pflegedienst funktionieren, an dieser Stelle kann man sich auch „kaputtsparen". Um eine richtige Balance zu finden, müssen die einzelnen inhaltlich notwendigen Organisationsleistungen definiert und abgegrenzt werden. Dabei sollten die Inhalte und die Notwendigkeit kritisch hinterfragt werden, insbesondere wenn es um Leistungen geht, die eigentlich von anderen zu refinanzieren wären. Beispielhaft sei hier das Organisieren von Medikamenten genannt. Die von der Krankenkasse bezahlte Leistung: „Medikamentengabe" oder das wöchentliche „Stellen von Medikamenten" umfasst nur das Geben oder das Stellen bereits vorhandener Medikamente (siehe Kap. 2.4.1). Das Besorgen der Medikamente (von der Bestellung des Rezeptes beim Arzt bis zum Abholen bei der Apotheke) gehört nicht dazu, sondern ist eigentlich eine Privatleistung bzw. auch mit der Hauswirtschaftlichen Leistung „Einkaufen" im Rahmen der Pflegeversicherung abrechenbar. Ansonsten ist es eine Serviceleistung. Deshalb müsste geklärt werden, wie dies bei den einzelnen Kunden vereinbart wurde (Angehörige übernehmen dies oder Pflegedienst übernimmt dies als Privatleistung [Monatspauschale] oder als Einkaufsleistung im Rahmen SGB XI). Dann kann die Leistung und die damit verbundene Arbeitszeit ebenfalls geplant oder zumindest später über die Ist-Zeiterfassung erfasst werden.

Die Gefahr der Ausweitung von Organisationszeiten ist dann gegeben, wenn sie **nicht geplant** werden und damit Mitarbeiter sie (unter Umständen) beliebig „nutzen" und/oder ausweiten. Es gibt klassische Phänomene wie den Umstand, dass, wenn eine Tour wegen Ausfalls eines Kunden kürzer dauerte, Mitarbeiter auf einmal die Zeit haben und sich nehmen, einen Schrank aufzuräumen, oder Pflegedokumen-

Handbuch Ambulante Einsatzplanung · Andreas Heiber und Gerd Nett

tationen zu schreiben, die Tagesarbeitszeit dann trotzdem genauso lang ist wie ohne den Ausfall. Oft liegt das daran, dass Mitarbeiter „Angst" vor „Minusstunden" haben und die ausgefallene Zeit noch „nutzen" wollen. Deshalb sollte man Organisationszeiten soweit wie möglich planen und dadurch steuern. Vom Mitarbeiter selbstständig genutzte Organisationszeiten sollten kritisch auf ihre Begründung hinterfragt werden. Eine Tourenplanung kann nur wirtschaftlich erfolgreich sein, wenn sich die Mitarbeiter an die Zeiten halten und nicht eigenmächtig das Tourenende zu ihren Gunsten beeinflussen können.

Folgende Organisationszeiten sind zu diskutieren und zu definieren:

Tägliche Rüstzeiten

Vor Beginn und nach der Tour sind bestimmte Tätigkeiten durchzuführen, gerade auch wenn man zentral vom Büro aus losfährt. Es sind Schlüssel und Materialien zusammenzusuchen, das Übergabebuch ist auf aktuelle Informationen für die eigene Tour durchzusehen, evtl. sind noch Infos für die Kollegen ins Übergabebuch einzutragen. Bei Ende der Tour erfolgt alles in umgekehrter Reihenfolge, evtl. müssen noch zusätzliche Informationen an Bürokräfte weitergegeben werden. Bei Bedarf und je nach Auftrag kommen noch Telefonate mit Arzt und/oder Angehörigen etc. dazu, allerdings nur dann, wenn sie mit dem Auftrag Behandlungspflege oder der Versorgung zu Hause zu tun haben (beispielsweise in Bezug auf Medikamente s. o.).

In der Praxis hat sich bewährt, dass solche täglichen Rüstzeiten **pauschaliert** und damit automatisch als Tagesarbeitszeit zugeordnet werden: Mitarbeiter beginnen dann die Tagesarbeitszeiterfassung erst beim Verlassen des Büros bzw. beenden sie beim Betreten des Büros. Zeiten über die Pauschalen hinaus sind möglich, müssen im Einzelfall aber begründet und besprochen werden. Mit einer solchen Regelung ist es den Mitarbeitern freigestellt, ob sie morgens schon etwas eher kommen, um noch einen Kaffee zu trinken oder mittags länger bleiben. Die abgerechnete Arbeitszeit wird dadurch nicht belastet, außerdem ist der Erfassungsaufwand damit deutlich geringer. Diese Lösung ist auch deshalb gerechter, weil einige Mitarbeiter jede Minute im Büro (ob beim Kaffeetrinken oder auf dem Klo) aufschreiben, andere aber nur genau die Zeit für die Organisation.

Was in der ambulanten Versorgung im Prinzip überflüssig ist, ist eine **tägliche oder wöchentliche Übergabe** im Sinne der stationären Versorgung, bei der alle Mitarbeiter anwesend sind und alle Kunden durchgesprochen werden. Denn alle für die Versorgung relevanten Informationen müssen in der Pflegedokumentation vor Ort stehen, die der Mitarbeiter nach dem Betreten der Wohnung kurz überfliegen soll/muss. Alle kurzfristig wichtigen Informationen stehen ansonsten im Übergabebuch. Auch Fallbesprechungen im gesamten Team sind nicht nötig, denn nicht jeder Mitarbeiter muss über alle Kunden alles wissen. Im Einzelfall hat er das dann nicht mehr parat, wenn er doch die Vertretung übernehmen soll und wird sich/soll sich an der Pflegedokumentation orientieren. Wenn das unmittelbare Versorgungsteam bestimmte Probleme und Fragestellungen fallbezogen bespricht, ist das etwas anderes, dieser Inhalt gehört dann aber in den Bereich der terminlich fixierten Dienstbesprechung.

Auch bei dezentralen Einsätzen (also Losfahrt von zu Hause und Arbeitsbeginn beim Kunden) gibt es vor- und nachbereitende Organisationszeiten. Der Mitarbeiter muss evtl. Nachrichten auf dem Handy checken, in der Station anrufen oder die Daten für das Mobilgerät aktualisieren und überprüfen bzw. am Ende der Tour umgekehrt. Auch hier sollten pauschale Rüstzeiten, wenn auch in verkürzter Form, vorgesehen werden.

Dienstbesprechungen und Fortbildungen

Um effektive Dienstbesprechungen zu organisieren, sollten die Inhalte geplant, ein fester Zeitrahmen vorgesehen und ein Mitarbeiter bestimmt werden, der die Sitzung leitet, die Themen abarbeitet und das Ergebnisprotokoll führt. Es ist sinnvoll, dass nicht unbedingt die PDL die praktische Leitung übernimmt, dann kann sie aktiv besser mit diskutieren und muss nicht ständig auf Formalien achten.

Die Zeiten werden sinnvollerweise zentral definiert und erfasst (keine Einzelerfassung durch jeden Mitarbeiter). Das erspart oft vielfältige spätere Korrekturen und ist außerdem gerechter (wenn Mitarbeiter schon freiwillig früher da sind und diese Zeit als Arbeitszeit verbuchen, während andere Mitarbeiter nur die Zeit aufschreiben, die die Dienstbesprechung wirklich dauert).

Telefonate und Koordination

Telefonate mit Ärzten und Angehörigen sind nur im Einzelfall und bei bestimmten Aufgaben (z. B. wegen Absprachen zur Behandlungspflege) notwendig. Gerade bei Behandlungspflegeleistungen sollten Arztkontakte etc. auf einzelne Mitarbeiter konzentriert und auf das Notwendigste beschränkt werden. Weitere Telefonate wie z. B. zur Medikamentenbestellung oder Hilfsmittelbestellung sollten zentral organisiert sein, beispielsweise indem Verwaltungskräfte diese Aufgaben übernehmen.

Pflegedokumentation

In der Praxis wird zwar die Anamnese vor Ort bei den Kunden durchgeführt, die Erstplanung sowie evtl. auch die Evaluation im Büro und in Ruhe geschrieben. Für die Erstellung und die Evaluation sollten sowohl feste Zeiten (definierter Rhythmus, über die Tourenplanung mit geplant) und Abläufe definiert werden. Als Arbeitszeit sollten hier Pauschalen vorgesehen werden. Dann kommt es nicht darauf an, wie „schnell" ein Mitarbeiter schreibt. Sinnvoll und effektiv ist es, diese Aufgabe auf die Mitarbeiter zu beschränken, die gut „schreiben" können, das spart meist Zeit und Korrekturaufwand. Zwar sollten alle Pflegefachkräfte heutzutage eine Pflegeplanung schreiben können. Wenn aber der einzelne Mitarbeiter mit jedem Satz kämpfen muss, während ein anderer diese schnell runterschreiben kann, dann ist es nicht sinnvoll, trotzdem beide schreiben zu lassen. Derjenige, der mehr Pflegeplanungen schreibt, braucht in dieser Zeit nicht draußen zu pflegen. Allerdings sollten diese Mitarbeiter auch immer die Anamnese selbst durchgeführt haben und den Kunden kennen, sonst entsteht wieder ein Zusatzaufwand, wenn der eine Mitarbeiter die Anamnese und der andere die Pflegeplanung macht. Einmal abgesehen von dem „Stille-Post-System", was dann entsteht.

Computergestützte Dokumentationssysteme sind in der Ambulanten Pflege nur für die erste Pflegeplanung und die spätere Evaluation sinnvoll einsetzbar, wenn diese dann ausgedruckt werden. Wenn Mitarbeiter, weil sie weder mit dem Computer umgehen, noch gut „Schreibmaschine" schreiben können, für die elektronische Fassung sehr viel mehr Zeit brauchen als mit Papier, sollte man prüfen, wie man das Problem lösen kann. Denn es wäre vermutlich günstiger (kostet weniger Arbeitszeit), wenn dieser Mitarbeiter weiter handschriftlich die Pflegeplanung erstellt. (Auf keinen Fall sollte dann ein anderer Mitarbeiter diese im Computer erfassen, das wäre reine Zeitverschwendung; will man sie unbedingt elektronisch haben, kann man sie auch einscannen!) Oder alternativ: Man bietet die Teilnahme an einem Computerschreibkurs in der Volkshochschule o. Ä. an, um die technischen Fertigkeiten zu verbessern. Computergestützte Pflegeplanungssysteme bringen nur dann zeitliche Erleichterung, wenn die Mitarbeiter diese auch inhaltlich richtig und praktisch flüssig bedienen können. Sonst kostet die verbrauchte zusätzliche Arbeitszeit mehr als es Nutzen bringt. Eine ständige Dokumentation (auch der Durchführung) am Computer ist ambulant praktisch weder durchführbar noch sinnvoll oder notwendig. Auch der Einsatz von Tablet-Computern ändert nichts an dieser Einschätzung.

Verordnungsmanagement

Das Verordnungsmanagement kann im Regelfall unter Nutzung der Funktionalität der Einsatzplanungs- und Abrechnungssoftware organisiert werden. So können zumindest auslaufende Verordnungen und andere terminabhängige Punkte gesteuert werden. Auch sollte, soweit möglich, die Verordnungsverwaltung zentralisiert werden. Denn es kostet nicht nur viel Zeit, wenn sich zum Quartalswechsel drei „Schwestern" beim gleichen Arzt treffen, es ist auch unprofessionell. Selbst das Abholen von Verordnungen kann beispielsweise über Hilfskräfte erfolgen. Die wichtigsten Punkte, die auf der Verordnung oft falsch sind und deshalb noch in der Praxis kontrolliert werden sollten, kann man auch ihnen schnell beibringen.

Technische Arbeiten wie Gerätepflege, Wagenwäsche, Tanken

Auch hierfür sollte es klare Regelungen, Rhythmen und Abläufe geben. Es kann günstiger sein, wenn beispielsweise die Dienstwagen regelmäßig von Hilfskräften oder Aushilfen gewaschen werden, als wenn Fachkräfte einmal die Woche selbst durch die Waschanlage fahren müssen. Auch für das Tanken sollten klare Regelungen bestehen (sodass beispielsweise am Wochenende nicht getankt werden muss, weil spätestens am Donnerstag der Wagen vollgetankt wird). Sind die Dienstwagen einzelnen Mitarbeitern fest zugeordnet (z. B. verbunden mit einer versteuerten Privatnutzung), sind solche Punkte einfacher zu regeln.

8.7 Zusammenfassung

- Zunächst erfolgt eine Zuordnung von Kunden/Einsätzen zu Touren, bevor erst im nächsten Schritt konkrete Mitarbeiter zu den Touren zugeordnet werden.
- Die fachlichen Anforderungen der Leistungsträger, insbesondere der Krankenversicherung, müssen immer eingehalten werden.
- Fixe Uhrzeiten können nur ausnahmsweise vereinbart werden.
- Zeitwünsche der Kunden sollten soweit möglich ernst genommen werden. Dabei könnte die detaillierte Bestandsaufnahme des Tagesablaufes helfen, modularere Lösungen für Einsätze zu finden (z. B. erst Aufstehen/Frühstücken, später Duschen).
- Auch die Wegezeiten sollten dem tatsächlichen Zeitbedarf von Einsatz zu Einsatz angepasst und nicht pauschal definiert werden.
- Rüst- und Organisationszeiten sind genauso zu steuern wie alle anderen Leistungen und Zeiten. Dazu gehört auch eine genaue Definition und Abgrenzung von Aufgaben.

Handbuch Ambulante Einsatzplanung · Andreas Heiber und Gerd Nett

9 Versorgungsgebiet und Organisation der Touren

Das Einzugsgebiet sowie die örtlichen und/oder geografischen Besonderheiten beeinflussen ganz wesentlich nicht nur die Einsatzplanung, sondern auch die Organisation und die Wirtschaftlichkeit.

Wer aufgrund der Fahrtwege ständig weite oder zeitaufwendige Wege zurücklegen muss, kann schon allein dadurch ein schlechteres Betriebsergebnis erwirtschaften als ein anderer Pflegedienst, der bei gleichem Umfang und Größe nur günstigere äußere Bedingungen hat. Dazu kommt, dass sich diese Bedingungen je nach Jahreszeit noch verschlechtern können. Wer in einer bergigen Region Kunden versorgen muss, hat im Herbst und Winter immer deutlich längere Wegezeiten.

Auch das ist ein Grund, dass man im Rahmen einer leistungsgerechten Vergütung die Wegepauschalen stärker differenzieren müsste. Vor allem dann, wenn nur so eine ländliche Versorgung sicherzustellen ist. Wenn im Stadtgebiet ein Pflegedienst die Kunden in jedem Stadtteil versorgen will und deshalb immer quer durch die Stadt fährt, dann kann man zwar auch hierfür höhere Wegepauschalen verhandeln, aber der Markt, also der Kunde wird sich dann eher Pflegedienste aussuchen, die im Stadtteil arbeiten und deshalb niedrigere Wegepauschalen haben. Wenn es auf dem Land keinen anderen Pflegedienst gibt, sieht das anders aus. Dann stellt der einzelne Pflegedienst allein die Versorgung sicher und kann entsprechend besser verhandeln.

Noch im Jahr 2014 gibt es kaum Pflegedienste, die solche differenzierten Wegepauschalen verhandelt haben (nur teilweise in NRW). Dabei sind die rechtlichen Voraussetzungen im Gesetz und in den Verträgen vorhanden.

9.1 Einzugsgebiet und Wegezeiten

Ein wichtiger Gliederungsfaktor für die Tourenplanung und ein wesentlicher Einflussfaktor auf die Organisation, aber auch auf die Wirtschaftlichkeit, ist die Definition des eigenen **Versorgungs- oder Einzugsgebiets**. Zur besseren Verdeutlichung der Problematik soll das Beispiel aus Bielefeld dienen, siehe Grafik 9.1, auf das hier Bezug genommen wird.

Systematische Zeitauswertungen (siehe auch Heiber 2002) haben ergeben, dass die Wegezeit (von Wohnungstür zu Wohnungstür) je nach Kostenträger eine unterschiedlich hohe, meist jedoch eine sehr große Rolle spielt. Bezogen allein auf die Krankenversicherung kann die Wegezeit an der Gesamtarbeitszeit für die Krankenversicherungsleistung 25 Prozent bis über 50 Prozent der Arbeitszeit ausmachen. Wenn eine Insulinspritze beispielsweise im Schnitt nur 5 Minuten dauert, kann es sein, dass bei einer städtischen „Spritzentour“ am Morgen die Wegezeit von durchschnittlich 6 Minuten pro Einsatz damit über der Leistungszeit pro Einsatz liegt. Bei Pflegeversicherungsleistungen, die in der Regel wegen der Grundpflege deutlich

Handbuch Ambulante Einsatzplanung · Andreas Heiber und Gerd Nett
© Vincentz Network GmbH & Co. KG, Hannover 2014 · ISBN 978-3-86630-378-2

mehr Leistungszeit pro Einsatz benötigen, rückt der Wegezeitanteil etwas stärker in den Hintergrund und liegt hier meist bei 20 Prozent bis 25 Prozent der gesamten Arbeitszeit. Bei Betreuungsleistungen oder reinen Hauswirtschaftseinsätzen kann die Wegezeit noch niedriger liegen. Wenn beispielsweise ein Kunde im Rahmen der Verhinderungspflege an einem Nachmittag für 4 Stunden betreut wird und der Mitarbeiter direkt zum Kunden fährt, spielt die Wegezeit praktisch keine Rolle. Denn dann ist der Arbeitsbeginn und das Arbeitsende beim Kunden (siehe auch unten: Dezentrale Einsätze, Kap. 9.2).

9.1.1 Formale Versorgungsgebiete

Das Einsatzgebiet ist formal über die Versorgungsverträge nach §72 SGB XI bzw. nach §132 a SGB V benannt. Allerdings sind die hier festgelegten Bereiche sehr großflächig definiert, meist aus Angst, weil man sich nicht zu stark eingrenzen wollte. Oft wird hier der Landkreis oder die kreisfreie Stadt benannt. Am Beispiel (hier Bielefeld) würde das bedeuten, dass man selbst Kunden im Ortsteil Brake (ganz oben rechts) genauso versorgen müsste wie Kunden in den Ortsteilen Brakwede (unten Mitte) oder Ubbedissen (unten rechts). Kaum ein Pflegedienst wird von einem Standort aus das machen wollen, denn das würde im Zweifelsfall Fahrtzeiten deutlich über 10 Minuten bedeuten.

Diese Definition hilft nicht bei der Frage der Übernahme einer Versorgung. Sinnvoll ist hier die konkretere Benennung von Stadtteilen oder Dörfern etc. Denn allein auf die im Versorgungsvertrag benannten Gebiete beziehen sich die Preise der Wegevergütung sowie die Versorgungsverpflichtung. Ist das Versorgungsgebiet sehr groß (z. B. Stadt Hamburg), müsste man (eigentlich) für die gleiche Wegepauschale quer durch die Stadt fahren und könnte (bei ausreichender Kapazität) nicht einmal einen entfernt liegenden Auftrag ablehnen. Dabei sollte der Unterschied zwischen einem Versorgungsgebiet nach Radius oder nach Fahrtstrecken beachtet werden (Grafik 9.1): Tatsächliche Fahrtstrecken und der damit verbundene Aufwand sind wesentlich von den strukturellen Gegebenheiten abhängig, wie vorhandenes Straßennetz etc. Daher kann es sein, dass selbst Gebiete oder Stadtteile, die eigentlich geografisch sehr nah sind, sehr schlecht zu erreichen sind.

9.1.2 Tatsächliche Versorgungsgebiete

Unabhängig von den vertraglich vereinbarten Gebieten versorgen Pflegedienste tatsächlich in bestimmten Stadtteilen, Bereichen, Dörfern oder Gebieten. Im Regelfall werden diese auch schon in den Flyern oder Selbstdarstellungen im Internet benannt, um möglichst die Kundenanfragen aus anderen Gebieten zu beschränken.

Wie sich solche Versorgungsgebiete definieren und weiterentwickeln, ist eine spannende Frage. Teilweise gibt es historische Grenzen (z. B. Kirchenkreise, Absprachen unter Wohlfahrtsverbänden, Festlegung aus alten Förderplänen etc.) oder politische Entscheidungen (der Geschäftsführung).

Sind diese Grenzen festgelegt, sollten diese für alle Kundenanfragen und Aufträge gelten. Anfragen außerhalb des Gebietes sollten an befreundete Pflegedienste vermittelt werden. Das gilt insbesondere auch für Beratungskunden nach § 37.3 SGB XI. Warum soll (in unserem Beispiel Bielefeld) eine Beratungsanfrage aus dem Stadtteil Ubbedissen (unten rechts neben der Autobahn) übernommen werden? Selbst wenn ein Mitarbeiter im gleichen Stadtteil wohnt und auf dem Weg zur Arbeit diesen Besuch übernehmen kann? Beratungskunden nach § 37.3 SGB XI sind deshalb interessante Kunden, weil man bei ihnen über gute Beratung, Leistungen der Verhinderungspflege nach § 39 oder Zusätzliche Betreuung nach § 45 b, den Einstieg in Sachleistungen schaffen kann. Wenn man aber in diesem Gebiet aufgrund der langen Wege nicht versorgen will, ist es unsinnig, selbst das Beratungsgespräch durchzuführen.

9.1.3 Die Bevölkerungsentwicklung beobachten

Unabhängig davon sollte der Pflegedienst regelmäßig seine eigene Kundenverteilung visualisieren, um zu prüfen, ob die bisherigen Festlegungen noch sinnvoll sind. Das hat vor allem den Grund, dass sich innerhalb des Versorgungsgebiets die Bewohnerschaft verändert. Ein Stadtteil, der in den Fünfzigerjahren des letzten Jahrhunderts gebaut und besiedelt wurde, war lange Zeit ein attraktives Versorgungsgebiet. Aber langsam sterben die alten Bewohner oder ziehen ins Pflegeheim, während junge Familien nachrücken. Neue Nachfragen und damit Kunden entstammen auf einmal anderen Gebieten, wo man bisher kaum vertreten war.

Eine Visualisierung der versorgten Kunden sowie der Beratungskunden nach § 37.3 SGB XI (als potenzielle zukünftige Kunden) sollte mindestens einmal im Jahr vorgenommen werden. Hat man früher dafür viel Zeit (und einen Zivildienstleistenden) gebraucht, um auf einer Karte mit Stecknadeln die Kunden zu stecken, geht das heute mit dem Einsatz von Karten- und/oder Navigationssoftware viel leichter und schneller. Viele Einsatzplanungsprogramme haben Schnittstellen zu Kartenprogrammen oder Lösungen im Internet oder es lassen sich Adressdateien ausgeben, die man in Kartenprogramme (wie z. B. Microsoft MapPoint, mit dem unser Beispiel erstellt wurde) einlesen kann. Über solche Karten kann man mittelfristig beobachten, wie und wo sich Kundenschwerpunkte bilden und wie sich Stadtviertel weiterentwickeln. (Eine weitere Quelle sind die jährlichen Bevölkerungsstatistiken, die meist pro Stadtteil Auskunft über die Altersverteilung geben können.)

Es kann sich von Jahr zu Jahr weiterentwickeln; beispielsweise auch, weil andere Bereiche des Trägers hier neue Kunden finden und der Pflegedienst deshalb nachziehen soll (z. B. wegen neuer Kunden bei Essen auf Rädern oder Hausnotruf oder der Versorgung einer Wohnanlage etc.).

9.1.4 Kurze und schnelle Wege

Die Entfernung vom Büro zum Kunden sagt nicht immer viel aus über die tatsächlich benötigten Wegezeiten, wie man in unserem Beispiel sehen kann. In der Mitte der Karte, gekennzeichnet mit einem „I" liegt die Station. Von hier aus ist ein Radius von 5 Kilometern mit dem schwarzen Kreis dargestellt. So liegen beispielsweise auch einige Kunden, die mit Grün gekennzeichnet sind, im Radius von 5 Kilometern (beispielsweise von der Station aus gesehen unten).

Farblich sind zwei weitere Zonen dargestellt: In Grün ist die Zone dargestellt, die man lt. Routenplaner und Straßenverlauf von der Station aus gesehen in 5 Minuten Fahrtzeit erreichen kann, in Gelb in 10 Minuten Fahrtzeit. Schon auf den ersten Blick kann man erkennen, dass man entlang der großen Straßen (im Süden/unten entlang der Stadtautobahn) sehr schnell sehr weit kommt. Aber abseits davon erhöht sich der Zeitaufwand sehr schnell. Es kommt bei der Wegeplanung deshalb nicht allein auf die Entfernung an, sondern vor allem auf die Zeit, die man benötigt. Wobei mit der Software hier nur die reine Fahrtzeit dargestellt werden kann. Zeitfresser wie Parkplatzsuche oder auch der Weg in den vierten Stock können hier nicht berücksichtigt werden. Eine innerstädtische Versorgung in einem Gebiet mit wenig Parkplätzen und viel Fußgängerzonen kann daher längere Wegezeiten verursachen als eine ländliche Versorgung mit 10 Kilometern Fahrtstrecke. Wenn man auf dem Land angekommen ist, hat man im Regelfall direkt den Parkplatz und damit die Wohnung erreicht. In der Stadt kann die Strecke nur 2 Kilometer lang sein, aber gewürzt mit vielen Ampeln und ohne freie Parkplätze. Auch das muss bei der Tourenplanung, aber evtl. später auch bei der Preiskalkulation und Vergütungsverhandlung berücksichtigt werden.

Da in der Tourenplanung im Einzelfall die definierte Fachlichkeit und Versorgungszeit eingehalten werden müssen (z. B. eine Insulinspritze durch eine Fachkraft morgens um 7.00 Uhr), kann es sein, dass eine Tour zurzeit entgegen einer sinnvollen geografischen Zuordnung gefahren werden muss: Beispielsweise wird ein Kunde aus dem nördlichen Stadtteil Schildesche von der Tour aus dem Gebiet Gadderbaum (im Süden) mit versorgt, weil sonst nicht die Uhrzeit eingehalten werden kann. Zwar würden die Wegekosten hier höher sein, die Versorgung lässt sich im Moment aber nicht anders lösen. Ein Verstoß gegen die Fachlichkeit oder eine falsche Versorgungszeit (und der Kunde kommt deshalb nicht in die Tagespflege) sind hier das größere Übel. Und streng genommen wäre das deshalb eine wirtschaftliche Versorgung, weil sie sich nicht anders realisieren lässt. („Eine Leistung gilt als wirtschaftlich, wenn der durch die Leistungserbringung erwartete Erfolg nicht auf einem weniger aufwendigen Weg erzielt werden kann.") Da es fachlich keine Alternative gab, ist es wirtschaftlich (siehe Kap. 1.3).

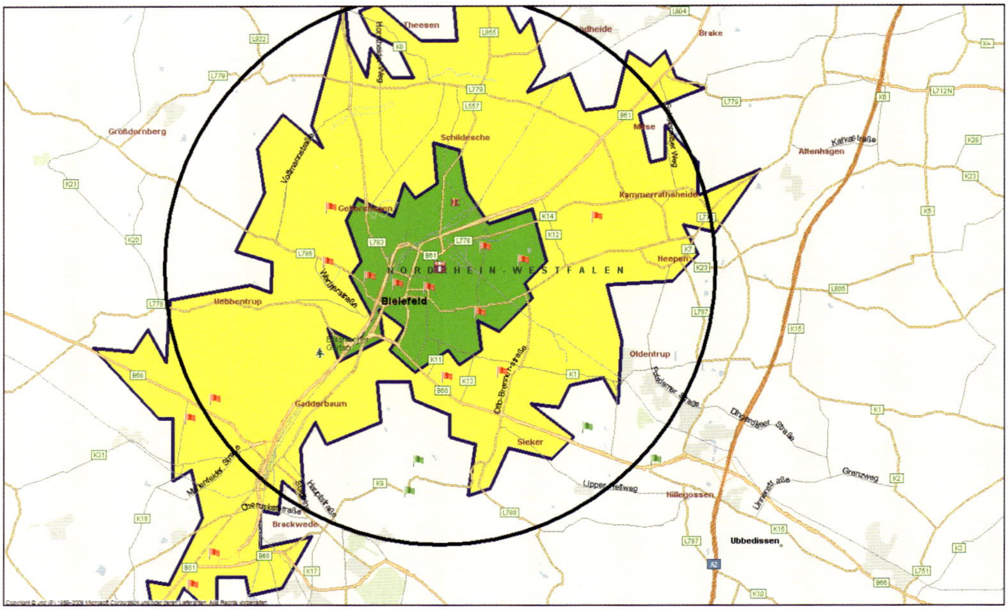

Grafik 9.1

Beispiel Bielefeld, Legende: in der Mitte mit „I" = Standort Pflegedienst; rote Fahnen = Kunden; grüne Fahnen = weitere Beratungskunden; grünes Gebiet: Fahrtzeitzone von 5 Minuten vom Standort aus; gelbes Gebiet: Fahrtzeitzone von 10 Minuten vom Standort aus; Kreis = Radius von 5 Kilometern um den Standort

9.2 Zentral oder dezentral

Eine Möglichkeit, die Wegezeiten im Versorgungsgebiet zu reduzieren, ist die Frage der zentralen oder dezentralen Organisation, also konkret die Frage, ob man den Tourenbeginn immer zentral vom Büro aus organisiert oder ob eine dezentrale Organisation sinnvoller ist.

Für einen **zentralen Dienstbeginn** sprechen folgende Aspekte:

- Einfaches Schlüsselmanagement durch zentralen Schlüsselschrank
- Einfaches Fahrzeugmanagement durch zentralen Parkplatz

Handbuch Ambulante Einsatzplanung · Andreas Heiber und Gerd Nett
© Vincentz Network GmbH & Co. KG, Hannover 2014 · ISBN 978-3-86630-378-2

- Mitarbeiter sind für die Leitungskräfte immer erreichbar, weil sie immer zum Büro müssen.
- Mitarbeiter können sich auch untereinander gut und informell austauschen.

Es gibt aber auch einige Punkte, die sich negativ auswirken können:

- Erfahrungsgemäß höhere Bürozeiten als bei dezentralen Lösungen; ob diese Zeiten immer objektiv nötig sind, muss kritisch hinterfragt werden.
- Unter Umständen längere Fahrtwege zum ersten Kunden bzw. vom letzten Kunden

Unter dezentraler Organisation kann man verschiedene Modelle verstehen:

- **Dezentrale Anlaufstellen/Büros:** Einzelne Teams starten von den Anlaufstellen aus. Dort sind notwendige Verbrauchsmaterialien und der Schlüsselschrank, die benötigten Autos parken hier. Zentrale Aufgaben wie Einsatzplanung, Dienstbesprechungen etc. finden in dem zentralen Büro statt. Formal ist in einigen Bundesländern aufgrund von Regelungen in den Verträgen nach § 132 a SGB V auf bestimmte Einschränkungen (Entfernung zum zentralen Büro, nur Anlaufstelle, kein Raum für Dienstbesprechungen oder Ähnliches) zu achten.
- **Dezentrale Parkplätze und Schlüsselschränke:** Als Variante gibt es auch Modelle, bei der Fahrzeuge dezentral abgestellt und geholt werden, ohne dass ein Büro/eine Anlaufstelle vorhanden ist. Möglich wäre dies, wenn man beispielsweise mehrere Fahrzeugschlüssel hat oder wenn am Parkplatz auch ein Schlüsseltresor angebracht werden kann (s. u.). Diese Lösung ist eine Mischung aus zentralen und dezentralen Elementen, mit den Vor- und Nachteilen beider Lösungen.
- **Dezentrale Organisation:** Mitarbeiter fahren direkt von zu Hause aus los, der formale (arbeitsrechtliche) Arbeitsbeginn ist beim ersten Kunden; nur einmal oder bei Bedarf mehrfach in der Woche erfolgt ein Besuch im zentralen Büro zur Klärung von Fragen, Holen von Material etc.

Für eine **dezentrale Lösung im Sinne einer dezentralen Organisation** sprechen folgende Argumente:

- Kürzere Wegezeiten vom/zum ersten Kunden oder keine bezahlte Arbeitszeit, wenn der Arbeitsbeginn beim ersten Kunden ist.
- Eventuell auch kürzere Anfahrt zum Arbeitsplatz für die Mitarbeiter, wenn sie im Einzugsgebiet wohnen (und damit mehr Freizeit, weil weniger Zeit vor und nach Dienstbeginn/Ende nach Hause benötigt wird).

Problematisch sind bei der dezentralen Lösung (insbesondere der dezentralen Organisation) folgende Punkte, die zu lösen sind:

- **Problematik der Schlüssel:** Werden die Schlüssel für die Tour vom Mitarbeiter für die gesamte Woche mitgenommen, muss nicht nur für einen sicheren Umgang gesorgt werden (Arbeitsanweisung zum Umgang/Aufbewahrung), sondern der Tausch etc. muss organisiert werden. In der Praxis kann man das Problem reduzieren, wenn man pro Einsatz vom Kunden Schlüssel bekommt bzw. auf Kosten der Station nachmachen lässt. Alternativ kann man auch dezentral Schlüsselschränke aufstellen, beispielsweise in Gemeindehäusern, Feuerwachen, Tankstellen, anderen Räumen oder auch als Außentresor. Hier werden dann für den Stadtteil/Ortsteil die Schlüssel verwahrt und sind allen Mitarbeitern zugänglich.
- **Fahrzeugmanagement:** Ähnlich wie bei den Schlüsseln müssen auch die Fahrzeuge getauscht werden. Voraussetzung ist weiterhin, dass der Mitarbeiter den Dienstwagen mit nach Hause nimmt. (Das lässt sich steuerrechtlich in verschiedenen Modellen ohne formale Probleme darstellen.) Der Vorteil besteht hier allerdings auch darin, dass die Dienstwagen, die ja einen sehr hohen Werbecharakter haben, nicht einen Teil ihrer Zeit zentral „eingesperrt“ sind, sondern im gesamten Einzugsgebiet verteilt parken und so jeder Zeit sichtbare Werbeträger sind (siehe auch Heiber 2004).
- Der **Kontakt** zu den dezentralen Mitarbeitern muss systematischer geplant werden; sei es durch feste Bürotage etc. Der informelle Austausch ist reduzierter, was manche Mitarbeiter als problematisch empfinden.
- Ohne den Einsatz von **elektronischen Tourenplänen**, am besten mit Smartphones (siehe Kap. 11.2), ist eine sinnvolle dezentrale Steuerung sehr aufwendig. Faxgeräte stellen heute keine sinnvolle Lösung mehr dar, um Tourenpläne auszutauschen.

Es gibt keine klaren Maßstäbe, was der beste Weg für die einzelne Einrichtung ist. Im Einzelfall kann es auch aus einer Mischung aller Varianten bestehen. Je länger die Wegezeiten und je größer das Einzugsgebiet, umso eher sollten dezentrale Elemente (und seien es Anlaufstellen oder Schlüsselschränke) genutzt werden.

9.3 Einsätze doppelt fahren?

Ein weiterer Diskussionspunkt ist häufig die Frage, ob und wann es sich lohnt, einen Einsatz, der aus unterschiedlich qualifizierten Leistungen besteht, mit einer höher qualifizierten Kraft oder als zwei Einsätze mit mehreren Mitarbeitern unterschiedlicher Qualifikation zu besetzen. Im Regelfall geht es um folgende Fälle:

Handbuch Ambulante Einsatzplanung · Andreas Heiber und Gerd Nett
© Vincentz Network GmbH & Co. KG, Hannover 2014 · ISBN 978-3-86630-378-2

» Grund- und Behandlungspflege in einem Einsatz,

» Grundpflege und Hauswirtschaft (mehr als nur Mahlzeitzubereitung) in einem Einsatz,

» durch das PNG kommen neu hinzu: Grundpflege und Häusliche Betreuung in einem Einsatz.

Bei dieser Fragestellung sind je nach Situation, nach Leistungsmix, nach Bundesland und Vertragswerken völlig unterschiedliche Aspekte zu beachten. Die Antwort ist abhängig von folgenden Faktoren:

» **Der Leistungsmix**
Je nach Pflegedienst ist der Anteil der Behandlungspflegeleistungen am Gesamtangebot unterschiedlich hoch: Wer beispielsweise einen guten Ruf bei der Wundversorgung hat, hat deshalb unter Umständen einen Behandlungspflegeanteil von 50 Prozent und deshalb auch einen relativ hohen Fachkraftanteil. Der Nachbarpflegedienst konzentriert sich auf die Grundpflege, hat nur 25 Prozent Anteil an Behandlungspflege und deshalb auch weniger Fachkräfte und mehr Pflegekräfte. Aus historischen Gründen haben Pflegedienste im Südwesten Deutschlands (vor allem Rheinland-Pfalz und Baden-Württemberg) oft eine höhere Fachkraftquote als vergleichbare Pflegedienste beispielsweise in Niedersachen. Auch das spielt eine Rolle bei der Frage, welches Personal man einsetzen kann und ob man deshalb einen Einsatz eher mit einer Fachkraft fährt, weil man keine Alternative hat.

» **Definition der Wegepauschalen**
In Bundesländern mit Wegepauschalen pro Einsatz, unabhängig von SGB V oder XI (siehe Grafik 2.2) ist es schwieriger, Einsätze mit dann jeweils zwei vollen Wegepauschalen zu planen und abzurechnen. Denn im Einzelfall wird das für die Kunden (SGB XI) oder/und die Krankenkassen teurer, daher müsste dies besonders begründet werden (z. B. mit unterschiedlich notwendigen Einsatzzeiten). Sind nur Pauschalpreise vereinbart (beispielsweise im SGB XI ohne ausgewiesene Wegepauschalen wie in Sachsen oder als Pauschalpreis [Leistungsgruppe] in der Behandlungspflege wie z. B. in NRW), und gibt es deshalb keine preisliche Reduzierung bei kombinierten oder einzelnen Einsätzen, kann der Pflegedienst hier viel freier disponieren.

» **Definition der Qualifikation für bestimmte Leistungen der Behandlungspflege**
Je nach Bundesland, Kassenart und Vertrag nach §132 a SGB V müssen für bestimmte Behandlungspflegen bestimmte Berufsgruppen eingesetzt werden. Aber hier gibt es die Vielfalt der Bundesländer und Kassenarten: In

manchen Bundesländern dürfen vor allem die häufig erbrachten Behandlungspflegen wie Medikamentengabe, Kompressionsstrümpfe und Insulininjektionen auch von Pflegekräften oder angelernten Pflegehilfskräften erbracht werden, in anderen Verträgen/Ländern dürfen nur Pflegefachkräfte mit dreijähriger Ausbildung dies erbringen. Schon aus den Verträgen oder selbst der Krankenkasse des Kunden kann sich ergeben, dass man bestimmte Einsätze nur mit zwei Mitarbeitern erbringen kann.

» **Problematik unterschiedlicher Preise im SGB XI**
Werden in einem Einsatz Leistungen nach Zeit sowohl der Grundpflege als auch der Häuslichen Betreuung oder der Hauswirtschaft vom gleichen Mitarbeiter durchgeführt, obwohl sich die Preise deutlich unterscheiden, könnte dies dauerhaft bei Vergütungsverhandlungen zu Problemen führen. Denn die Kostenträger könnten argumentieren, dass die Preise vor allem der Grundpflege abzusenken sind, wenn der Pflegedienst immer das gleiche Personal hinschickt.

» **Was ist finanziell besser?**
Auch diese Frage ist nur im Einzelfall zu beantworten. In der Regel sind kombinierte Einsätze, die Pauschalleistungen der Grund- und Behandlungspflege enthalten, wirtschaftlicher als zwei einzelne Einsätze. Wenn aber beispielsweise nur eine Insulinspritze und eine Große Morgentoilette (Baden) von einer Pflegefachkraft durchgeführt werden, könnte sich das vielleicht auch nicht rechnen. Wenn man andererseits die Fachkraft im Sinne der Funktionspflege nur Behandlungspflegen, die Pflegekräfte dann die Grundpflegen im zweiten Einsatz durchführen lässt, stellt sich auch hier die Frage im Verhältnis zu den jeweiligen Verträgen, ob das finanziell für den Pflegedienst besser ist.

Versorgt man viele Kunden beispielsweise in einem Stadtteil oder sogar nur in einem Hochhaus, kann es günstiger und praktischer sein, die Fachkraft läuft durch die Etagen und gibt beispielsweise nur die Spritzen, während die Pflegekräfte parallel oder danach die längere Grundpflege übernehmen. Dabei sind dann die Pflegekräfte im klassischen Sinne die „Bezugspflegekräfte“, während die Fachkräfte ähnlich wie der Doktor nur kurz reinschauen und wieder weg sind.

» **Praktischer Nutzen von mehreren Einsätzen für den Pflegedienst**
Aus organisatorischen Gründen könnte es praktisch sein, die Morgenversorgung (z. B. Insulininjektion, Frühstück zubereiten und Duschen) in zwei Einsätzen durchzuführen. Würde die Fachkraft die Leistungen in einem Einsatz durchführen, wäre sie beispielsweise morgens um 7.00 Uhr für ca. 35 Minuten blockiert. Würde sie aber um 7.00 Uhr den Kunden aus dem Bett helfen, ihm das Insulin spritzen und das Frühstück machen, könnte sie nach 10 Minuten weiter und weitere Morgenversorgungen durchführen.

Um 10.00 Uhr oder 11.00 Uhr würde sie wiederkommen und das Duschen durchführen (gerade in Verbindung mit Zeitabrechnung ließe sich das gut realisieren, wenn im ersten Einsatz die Grundpflege nach Zeit [5 Minuten] durchgeführt würde, im zweiten nach Pauschalen). In der begehrten Morgenzeit könnten dann mehr Kunden versorgt werden, außerdem würde der Kunde nicht nur einmal am Tag Besuch bekommen, sondern zweimal.

Aus diesen verschiedensten Überlegungen heraus sollte man im Einzelfall prüfen, welche möglichen Optionen sich für die Touren bzw. Kunden anbieten. Dabei gibt es gar keine „richtige" Entscheidung, nur Varianten mit jeweiligen Vor- und Nachteilen, die sich auch von Zeit zu Zeit ändern können.

9.4 Zusammenfassung

» Die tatsächlichen Versorgungsgebiete des Pflegedienstes sollten regelmäßig überprüft und angepasst werden.

» Um die Wegezeiten möglichst gering zu halten, gibt es eine Reihe von Strategien, dabei kann auch eine breite Mischung der zurzeit richtige Weg sein.

» Dezentrale Touren sind nur dann sinnvoll zu steuern, wenn man auch die Tourenpläne elektronisch austauschen kann.

» Ob es sinnvoll sein kann, Einsätze „doppelt" zu fahren, hängt stark vom Einzelfall ab.

Handbuch Ambulante Einsatzplanung · Andreas Heiber und Gerd Nett
 · ISBN 978-3-86630-378-2

10 Die Soll-Tourenplanung erstellen

10.1 Der Grundtourenplan

Praktisch bildet der Tourenplan die Basis für die Dienstplanung (= benötigte Arbeitszeit der Mitarbeiter). Nur muss für die Tourenplanung schon das entsprechende Personal verfügbar sein. Weil auch der Dienstplan langfristig geplant werden muss (beispielsweise in Bezug auf die Jahres-Urlaubsplanung), benötigt man eine Planungsgrundlage oder besser formuliert: eine Planungsannahme, auch wenn diese dann noch weiter zu konkretisieren ist. Wir nennen diese Planungsgrundlage den **„Grundtourenplan“**.

Ein Grundtourenplan stellt die Planungsbasis dar, die die langfristige Grundlage für die Arbeit, aber auch für die Dienstplanung bildet. Dabei kann die Beschreibung der einzelnen Touren anfangs noch relativ grob skizziert sein. Nötig sind nur die tageszeitliche Einordnung, evtl. die Länge sowie die fachliche Qualifikation an den Wochentagen sowie am Wochenende.

Am Beispiel wird deutlich, wie so ein erster Grundtourenplan aussehen kann:

Grundtourenplanung Anforderungsprofil am Beispiel

Wochentage

Tageszeit	Anzahl Touren	Fachkräfte	Pflegekräfte
Morgen	4	1	3
Mittag	2	1	1
Abend	3	1	2

Wochenende/ Feiertage

Tageszeit	Anzahl Touren	Fachkräfte	Pflegekräfte
Morgen	2	1	1
Mittag	1	1	0
Abend	2	1	1

Zusätzliche Funktionen	1
Rufbereitschaftsdienst PDL	1

© SysPra.de 2006/2014: Einsatzplanung

Grafik 10.1

Handbuch Ambulante Einsatzplanung · Andreas Heiber und Gerd Nett
© Vincentz Network GmbH & Co. KG, Hannover 2014 · ISBN 978-3-86630-378-2

Für normale Pflegedienste dürfte die erste Planung mit den Berufsgruppen Fachkräfte und Pflegekräfte ausreichend sein. Für Pflegedienste mit besonderem Profil (z. B. Familienpflege, psychiatrische Krankenpflege, Intensivpflege) sind die Dienste entsprechend anzupassen.

Nicht vergessen werden sollten bei der langfristigen Planung die Funktionen der **Rufbereitschaft** (wird oft in Zusammenhang mit der Fachpflege besetzt) sowie der **Leitenden Pflegefachkraft** (PDL). Auch diese Präsenz muss langfristig geplant sein, da bei geplantem Ausfall (hier ist auch der Urlaub genannt, siehe MuG, Punkt 3.1.2) die Stellvertretende PDL als Vertretung vorhanden (anwesend) sein muss. Man kann diese beiden Zusatzaufgaben auch allein auf der Ebene der Dienstpläne berücksichtigen.

Die zeitliche Abfolge für die Erstellung der Tourenplanung sieht so aus:

» Die **Grundtourenplanung** wird im Regelfall langfristig erfolgen, erfahrungsgemäß für **6 bis 12 Monate**.

» Sie wird dann weiter konkretisiert im Zusammenhang mit der **Dienstplanung** (Ebene Soll 1), die im Regelfall **4 bis 6 Wochen** vor dem Arbeitsbeginn erfolgt.

» Die eigentliche **konkrete Tourenplanung** erfolgt sicherlich frühestens ca. **1 bis 2 Wochen** vor Arbeitsbeginn und konkretisiert damit alle weiteren Planungen.

» Die **Aktualisierung der Planung** erfolgt **täglich**, daher sollte der Tourenplan auch erst so spät wie möglich vor Arbeitsbeginn ausgedruckt werden (bei Papiertourenplänen) oder erst bei Arbeitsbeginn auf dem elektronischen Gerät aktualisiert werden.

10.2 Die Planung der Touren

Die Tourenplanung ist keine „exakte Wissenschaft“ (übrigens wie die Medizin auch nicht!). Es gibt daher keinen richtigen oder falschen Tourenplan, es gibt immer verschiedene Wege dahin. Wesentlich ist nur, dass bei der Planung die Entscheidungen bewusst getroffen werden und nicht etwa der jeweils einfachste Weg gesucht wird. So sollte beispielsweise eine Ausfallvertretung nicht nach einer Zufallsauswahl erfolgen („Wer als Nächstes in die Station kommt, übernimmt den Einsatz.“), sondern danach, wer sonst die Tour fährt oder auch mal, wer weniger Plusstunden hat.

Bei der Zusammenstellung der Einsätze zu Touren ist eine Reihe von Aspekten zu beachten, die teilweise schon ausführlich diskutiert wurden:

1. Geografische Zuordnung

Aufgrund der wirtschaftlichen und praktischen Bedeutung der Wegezeit ist das erste Kriterium bei der Organisation einer Tour die geografische Zuordnung.

Handbuch Ambulante Einsatzplanung · Andreas Heiber und Gerd Nett
© Vincentz Network GmbH & Co. KG, Hannover 2014 · ISBN 978-3-86630-378-2

Kunden im selben Dorf, im selben Stadtviertel oder auch auf dem Weg zu einem solchen Gebiet werden in einer Tour gemeinsam verplant.

2. Fachlichkeit

In Abhängigkeit von den vertraglichen Vereinbarungen spielt die benötigte Fachlichkeit eine große Rolle. Deshalb sind die Kunden/Einsätze danach zu differenzieren.

In diesem Zusammenhang sollte im Regelfall die minimal notwendige Fachlichkeit den Ausschlag der Zuordnung geben (falls nicht andere Gesichtspunkte wie Versorgungszeiten oder Geografie noch dazukommen). Beispielsweise sollte die Grundpflege im Regelfall durch Pflegekräfte erfolgen, dreijährige Pflegefachkräfte sind zunächst einmal nicht notwendig. (Anders sieht es dann bei kombinierten Einsätzen aus.)

In der Praxis wird es einen Mix aus Fachkrafttouren und Pflegekrafttouren geben, je nach Leistungsinhalten und Anforderungen.

3. Zeitliche Vorgaben aufgrund der Leistungen

Wie schon dargestellt (siehe Kap. 8.3), gibt es fixe Versorgungszeiten, die aus formalen Gründen (im Regelfall Behandlungspflege) oder bedingt durch Externe (z. B. Tagespflege Abholung) notwendig sind. Diese Zeiten müssen eingehalten werden. (Daher sollten solche Einsätze auch in der Software/im Planungssystem entsprechend gekennzeichnet sein und sich zeitlich nicht automatisch verschieben lassen.)

Bei den genannten drei Kriterien stellt die Fachlichkeit ein absolutes K.-o.-Kriterium dar: Sie muss immer beachtet werden. Man kann zwar (nach Rücksprache mit dem Kunden bezogen auf seine individuelle Situation) Versorgungszeiten doch verändern oder auch längere Wegezeiten (Umwege) in Kauf nehmen, um Kunden doch noch versorgen zu können. Aber die notwendige Fachlichkeit darf in keinem Fall ignoriert werden.

Die Tourenlänge

Die Frage, wie lang eine Tour sein darf und ab wann man eine Tour teilen soll, kann man nicht allgemeingültig beantworten. Denn sie hängt von verschiedenen Faktoren ab. In erster Linie sind das die verfügbaren Mitarbeiter und deren verfügbare Arbeitszeiten. Wenn man beispielsweise einen Vollzeitmitarbeiter hat, wird man versuchen, seine Tour länger zu gestalten, als das bei Teilzeitkräften geht oder (wegen der Auslastung) nötig ist. Ob man die Tourenlänge an die Arbeitszeiten der Mitarbeiter oder die Arbeitszeiten der Mitarbeiter an die Tourenlänge anpasst, ist im Prinzip egal. Zu beachten ist allerdings auch die Einhaltung der gesetzlichen Pausenzeiten (siehe auch Kap. 10.5.2 Pause als Sollbruchstelle).

Wochen- und Wochenendtouren

Allein durch die unterschiedlichen Pflegeaufträge unterscheiden sich die Wochenendtouren im Normalfall von den Touren in der Woche. Oftmals sind Pflegepersonen oder Angehörige am Wochenende in der Lage, die Pflegebedürftigen selbst zu versorgen, zumindest bei der Grundpflege. Daher kann es auch sein, dass am Wochenende der reine Behandlungspflegebedarf sich stärker ballt, weil viel Grundpflege und damit kombinierte Einsätze (Grund- und Behandlungspflege) wegfallen.

Wenn bei der Wochenendversorgung andere Mitarbeiter kommen, ist dies für die Pflegekunden erfahrungsgemäß weniger problematisch, als wenn während der Woche die Mitarbeiter ständig wechseln.

10.3 Zuordnung der Mitarbeiter zu den Touren

Mit der Planungsebene der Touren werden die Aufträge/Einsätze erst zu Touren zusammengestellt. Im zweiten Schritt erfolgt dann die Zuordnung der Mitarbeiter zu den Touren. Tatsächlich wird schon über die Dienstplanung die (indirekte) Zuordnung erfolgen, denn in der Dienstplanung werden Dienste geplant, die in der Praxis identisch sind mit bestimmten Touren. So könnte beispielsweise der Dienst „Früh 1" der Fachkrafttour „Früh 1" entsprechen.

Während in der Dienstplanung die Vorausplanung erfolgt, erfolgt über die Tourenplanung die Konkretisierung (Ebene Soll-2). Da je nach aktueller Tourenlänge sich hier auch Veränderungen für die Arbeitszeitmenge ergeben können (z. B. Mehrstunden, weil die Tour durch Neukunden länger geworden ist), sollte bei der Mitarbeiterzuordnung bzw. Überprüfung auch die Information über die aktuellen Arbeitszeitkonten verfügbar sein (siehe Kap. 6.3).

Versorgungsteams

Hilfreich ist es, wenn man für die Planung Mitarbeitergruppen/Teams zusammenstellt, die gemeinsam eine Reihe von Touren versorgt und sich wechselseitig bei Frei, Urlaub oder Krankheit vertreten. So gibt es beispielsweise Modelle, dass zwei Teilzeitkräfte wechselseitig wochenweise eine Tour fahren und in der anderen Woche frei haben.

Teams sollten eine Größe von ca. sechs bis acht Mitarbeitern haben, sie könnten je nach Arbeitszeitmenge entsprechend vier bis sechs Touren versorgen. Durch eine feste Zuordnung kann man erreichen, dass im Vertretungsfall zunächst die Vertretung aus dem Team erfolgen muss, erst wenn dies nicht möglich ist, dann teamübergreifend. Damit weiß auch jeder Mitarbeiter, dass, falls er ausfällt, erst einmal der unmittelbare Kollege aus dem Frei kommen muss. Diese Struktur kann dazu führen, dass die Fehlzeitenquote (vor allem bei den sogenannten „Montagskranken") deutlich reduziert ist. Die Teams können und sollten auch multifunktional besetzt sein, da gerade in der Grundpflege nicht immer eine Pflegefachkraft benötigt wird, aber

Handbuch Ambulante Einsatzplanung · Andreas Heiber und Gerd Nett
© Vincentz Network GmbH & Co. KG, Hannover 2014 · ISBN 978-3-86630-378-2

teil- und zeitweise schon (beispielsweise führen die Fachkräfte jeden x-ten Einsatz mit Grundpflege durch). Die Fachkräfte im Team könnten dann die zusätzlichen Aufgaben wie Evaluation der Pflegeplanung oder Arztkontakte im Rahmen der Behandlungspflege übernehmen, während die Pflegekräfte hauptsächlich die regelmäßige Grundpflege durchführen.

Teampflege statt Bezugspflege

In der Pflege steht das Konzept der „Bezugspflege" hoch im Kurs, zumal es auch im Rahmen der Qualitätsprüfung (Frage 4.1.) abgefragt wird. Allerdings, daran muss man zunächst erinnern, ist die „Bezugspflege" ein stationäres Konzept (und in der Prüfanleitung ist auch nur die stationäre Erläuterung in die ambulante Erläuterung kopiert worden (Stand Fassung 2010 der Prüfanleitungen des MDS)). Bezugspflege ist ein Gegenkonzept zur „Funktionspflege", bei der jeweils nur bestimmte Funktionen erbracht werden, aber kein Mitarbeiter für alles zuständig ist oder alles durchführt. In der Bezugspflege gibt es eine verantwortliche Pflegefachkraft, die die wesentliche Versorgung übernimmt, verantwortlich für die Pflegeplanung und Durchführung ist und evtl. weitere Mitarbeiter wie Pflegehilfskräfte anleitet (Stichwort „Primary Nursing", entwickelt erstmals von Marie Manthey 1969 in den USA).

Auf die heutige ambulante Situation in Deutschland übersetzt, gibt es unseres Kenntnisstandes keine sinnvolle Adaption bzw. kein Modell, die bzw. das einerseits die Besonderheiten des Einkaufsmodells der Pflegeversicherung, des separaten Systems der Behandlungspflege sowie der ambulanten Versorgung berücksichtigt.

Kontinuität in der Betreuung, also die Versorgung mit wenig Mitarbeitern, ist schon aus rein praktischen Gründen von Vorteil: Es spart Zeit und Geld, Bekanntheit und Beziehungen erleichtern die Lebenssituation des Kunden genauso wie die Arbeit der Pflegekräfte. Aber würde man das stationäre Primary-Nursing-Konzept ambulant konsequent übersetzen, müssten Pflegefachkräfte jeweils sowohl die Vertragsgespräche mit Neukunden, die Pflegeverträge, die Anamnese und die Pflegeplanung übernehmen, müssten kundenbezogen die Behandlungspflege koordinieren und auch den Personaleinsatz der weiteren Mitarbeiter steuern und verantworten. Das funktioniert nur, wenn sie auch gleichzeitig die Aufgaben der PDL haben/übernehmen. In größeren Pflegediensten kann das in der (stationären) Konsequenz nicht funktionieren.

Eine Teampflege, also die Versorgung von Kunden mit kleinen Mitarbeitergruppen, kann eine großere Kontinuität sicherstellen, da nur dieser Kreis von Mitarbeitern die Versorgung durchführt. Bestimmten Mitarbeitern (in der Regel Fachkräften) werden Kunden mit damit verbundenen Aufgaben zugeordnet (wie in der Regel die Erstellung der Pflegeplanung, Kontakt zu Ärzten und Angehörigen). Damit übernehmen einzelne Fachkräfte die Verantwortung im Sinne einer Bezugspflegekraft oder einer Stammschwester (Stammkraft), um einen anderen deutschen Begriff zu verwenden. Sie hat dann auch dafür zu sorgen, dass die Pflegedokumentation von allen an der Versorgung Beteiligten sorgfältig geführt wird. Bei Fragen und Problemen ist sie für die Kunden und Angehörigen bzw. Ärzte der erste Ansprechpartner.

Weitergehende Aufgaben, wie die Tourenplanung oder die praktische Verordnungsverwaltung, werden jedoch zentral übernommen.

Für die Planung wäre es einfacher, wenn eine komplette Tour einer Fachkraft zugeordnet wird, also die Zuordnung immer im Tourenzusammenhang erfolgt. Werden einzelne Kunden Mitarbeitern zugeordnet, kann es sein, dass diese irgendwann in verschiedenen Touren stecken und die Aufgaben dann schwer zu erfüllen sind.

Wesentlich, sowohl im praktischen Sinne als auch im pflegefachlichen Sinne, ist eine möglichst große Kontinuität in der Versorgung.

10.4 Planungshilfe Erlösorientierung der Tour?

Eine weitere Spielart der erlösorientierten Betrachtung (siehe schon Kap. 7.1.2) ist die erlösorientierte Tourenplanung. Dabei wird, anders als bei der erlösorientierten Einsatzplanung, nicht der einzelne Einsatz als Beurteilungsmaßstab genommen, sondern die gesamte Tour. Die Idee dahinter ist die, dass sich zwar einzelne Einsätze nicht rechnen müssen (oder können), solange sich die gesamte Tour rechnet, ist alles in Ordnung.

Manche Softwarelösungen zeigen die erzielten Erträge und die Kosten sowie das Ergebnis, manchmal auch farblich unterstützt mit Rot oder Grün. Das kann dazu verführen, so zu planen, dass unten kein „Rot" steht (also ein Minus herauskommt).

Was dabei herauskommen kann, soll die nachfolgende Grafik (Grafik 10.2) sichtbar machen:

- In der linken Spalte **„Benötigte Zeit"** wird deutlich, dass durch Kunde 4, der deutlich länger aufgrund seiner Krankheit (hier Parkinson) benötigt, die Tour sich nicht rechnet und ein Minus von 27,16 € erwirtschaftet.
- Die „Lösung" der **Variante 1** definiert alle Einsätze erlösorientiert; das führt dazu, dass Kunde 1 mehr Zeit bekommt, als er fachlich benötigt, Kunde 4 aber viel weniger Zeit als notwendig.
- Die „Lösung" der **Variante 2** auf der Basis der erlösorientierten Tour berücksichtigt die längere Versorgungszeit von plus 20 Minuten bei Kunde 4, aber um trotzdem auf die Zeit (und den Erlös) zu kommen, wird bei vier anderen Kunden die Zeit jeweils um 5 Minuten gekürzt. Damit ist die Tour wirtschaftlich.

Problematisch bei dieser Vorgehensweise ist die Tatsache, dass je nach Zusammensetzung bei anderen Kunden die Zeit zugunsten eines Kunden eingespart werden

Handbuch Ambulante Einsatzplanung · Andreas Heiber und Gerd Nett

muss. Wie soll man das jedoch beispielsweise den Kunden erklären, die bisher mehr Zeit zur Verfügung hatten?

Schon der Ansatz beruht auf falschen Annahmen: Die Vergütungsvereinbarungen für den Durchschnitt beziehen sich weder auf den einzelnen Einsatz noch die einzelne Tour, die sich durchschnittlich rechnen muss, sondern auf einen **Jahresdurchschnitt**. Und die Zusammenstellung der Tour berücksichtigt keine ausgeglichene Verteilung von „schnellen" und „langsamen" Kunden. Im Gegenteil: Es kann sein, dass aufgrund von anderen Kriterien sich in einer Tour viele problematische Kunden sammeln, während in anderen Touren viele „schnelle" Kunden zusammen sind.

Eine erlösorientierte Tourenplanung beinhaltet die gleichen Fehler wie eine erlösorientierte Einsatzplanung: Solange sich eine Tour „rechnet", wird nicht weiter geprüft, ob sie nicht auch noch schneller erbracht werden könnte. Somit fehlen dann am Jahresende auch wertvolle Zeiten.

Eine weitere Variante, um doch ein besseres Ergebnis zu erreichen, wäre, günstigeres Personal einzusetzen, beispielsweise eine Pflegehilfskraft statt einer Fachkraft. Aufgrund ihres (vermutlich) niedrigeren Stundensatzes würde sich das Ergebnis ändern. Das hieße dann aber, andere Mitarbeiter einzusetzen. Mit dem Personalwechsel entstehen dann anfangs neue Probleme (und Kosten durch die Einarbeitung) und die Kontinuität der Versorgung ist nicht vorhanden.

Bei der Tourenplanungssoftware mit erlösorientierter Darstellung kommt ein weiteres Problem dazu: Welche Personalkosten werden hier als Grundlage der Berechnung genutzt? Da diese individuell in den Stammdaten der entsprechenden Software hinterlegt werden, kommt es darauf an, wie diese Kosten berechnet sind: Werden hier die reinen Personalkosten berechnet, mit und ohne weitere Verwaltungskosten? Werden die Kosten hier mitarbeiterbezogen hinterlegt oder nach Berufsgruppen? Natürlich könnte man als vorsichtiger Geschäftsführer hier eher etwas höhere Personalkosten hinterlegen, um auf jeden Fall wirtschaftlich zu arbeiten. Was, wenn man die Werte bei der Tourenberechnung aber ernst nimmt, was dann zu noch kürzeren Einsätzen oder Touren oder noch mehr Veränderungen führen müsste?

Die Gefahr einer solchen Darstellung ist immer, dass die Einsatzplaner eher darauf achten, dass die Zahlen nicht „rot" werden, als dass die praktische Pflegequalität (Fachlichkeit, Kontinuität, Beziehungen etc.) sichergestellt ist.

Deshalb sollte eine solche Darstellung möglichst abgeschaltet werden. (In vielen Programmen kann man diese Hinweise ausblenden.) Falls das technisch nicht möglich ist, sollte man in den Stammdaten (der Kosten) keine Werte hinterlegen, sodass die Darstellung dann ohne Aussagekraft ist.

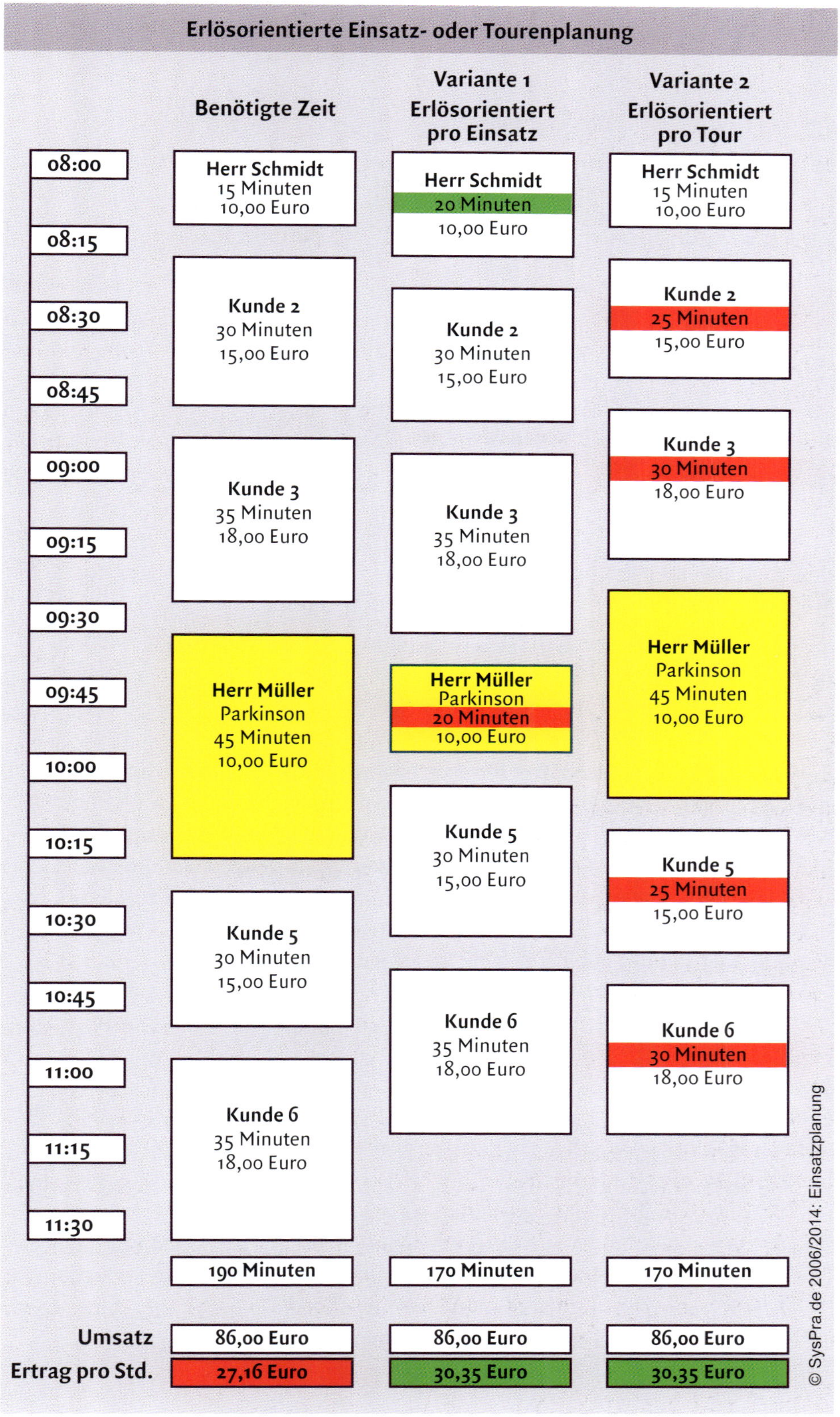
Erlösorientierte Einsatz- oder Tourenplanung
Benötigte Zeit
Variante 1
Erlösorientiert
pro Einsatz
Variante 2
Erlösorientiert
pro Tour
08:00
08:15
08:30
08:45
09:00
09:15
09:30
09:45
10:00
10:15
10:30
10:45
11:00
11:15
11:30
Herr Schmidt
15 Minuten
10,00 Euro
Kunde 2
30 Minuten
15,00 Euro
Kunde 3
35 Minuten
18,00 Euro
Herr Müller
Parkinson
45 Minuten
10,00 Euro
Kunde 5
30 Minuten
15,00 Euro
Kunde 6
35 Minuten
18,00 Euro
190 Minuten
Herr Schmidt
20 Minuten
10,00 Euro
Kunde 2
30 Minuten
15,00 Euro
Kunde 3
35 Minuten
18,00 Euro
Herr Müller
Parkinson
20 Minuten
10,00 Euro
Kunde 5
30 Minuten
15,00 Euro
Kunde 6
35 Minuten
18,00 Euro
170 Minuten
Herr Schmidt
15 Minuten
10,00 Euro
Kunde 2
25 Minuten
15,00 Euro
Kunde 3
30 Minuten
18,00 Euro
Herr Müller
Parkinson
45 Minuten
10,00 Euro
Kunde 5
25 Minuten
15,00 Euro
Kunde 6
30 Minuten
18,00 Euro
170 Minuten
Umsatz
86,00 Euro
86,00 Euro
86,00 Euro
Ertrag pro Std.
27,16 Euro
30,35 Euro
30,35 Euro
© SysPra.de 2006/2014: Einsatzplanung

Grafik 10.2

10.5 Weitere Planungsregeln und Werkzeuge

Welche Planungsregelungen sollten bei der Tourenplanung generell gelten, außer der Berücksichtigung der Punkte, die bisher schon benannt wurden?

Man kann einige generelle Regeln als Leitsätze definieren:

Die wichtigste Zielaussage muss lauten: **Möglichst keine Veränderung, ansonsten die Veränderung mit den geringsten Abweichungen.**

10.5.1 Möglichst keine Veränderungen

Die Konstanz hat immer Vorteile: die gewohnten Abläufe bleiben, die Zeiten bleiben, alle (Kunden, Mitarbeiter, Leitungskräfte) wissen, was sie zu erwarten haben.

Wenn sich Änderungen **nicht vermeiden** lassen, muss es ein Prinzip geben, wie mit den notwendigen Änderungen umzugehen ist. Die Regel kann hier nur lauten: **Möglichst wenig ändern!** Dazu einige Umsetzungsbeispiele:

» Der dritte Kunde der Tour fällt aus: Würde man dann alle anderen Kunden, die danach in der Tour kommen, eher versorgen, müsste man bei vielen Kunden die Zeiten ändern. Einfacher wäre es, wenn stattdessen die ersten zwei Kunden später versorgt werden.

» Der fünfte Kunde der Tour kommt für 10 Tage ins Krankenhaus zu einer geplanten Behandlung. Verschiebt man die nachfolgenden Kunden, müsste man dies nach 10 Tagen rückgängig machen. Eine Möglichkeit wäre es, in diesem Einsatz eine Pause einzuplanen, sodass der Mitarbeiter nach der Pause wieder in der richtigen Zeit ist (siehe auch nächstes Kap.). Oder man nutzt die Zeit für andere Aufgaben, sei es, dass der Mitarbeiter in dieser Woche gezielt die Dokumentationen/Evaluation der bisherigen Kunden durchführt und deshalb dort mehr Zeit benötigt. Allerdings sollte man diese Dokumentationszeit dann auch als Organisationszeit konkret planen.

» Ein Neukunde kommt in die Tour, während ein Altkunde auf unbestimmte Zeit im Krankenhaus ist. Wenn man den Neukunden auf die Zeit des Altkunden plant, kann es sein, dass nach dem Krankenhausaufenthalt sich alles wieder verändern muss. Solange man dem Neukunden von Beginn an erklärt, dass er nur ausnahmsweise zu dieser Zeit versorgt wird, kann das funktionieren. Einfacher wäre es vermutlich, man plant den Neukunden gleich zu der Zeit ein, zu der er dauerhaft versorgt werden kann. Denn selbst wenn man ihn auf die mögliche Verschiebung aufmerksam gemacht hat, wird er bei der Veränderung dann doch wieder negativ reagieren.

Handbuch Ambulante Einsatzplanung · Andreas Heiber und Gerd Nett

10.5.2 Pausen als Sollbruchstellen nutzen

Im Alltag kennen wir alle den sogenannten **Dominoeffekt**. Wenn man eine Reihe von Spielsteinen hintereinanderstellt, dann reicht ein Stoß beim ersten Stein aus und alle anderen fallen nacheinander um. Genau dieser Dominoeffekt ist oft in der Tourenplanung zu beobachten, wenn ein Einsatz ausfällt oder wegen einer Verzögerung oder eines Notfalls länger dauert. Dann sind unweigerlich alle anderen Kunden nach diesem Einsatz betroffen. Strategien, die solche Dominoeffekte entschärfen, könnten nicht nur für mehr Konstanz sorgen, sondern auch für zufriedene Kunden und damit auch für Mitarbeiter, die weniger belastet sind. (Sie werden seltener „angemeckert", weil sie zu spät kommen.)

Bei den Spielsteinen kann man das erreichen, indem man aus einer langen Schlange von Steinen ein oder zwei Steine herausnimmt. Dann ist der Dominoeffekt an dieser Stelle unterbrochen. Der Sturz eines Steines vor dieser Sollbruchstelle hätte nur Auswirkungen bis dahin, aber nicht weiter. Eine Pause erfüllt in der Tourenplanung die gleiche Funktion.

Ein weiterer Fakt ist die Tatsache, dass der Arbeitgeber verpflichtet ist, bei der Arbeitszeitgestaltung nicht nur auf die vorgeschriebenen Zwangspausen zu achten. Denn der Zweck des Arbeitszeitgesetzes, in dem auch die Ruhepausen vorgeschrieben sind, geht noch weiter: In § 1 heißt es, dass **„die Sicherheit und der Gesundheitsschutz der Arbeitnehmer bei der Arbeitszeitgestaltung zu gewährleisten"** ist.

Ruhepausen nach § 3 des Arbeitszeitgesetzes **müssen** nach 6 Stunden Arbeit geplant und genommen werden, die Pausen können in Blöcken von mindestens **15 Minuten** aufgeteilt werden (siehe auch Kap. 3.1.1). Pausen können aber auch schon vorher geplant und damit angeordnet werden. Der Arbeitgeber hat in Person der PDL das Weisungsrecht, um „Inhalt, Ort und Zeit der Arbeitsleistung nach billigem Ermessen näher zu bestimmen" (Gewerbeordnung § 106; siehe Kap. 3.2.1).

Eine Tourenplanung, die bei Touren von mehr als 6 Stunden keine Pausen einplant, verstößt gegen das Arbeitszeitgesetz. Der Pflegedienst als Arbeitgeber begeht damit eine Ordnungswidrigkeit, die mit Geldbußen geahndet werden kann. Da die meisten ambulanten Touren nicht länger als 6 Stunden dauern, gibt es in vielen Pflegediensten keine geplanten Pausen. Andererseits stellt sich die Frage, ob Mitarbeiter im Pflegedienst tatsächlich 6 Stunden durcharbeiten können, ohne einmal Luft zu holen oder eine Pause zu machen. Dabei kann die Wegezeit nicht als Pausen- oder Erholungszeit fungieren, manchmal ist das Fahren einschließlich Parken sogar stressiger als die anschließende Pflege. Oder anders formuliert: Wo rauchen denn die Raucher unter den Mitarbeitern? Vor allem, da sie meist nicht im Dienstwagen rauchen dürfen, fällt die Wegezeit als Rauchzeit aus? Vermutlich werden sie sich diese Pausen im Laufe der Tour selbst schaffen, genauso wie die anderen Mitarbeiter auch.

Fairer (auch gegenüber den Nichtrauchern) und transparenter wäre es, wenn man auch bei kürzeren Touren prüft, ob Pausen sinnvoll sein können und dann **Pausen systematisch** einplant und für die regelmäßige Einhaltung sorgt.

Pausen müssen und sollten normalerweise nicht im Büro gemacht werden, denn meist ist der Zeitaufwand, ins Büro zu fahren, viel zu hoch und würde alle anderen positiven Aspekte ins Gegenteil verkehren. Der Arbeitgeber ist auch nicht verpflichtet, „Pausenräume" zur Verfügung zu stellen. Trotzdem könnte man im Stadtteil/Ortsteil durchaus Absprachen mit Bäckereien, Tankstellen, Gemeindehäusern etc. treffen, damit Mitarbeiter hier eine Pause machen können (und sei es mit Sonderpreisen für den Kaffee, Nutzung der Toilette etc.). Pausen in der Tourenplanung einzuführen ist anfangs durchaus schwierig. Viele Mitarbeiter und Teams argumentieren zunächst meist, dass sie die Pause lieber nach der Arbeit, also am Ende der Tour machen möchten und dadurch eher nach Hause fahren können. Allerdings wird man, wenn man diese Frage im Team weiter diskutiert, auch auf Stimmen stoßen, die durchaus sehen, dass eine systematisch geplante Pause in der Tour auch Vorteile haben kann. Die „Entspannungszeit" kann dazu führen, dass man weniger gehetzt und gestresst die nächsten Kunden versorgt. Das merken auch die Kunden schnell.

Ein nicht unwichtiger Aspekt bei der Pausenplanung ist die Möglichkeit, bei Notlagen die Pause als Sollbruchstelle zu nutzen und dadurch eine Tour zu entspannen. Die Grafik 10.3 zeigt die Situation:

Bei Kunde 2 gibt es einen Notfall, dadurch verlängert sich der Einsatz. Mit einer geplanten Pause nach dem dritten Kunden müsste am „Notfall"-Tag nur der dritte Kunde über die Verspätung informiert werden, alle anderen Kunden sind nicht betroffen. Die Pause würde zwar an diesem Tag ausnahmsweise ausfallen, aber indirekt würde sie trotzdem bewirken, dass durch den Notfall nur wenige Kunden betroffen sind. Der Mitarbeiter kann dann ab dem vierten Kunden „normal" weiterarbeiten, ohne dass er sich für die Verspätung rechtfertigen muss und selbst das Gefühl hat, ständig zu spät zu sein.

Auch aus diesem Grund sind Pausen ein wichtiges Werkzeug in der Tourenplanung, auf das man nicht verzichten sollte. Pausen sollten im Regelfall ab einer Tourenlänge von ca. 4 Stunden systematisch berücksichtigt werden.

10.5.3 Pakete packen

Wenn Mitarbeiter kurzfristig ausfallen und man deshalb eine Tour umverteilen muss, stellt sich die Frage, mit welchem Aufwand man diese Umverteilung vornimmt und welche bisherigen planerisch berücksichtigten Zusammenhänge bleiben können. Man kann natürlich jeden Kunden einzeln einer anderen Tour zuordnen, das wäre der aufwendigste Weg. Sinnvoller ist es, systematische Zusammenhänge zu berücksichtigen, die sich schon allein aufgrund der Geografie oder bestimmter formaler Anforderungen ergeben, wir nennen das „Pakete packen". Die Grafik 10.4 zeigt, was gemeint ist:

Die Kunden sind soweit sinnvoll gruppiert. Kunde 1 bis 3, 4 und 5, 6, 7 bis 10 bilden jeweils eine Gruppe. Muss etwas verschoben werden, werden möglichst

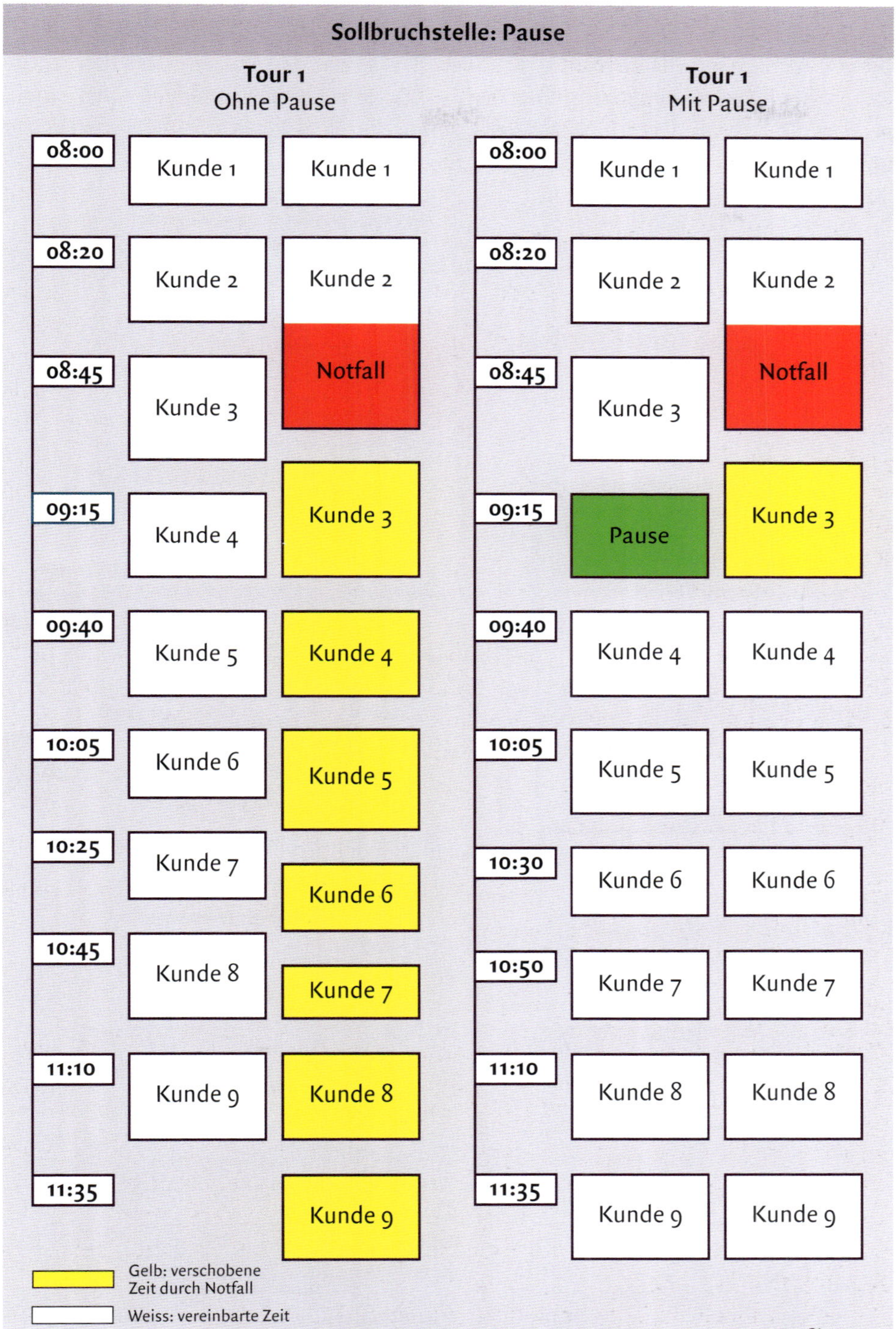
Sollbruchstelle: Pause
Tour 1
Ohne Pause
Tour 1
Mit Pause
08:00
Kunde 1
Kunde 1
08:20
Kunde 2
Kunde 2
Notfall
08:45
Kunde 3
09:15
Kunde 4
Kunde 3
09:40
Kunde 5
Kunde 4
10:05
Kunde 6
Kunde 5
10:25
Kunde 7
Kunde 6
10:45
Kunde 8
Kunde 7
11:10
Kunde 9
Kunde 8
11:35
Kunde 9
08:00
Kunde 1
Kunde 1
08:20
Kunde 2
Kunde 2
Notfall
08:45
Kunde 3
09:15
Pause
Kunde 3
09:40
Kunde 4
Kunde 4
10:05
Kunde 5
Kunde 5
10:30
Kunde 6
Kunde 6
10:50
Kunde 7
Kunde 7
11:10
Kunde 8
Kunde 8
11:35
Kunde 9
Kunde 9
Gelb: verschobene Zeit durch Notfall
Weiss: vereinbarte Zeit

 Grafik 10.3

diese Gruppen jeweils als Block verschoben. Das hat den Vorteil, dass die Aufteilung schneller erfolgt, als wenn man zehn Kunden einzeln verschieben muss, andererseits sind zumindest innerhalb der Gruppe die Wegezeiten optimal aufeinander abgestimmt.

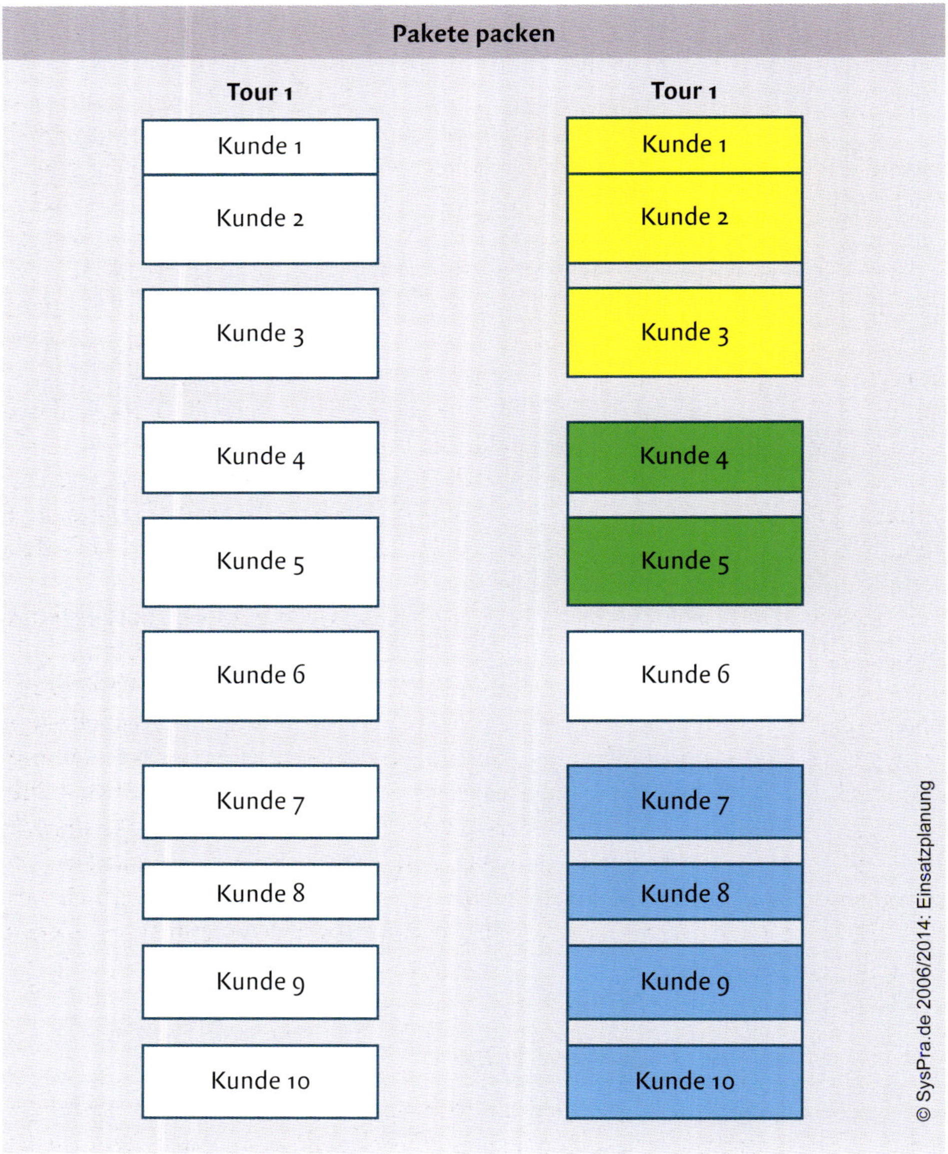

Grafik 10.4

Oftmals ergeben sich die Gruppen von selbst, weil beispielsweise Kunden in einem Ortsteil, an einer Straße oder in einem Haus wohnen.

10.5.4 Springer ja oder nein?

Grundsätzlich hört sich die Idee gut an: Der Pflegedienst hat x Touren, feste Teams sind diesen Touren zugeordnet. Wenn kurzfristig ein Mitarbeiter ausfällt, gibt es darüber hinaus ein oder zwei Springer. Dann muss man bei Ausfällen oder Krankheiten nicht gleich die Tour auflösen und umverteilen, sondern kann alles so lassen, wie es ist.

Wer zusätzliche Mitarbeiter als Springer vorhält, kann mit der Zeit manchmal folgendes Phänomen feststellen: Die Krankheitstage nehmen zu, vor allem nach dem Wochenende etc. Erstaunlicherweise könnten die Springer daran schuld sein. Denn wenn jeder im Pflegedienst weiß, es gibt für alle Fälle einen Springer, dann könnte es dazu führen, dass man bei Unwohlsein oder leichten Krankheitsanzeichen, die oft auch nach dem Wochenende auftreten, lieber zu Hause bleibt. Subjektiv wird das von den betreffenden Mitarbeitern auch deshalb als nicht so schlimm beurteilt, weil nicht die eigenen Kollegen aus dem Team dafür auf ihr Frei verzichten müssen, sondern die Springer zum Einsatz kommen. Das kann auch dazu führen, dass die Springer dann ständig (und nicht nur ausnahmsweise) im Einsatz sind.

Deshalb sollte man bei Personalausfall zunächst die Regel einführen, dass die Vertretung aus dem unmittelbaren Versorgungsteam organisiert werden muss. Erst wenn hier keine Möglichkeiten bestehen, kann auf den Springer zurückgegriffen werden.

Man wird um die Funktion von Springern nicht herumkommen, aber es muss innerhalb der Teams klar sein, dass dies nur die Ausnahme von der Regel ist.

Oftmals übernehmen auch Leitungskräfte wie Teamleitungen, Stellvertretende PDL oder bei kleinen Pflegediensten auch die PDLs (zwangsläufig) solche Vertretungen. Wenn Leitungskräfte diese Einsätze übernehmen, sollten sie dies nur in sehr beschränktem Umfang tun. Es muss gewährleistet sein, dass sie weiterhin ihre Leitungsaufgaben wahrnehmen können. Andererseits bieten solche Einsätze auch die Möglichkeit, einmal selbst beurteilen zu können, ob die Tourenplanung gut ist und/oder wie die Kunden und deren Versorgung sich in der Praxis tatsächlich darstellt. Selbst mögliche Vergessene oder Heimliche Leistungen wird man bei solchen Einsätzen „finden" können.

10.6 Tourenpläne: Inhalte und Funktion

Nach Abschluss der Planung werden die Tourenpläne für die Mitarbeiter bereitgestellt, sei es ausgedruckt als Papier oder elektronisch auf Mobilgeräten, heute in der Regel Smartphones.

Handbuch Ambulante Einsatzplanung · Andreas Heiber und Gerd Nett

Beispiel Tourenplan pro Tag

Tourenplan Tour **FR 2** Tag: 27.05.14 **für Mitarbeiter: Sabine Brenner**

Auto: X BN 111 Kilometerstand: km Ende:

Rüstzeit

Beginn		**Ende**	
06:00		06:10	

1. Anton Müller Hauptstraße 2, Musterhausen, Parkplatz im Hof, Tel. 824567

Beginn		**Ende**	
06:15		06:44	

- ☐ LK 3 Kleine Pflege
- ☐ LK 45 Medikamentengabe
- ☐ LK 99 Einsatzpauschale

2. Silke Freitag Hauptstraße 32, Musterhausen, Tel. 824567

Beginn		**Ende**	
06:47		07:27	

- ☐ LK 4 Große Pflege
- ☐ LK 15 Ergänzende Hilfe bei Ausscheidungen
- ☐ LK 46 Kompressionsstrümpfe an/ausziehen
- ☐ LK 99 Einsatzpauschale

3. Berta Müller Kaiserstraße 57, Musterhausen, Tel. 824567

Beginn		**Ende**	
07:32		08:17	

- ☐ LK Kleine Pflege
- ☐ LK 15 Ergänzende Hilfe bei Ausscheidungen
- ☐ **LK 3b Häusliche Betreuung 20 Min.**

8. Klaus Bendixen Rathausstraße 57, Musterhausen, Tel. 852651

Beginn		**Ende**	
10:30		10:39	

- ☐ LK 6 Toilettengang
- ☐ LK 99 Einsatzpauschale

Büro: Organisation

Beginn		**Ende**	
10:44		10:49	

Arbeitszeit

Beginn	06:00		Beginn		
Ende	10:49		Ende		

Pause

Beginn	0		Beginn	0	
Ende	0		Ende	0	

Unterschrift | in EDV | Bearbeitet EP

Grafik 10.5

10.6.1 Inhalte der Tourenpläne

Die Frage, welche Inhalte in einem Tourenplan stehen müssen, ist auch aus dem Blickwinkel zu betrachten, dass der Tourenplan arbeitsrechtlich eine konkrete **Arbeitsanweisung** darstellt. Im Zweifelsfall muss er so eindeutig sein, dass es keine Interpretation der Inhalte geben kann. Auch aus diesem Blickwinkel heraus sollte er alle Details der Einsätze einschließlich der zu erbringenden Leistungen enthalten. Dazu kommen alle anderen Angaben, die für die Personalabrechnung sowie die Fahrzeugverwaltung nötig sind, also die komplette Arbeitszeit einschließlich möglicher Pausen oder Teildiensten, aber auch Angaben zu den gefahrenen Kilometern. (Diese könnten sowohl das dienstliche Fahrtenbuch ersetzen/ergänzen, als auch die Grundlage für die Kilometergelderstattung bei der Nutzung von Privatwagen darstellen.)

Bei allen EDV-gestützten Planungsprogrammen kann man die Tourenpläne in vielen Varianten ausdrucken bzw. elektronisch darstellen. Folgende Angaben sollten vorhanden sein (siehe Beispiel Grafik):

- » Datum, Name der Tour und des Mitarbeiters,
- » Fahrzeugkennzeichen und Kilometerstand Beginn/Ende (als Fahrtenbuchersatz oder Erstattungsbasis Privatkilometer),
- » Arbeitsbeginn und Arbeitsende, bei Teildiensten auch für die Unterbrechungszeit,
- » Rüst-/Organisationszeit bei Arbeitsbeginn: Beginn und Ende,
- » Adresse des Kunden mit Telefonnummer und sonstigen Hinweisen,
- » Arbeitsbeginn und Arbeitsende Kunde 1 mit konkret zu erbringenden Leistungen,
- » Arbeitsbeginn und Arbeitsende Kunde 2 mit konkret zu erbringenden Leistungen,
- » usw. bis zum x-ten Kunden,
- » Rüst-/Organisationszeit mit Beginn und Ende am Ende der Tour.

Falls Schlüsselnummern ausgedruckt werden, sollten diese nicht als solche bezeichnet werden.

Aus der Differenz Arbeitsende Kunde und Arbeitsbeginn nächster Kunde ergibt sich die Wegezeit.

Die konkret zu erbringenden Leistungen sollten in jedem Fall auf den Tourenplänen erscheinen, denn die Mitarbeiter müssen genau wissen, was sie zu tun haben (Arbeitsanweisung). Als Zeitvorgabe sollte nur die Gesamtzeit des Einsatzes ausgewiesen werden.

Tragen Mitarbeiter jeweils Arbeitsbeginn und Arbeitsende als Ist-Zeit ein, ist davon auszugehen, dass die aufgeführten Leistungen entsprechend der Pflegeplanung und der vertraglichen Vereinbarung mit dem Kunden erbracht wurden. Bei Abweichungen werden einzelne Leistungen gestrichen, ergänzt und zusätzlich mit einem Hinweis/Stichwort versehen, warum die Abweichung erfolgte.

Abweichend muss bei **Zeitabrechnung** (Grundpflege, Häusliche Betreuung, Hauswirtschaft, Verhinderungspflege, Zusätzliche Betreuung) die vereinbarte Leistungszeit je nach Leistung ausgewiesen und auch die tatsächliche Ist-Zeit dokumentiert werden. Denn im Regelfall dürften die minutengenauen Ist-Zeiten die Abrechnungsbasis darstellen. Es sind in jedem Fall die vertraglichen Regelungen im eigenen Bundesland/Vergütungsvereinbarung zu beachten.

10.6.2 Tourenpläne sind Arbeitsanweisungen

Aus dem gesamten Kontext der bisherigen Kapitel, insbesondere zur Verantwortung der PDL (siehe Kap. 1.6), den Aufträgen der Kunden (Kap. 2.6) und den arbeitsrechtlichen Vorschriften (Kap. 3) ergibt sich von selbst, dass die Tourenpläne in der von der PDL freigegebenen Variante (ausgedruckt als Papier oder auf dem MDE) als **Dienst- und Arbeitsanweisungen** zu verstehen sind, die im Prinzip einzuhalten sind. Das heißt:

» Die Beginnzeiten werden eingehalten.

» Die zu erbringenden Leistungen werden erbracht.

» Die Reihenfolge der Kunden wird nicht verändert.

» Die Arbeitszeit und die Pausen werden eingehalten.

Jede Abweichung ist grundsätzlich zu begründen!
In der Praxis (auch im Jahre 2014) ist zu beobachten, dass gute und durchdachte Tourenpläne mit viel Energie erstellt werden, dann jedoch die Mitarbeiter sich (trotzdem) nicht daran halten, aber (und das ist der zweite Fehler) auch die PDL/Leitungskräfte dies so hinnehmen. Wenn die Mitarbeiter den Eindruck haben, die Tourenpläne geben ihnen nur einen Hinweis, wie sie ihren Tag gestalten sollen, sie könnten es aber auch anders machen und sie wissen es eh besser als die im Büro, wofür wird dann die Planung mit so viel Aufwand erstellt? Nur wenn jede Änderung der Mitarbeiter Folgen hat, werden einerseits die Pläne besser, aber halten sich die Mitarbeiter dann auch an die besseren Pläne?

Es spricht auch viel dafür, dass aus der Praxis (der täglichen Touren) wichtige Informationen dazu beitragen können, damit Pläne besser und deshalb auch eingehalten werden können. Die Information, dass in einer Straße am Mittwoch immer um 8.00 Uhr die Lieferwagen für den Supermarkt alles blockieren, diese aber um 7.45 Uhr noch nicht da sind, kann beispielsweise nur aus der Praxis erfolgen.

Deshalb muss gelten:

1. Die Zeitvorgaben und Reihenfolge der Tourenpläne gelten.
2. Jede Abweichung ist im Tourenplan (schriftlich) zu begründen und wird auch kurzfristig nachgefragt und führt dann bei Bedarf auch zu Änderungen.

Ein methodischer Schritt, um die Akzeptanz der Planung zu erhöhen, wäre, die Mitarbeiter einmal die Tourenplanung machen zu lassen: Im Rahmen einer Dienstbesprechung werden alle (schriftlichen) Tourenpläne in die einzelnen Einsätze zerschnippelt und dann von den Mitarbeitern/Teams neu sortiert. Die Vorgaben richten sich nach den bekannten Spielregeln (Geografie, Fachlichkeit, Zeit, Wünsche). Die so neu (vom Mitarbeiterteam) erstellte Reihenfolge wird dann ins System übertragen und gilt ab demnächst. Ignorieren Mitarbeiter dann trotzdem diese Pläne, müssten sie beantworten, warum sie ihre eigene Planung infrage stellen.

10.7 Zusammenfassung

» Der Grundtourenplan bildet das planerische Gerüst für den Dienstplan und die weitere Tourenplanung.

» Im ersten Schritt der Tourenplanung sind die konkreten Touren aufgrund der Geografie, der Fachlichkeit sowie der zeitlichen Vorgaben und Wünsche zu planen.

» Im zweiten Schritt werden die Mitarbeiter den Touren zugeordnet.

» Auch auf der Ebene der Tour ist der erlösorientierte Ansatz falsch, weil er nur die Zeitüberschreitungen, nicht aber Zeitunterschreitungen (in Relation zum errechneten Durchschnittswert) beachtet.

» Pausen stellen ein Hilfsmittel dar, um den Dominoeffekt bei Verschiebungen zu entschärfen.

» Ein Tourenplan muss alle wesentlichen Inhalte im Detail enthalten.

» Der Tourenplan stellt eine Arbeits- bzw. Dienstanweisung dar und ist „ernst gemeint". Abweichungen hiervon sind zu erwarten, kommen vor, sind aber immer zu begründen.

Handbuch Ambulante Einsatzplanung · Andreas Heiber und Gerd Nett

11 Planungswerkzeug Software

Heute, im Jahre 2014, ist es keine ernsthafte Frage mehr, ob man die Tourenplanung noch per Stecktafel oder mit einem speziellen Programm machen soll. Die Einsatzplanung erfolgt mit dem Computer, und zwar nicht nur mithilfe einer Tabelle, sondern mit einer speziell für die Ambulante Pflege entwickelten Software, in der die Einsatzplanung mit der Abrechnung und der Dienstplanung verknüpft ist. Alles andere ist weder sinnvoll noch wirtschaftlich.

11.1 Arbeitsabläufe früher und heute

Die Stecktafel war früher lange deshalb ein Erfolgsmodell, weil sie so schön übersichtlich war und man vieles auf einen Blick sehen konnte. Aber diese Übersichtlichkeit war nur scheinbar gegeben: Man konnte nur sehen, wann ungefähr welcher Kunde in welcher Tour versorgt wird. Welche konkreten Leistungen er an diesem Tag bekommt und wann minutengenau er versorgt werden sollte, konnte die Stecktafel nicht zeigen oder nur mit hohem Aufwand (wenn auf den Steckkarten diese Informationen vermerkt wurden). Der entscheidende Nachteil der Stecktafel ist aber die Dokumentation der Touren: Mitarbeiter mussten sich die Tour selbst abschreiben oder jemand hat dies zentral übernommen. Um zweifelsfrei den Stand der Planung zu dokumentieren, hätte die Einsatzplanerin nach ihrem „Stecken“ die Stecktafel kopieren oder fotografieren müssen. (Auch dafür gab es früher raffinierte Systeme.) Denn systembedingt kann jeder Mitarbeiter oder jeder im Büro jederzeit eine Karte umstecken, ohne dass dies sonst beweisbar wäre. Weiterhin spricht gegen die Stecktafel, dass die hier dokumentierten Daten keinerlei Verbindung zum Abrechnungsprogramm haben. Praktisch sind in dem alten System Planung (= Dienst- und Tourenplanung) und Verwaltung (= Abrechnung) völlig getrennt, obwohl beide Bereiche die gleichen Daten benötigen: was ein Kunde pro Tag für Leistungen vereinbart hat. Daten aus dem Dienstplan, insbesondere der Stand des Arbeitszeitkontos (Plus- oder Minusstunden), stehen so auch nicht direkt zur Verfügung.

Vergleicht man diese Struktur mit der modernen Systematik (Grafik 11.1 oben, auch Kap. 1.2), stellt man fest, dass die Abrechnungen eigentlich kein eigenständiger Bereich (mehr) sind, sondern nur Ausfluss des Soll-Ist-Abgleichs und der ständigen Korrektur/Verbesserung der Tourenplanung.

Die Übersichtlichkeit war und ist ein wesentliches Argument für die Stecktafel (gewesen). Dabei kann man heute durch technische Möglichkeiten sich dieser Darstellung annähern, indem man entsprechend große Bildschirme (z. B. 24 Zoll) oder zwei Bildschirme nebeneinander einsetzt. Dies ist heute weder mit hohen finanziellen Belastungen verbunden (große Bildschirme sind heute recht günstig), noch von einzelnen Programmen abhängig. (Betriebssysteme wie Windows XP oder Windows 7

Handbuch Ambulante Einsatzplanung · Andreas Heiber und Gerd Nett

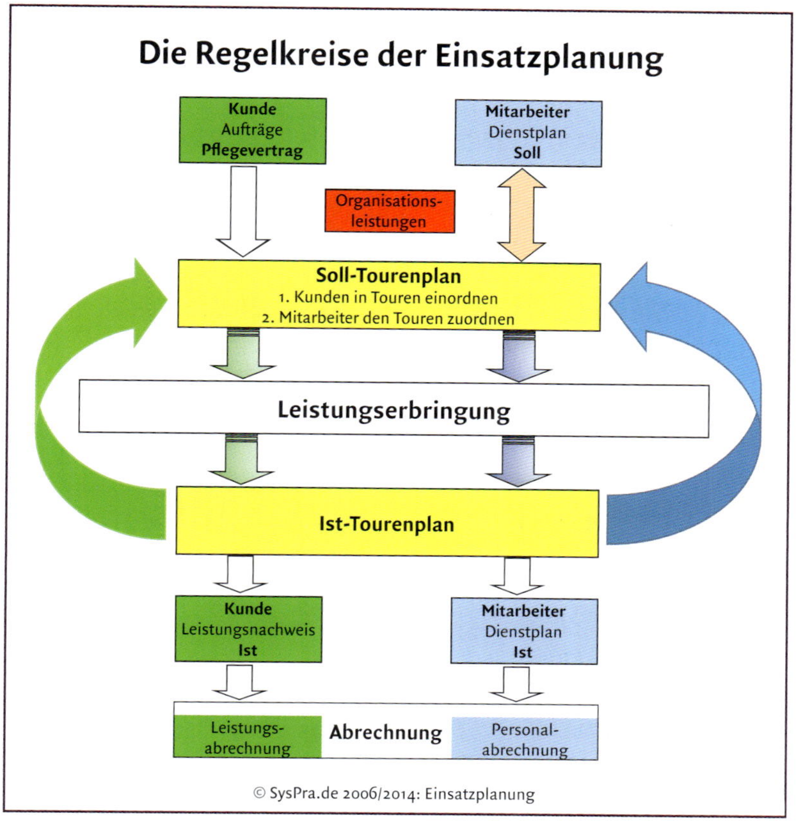
Die Regelkreise der Einsatzplanung
Kunde
Aufträge
Pflegevertrag
Mitarbeiter
Dienstplan
Soll
Organisations-
leistungen
Soll-Tourenplan
1. Kunden in Touren einordnen
2. Mitarbeiter den Touren zuordnen
Leistungserbringung
Ist-Tourenplan
Kunde
Leistungsnachweis
Ist
Mitarbeiter
Dienstplan
Ist
Leistungs-
abrechnung
Abrechnung
Personal-
abrechnung
© SysPra.de 2006/2014: Einsatzplanung

Grafik 11.1

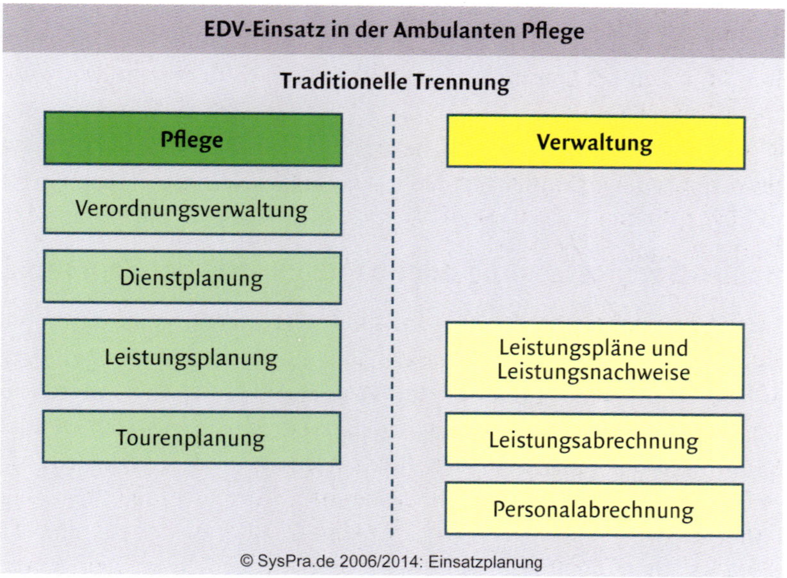
EDV-Einsatz in der Ambulanten Pflege
Traditionelle Trennung
Pflege
Verwaltung
Verordnungsverwaltung
Dienstplanung
Leistungsplanung
Tourenplanung
Leistungspläne und
Leistungsnachweise
Leistungsabrechnung
Personalabrechnung
© SysPra.de 2006/2014: Einsatzplanung

unterstützen den Anschluss von mehreren Bildschirmen, dazu wird oftmals nur eine zweite Grafikkarte [auch für unter 50 € zu bekommen] für den PC benötigt.)

Schon der Zeitaufwand, den man benötigt, die gesteckten Touren in einen handschriftlichen Tourenplan zu übertragen (einschließlich der möglichen Fehler), dürfte auf ein Jahr hochgerechnet so hoch sein, dass man damit eine entsprechende Branchensoftware finanzieren kann. Dazu kommen weitere Einsparungen durch die Umstellung der Verwaltungsstruktur.

Wenn Mitarbeiter die Übersicht auf der Stecktafel vermissen, kann man ihnen ersatzweise die wöchentlichen Tourenpläne aller Touren ausdrucken und an die nun leere Stecktafel hängen. Dann ist die Übersicht ebenfalls hergestellt.

11.1.1 Die Arbeitsabläufe und Aufgaben der Verwaltung ändern

Während früher die Verwaltung eigenständig und weitgehend losgelöst von der Pflege gearbeitet hat (Rechnungserstellung auf der Basis der Leistungsnachweise), sieht die Aufgabenverteilung und die Zusammenarbeit mit den Leitungskräften heute anders aus.

Die Verwaltungskräfte unterstützen die Leitung durch die Erfassung der Rohdaten einschließlich der Pflegeaufträge, die Leitung ist verantwortlich für die konkrete Tourenplanung (wobei auch hier die Verwaltung unterstützend tätig sein kann), über den permanenten Soll-Ist-Abgleich werden nicht nur die Leistungen kontrolliert, sondern auch schrittweise die Rechnungsdaten aktualisiert und damit die Abrechnung beschleunigt. Im Grunde entwickelt sich die früher eigenständige Verwaltungsabteilung zu einem konkreten „Dienstleister" rund um den Tourenplan. Folglich ist es sinnvoll, auch die Bezeichnung zu modernisieren: Verwaltungsmitarbeiter im Pflegedienst sind viel eher **Leitungsassistenten,** die den Leitungskräften zuarbeiten, ihnen den Rücken von formalen Sachen freihalten und im Zweifelsfall soweit die Tourenplanung erstellen, dass die PDL nur noch die Feinabstimmung vornehmen oder bestimmte Punkte entscheiden muss (und dann Zeit für ihre weiteren wichtigen Aufgaben wie Kundengespräche, Qualitätssicherung, Vernetzung etc. hat).

11.2 Mobile Datenerfassung oder handschriftlicher Tourenplan?

Schriftliche Tourenpläne (ob auf Papier oder elektronisch) sind ein notwendiges Arbeitsmittel, damit die Mitarbeiter ihre Tour mit einer eindeutigen Anweisung fahren/abarbeiten können. Dabei kommt es in erster Linie nicht darauf an, welche Technik für den schriftlichen Tourenplan genutzt wird. Beide Systeme enthalten die gleichen Informationen: den Soll-Plan mit den genauen Daten zu den einzelnen Einsätzen. Per Handschrift oder durch Eingabe in ein Gerät werden die tatsächlichen Beginn- und Endezeiten sowie Veränderungen (z. B. zusätzliche Leistungen, weniger Leistungen, andere Reihenfolge) erfasst. Im Büro müssen diese Daten dann mit den

Soll-Daten, in der vergleichenden Darstellung des Soll- und Ist-Plans, abgeglichen werden, sei es per Bildschirm und schriftlichem Tourenplan oder per Bildschirm und eingespielten Daten der MDA. Veränderungen in Bezug auf Leistungen müssen jeweils bestätigt oder verändert werden, in Bezug auf veränderte Zeiten ebenso. Nur müssen bei der handschriftlichen Fassung veränderte Daten nacherfasst werden, in der elektronischen Fassung müssen diese Daten nur am Computer bearbeitet werden.

Wie groß der Nacherfassungsaufwand bei schriftlichen Tourenplänen ist, liegt vor allem daran, wie ernst die Mitarbeiter den Tourenplan nehmen, wie gut die Tourenplanung ist und wie die Software die händische Erfassung von Ist-Daten unterstützt. Technisch gesehen sollte es kein Problem sein, die Erfassung so zu programmieren, dass man die Ist-Zeiten direkt im Tourenplan eingeben bzw. korrigieren kann.

Elektronische Geräte allein mit dem Ziel einzusetzen, Verwaltungszeit einzusparen, dürfte auch heute noch das falsche Ziel sein und wird auch in der Regel nicht erreicht. Was nutzt es, wenn man zwar in der Abrechnung schneller wird, aber die Mitarbeiter bei der Eingabe so viel Zeit benötigen, dass diese Vorteile verloren gehen? Oder wenn die Kontrolle der Eingaben in den Geräten aufgrund der hohen Fehlerquote durch Fehlbedienung oder/und eine komplizierte Software mehr Zeit kostet als die Nacherfassung über den Leistungsnachweis?

Vorteile elektronischer Systeme

Die Vorteile elektronischer Tourenpläne liegen weniger in der Datenerfassung bzw. Korrektur von Leistungszeiten oder Leistungen, sondern vor allem in der einfachen Möglichkeit der dezentralen Steuerung. Mit dem elektronischen Gerät kann bei Tourbeginn der letzte und damit aktuellste Plan geladen werden. So ist es möglich, dass Mitarbeiter dezentral von zu Hause aus die Tour beginnen und trotzdem die aktuellen Tourenpläne haben, ohne dass sie vorher aufwendig telefonisch (und evtl. auch noch in ihrer Freizeit) kontaktiert werden (einschließlich der Verständnisprobleme am Telefon). In Zeiten analoger Technik war das früher nur möglich, wenn Mitarbeiter beispielsweise mit Faxgeräten ausgestattet wurden.

Als Basis für elektronische Geräte gibt es zurzeit noch einige Varianten, allerdings bieten nicht alle Systeme den gleichen Komfort und die gleichen Möglichkeiten. Eine kleine Übersicht und Vergleich (ohne Garantie für Vollständigkeit oder sachliche Richtigkeit im Detail):

» **Klassische Mobiltelefone (mit Tasten, aber nur kleinem Display)**

  Die Eingabe von Daten etc. erfolgt nur über die Tasten des Telefons (wie bei einer SMS). Oftmals sind die Telefone sehr günstig, allerdings ist das Display im Regelfall auch klein und die Anzeige begrenzt. Die Menüs sind dann jeweils immer nur schrittweise zu erreichen bzw. anzusteuern, das Schreiben erfolgt im „SMS-Modus“ über den Ziffernblock.

» **Smartphones mit Android-Betriebssystem**

Die vermutlich am weitesten verbreitete Variante in der Pflege; hier können viele verschiedene Geräte eingesetzt werden, solange der Betriebssystemstand (Android-Version) vom Hersteller unterstützt wird. Auf den Smartphones ist die Menüführung entsprechend optisch transparent und klar darstellbar, auch Verknüpfungen zu anderen Programmen wie Navigation etc. sind möglich. Die Smartphones können vor allem auch als Informationsmedium genutzt werden, z. B. mit der aktuellen Kunden- und Ärztedatenbank, erweiterten Stammdaten der Kunden, aber auch Auszügen aus Qualitätshandbüchern, Verfahrensanweisungen für den Notfall etc. Oftmals können hier ausgewählte oder alle Touren des Tages zur Verfügung gestellt werden, sodass Mitarbeiter im Vertretungsfall auch die Tour des Kollegen zur Verfügung haben, um beispielsweise auch Kunden zu übernehmen. Über die Bildschirmtastatur kann man konkret mit Buchstaben schreiben.

» **Smartphones mit anderen Betriebssystemen (Blackberry, IOS/Apple)**

Im Regelfall gleicher Funktionsumfang wie die Android-Smartphones, nur je nach Betriebssystem auf bestimmte Geräte bzw. Hersteller festgelegt.

Praxistipps für den Einsatz

Für die Umstellung und den Alltag haben wir hier einige (durchaus aus der Erfahrung gewonnene, aber sicherlich subjektive) Praxistipps zusammengestellt:

Ein System

Wenn man elektronische Geräte einführen will, sollte man die Geräte/Systeme bevorzugen, die direkt mit der Einsatzplanungs- und Abrechnungssoftware vom gleichen Anbieter programmiert wurden (und nicht etwa zunächst über einen Drittanbieter die Daten verwalten und über eine Schnittstelle weitergeben). Dadurch vermeidet man viele Schnittstellen- und Kompetenzprobleme. Denn jede Schnittstelle verursacht Probleme, das ist auch heute noch so.

Heute Smartphones einsetzen

Auch wenn einfache Telefone deutlich kostengünstiger als Smartphones sind: Der Bedienkomfort und die Möglichkeiten der Smartphones sprechen klar für diese. Nur wenn man die Möglichkeiten wie Navigation, Datenbank, Nachschlagwerk etc. nutzen kann, bietet die elektronische Variante echte Vorteile. Und da immer mehr Mitarbeiter auch privat Smartphones haben, dürfte die Bedienung dann gewöhnter und damit einfacher sein/werden.

Einzusetzende Geräte von Softwarehersteller beziehen oder von ihm freigeben lassen

Die einzusetzenden Geräte sollten explizit vom Softwarehersteller getestet/freigegeben sein. Auf den Smartphones wird eine entsprechende Software aufgespielt, die dann den Datentransfer sowie die Erfassung etc. steuert. Werden „fremde“ Geräte ohne ausdrückliche Tests/Freigabe eingesetzt, gibt es bei auftretenden Problemen oft Streitigkeiten, woran es liegen kann. Dies kann man dadurch vermeiden oder zumindest reduzieren.

Mitarbeiter umfassend schulen!

Die größten Probleme bei der Nutzung der Geräte stehen meist vor dem Bildschirm: die Mitarbeiter. Deshalb müssen diese nicht nur gut geschult, sondern auch motiviert werden. Sie müssen verstehen, warum die Geräte eingesetzt werden (Abläufe vereinfachen, richtige Informationen haben, sich weniger merken müssen, Zusatznutzen wie Navigation). Die Nutzung und mögliche Fehler müssen zeitnah mit den Mitarbeitern besprochen, mögliche technische Fehler systematisch erforscht werden. Eine eigene Kurzanleitung für die „Kitteltasche“ ist eine wichtige und hilfreiche Arbeitshilfe.

Sie müssen auch verstehen, wozu die Geräte nicht eingesetzt werden (sollten!). Sie dienen nicht der Überwachung oder minutengenauen Verfolgung der Mitarbeiter, denn das konnte man auch bisher schon mit jedem guten Tourenplan. Aber im Gegensatz zu einem Papiertourenplan kann man mit dem Smartphone keine Arbeitszeit weglassen und damit auch dem Betrieb dokumentieren, wie lange man wirklich gearbeitet hat. Betriebsräte oder Mitarbeitervertretungen, die gegen zu detaillierte Tourenpläne angehen wollen, haben nicht verstanden, dass es diese detaillierten Tourenpläne mit genauen Zeitvorgaben immer schon gab und geben muss (siehe Verantwortung der PDL, Kap. 1.3) und dass andererseits die genaue Dokumentation auch von Vorteil sein kann.

11.3 Anforderungen an eine moderne Software

Eine moderne Softwarelösung für die Ambulante Pflege sollte alle Bausteine enthalten, die zum Ablauf der Organisation gehören (Grafik 11.1). Technisch sollten alle Elemente (vom Dienstplan bis zur Mobilen Datenerfassung) von einem Anbieter kommen. Die wichtigsten Schritte sind die Verordnungsverwaltung, die Leistungsplanung, die Urlaubsplanung, die Dienstplanung, die Tourenplanung sowie die Leistungsabrechnung. Lag früher der Schwerpunkt allein auf der Leistungsabrechnung, wird diese als funktionierend vorausgesetzt und die Tourenplanung ist das zentrale Herzstück, hier insbesondere ein einfacher und möglichst optisch aufbereiteter Soll-Ist-Abgleich.

Die von uns benannten inhaltlichen und technischen Kriterien stellen einen Rahmenkatalog dar, der lediglich den Mindest-Leistungsumfang der Software darstellen soll. Wir setzen voraus, dass die jeweils gültigen gesetzlichen Anforderungen erfüllt sind: hier Umsetzung der jeweiligen Vergütungsvereinbarungen im Bundesland, der Datenaustausch und die Einhaltung der Datenschutzvorschriften.

Handbuch Ambulante Einsatzplanung · Andreas Heiber und Gerd Nett
© Vincentz Network GmbH & Co. KG, Hannover 2014 · ISBN 978-3-86630-378-2

Benannt werden hier nur die Punkte, die besonders zu beachten sind, nicht jedoch allgemein übliche Daten und Strukturen wie z. B. Stammdaten, Adressdaten etc. Auch wegen der im Verhältnis zum Lebensalter eines Buches schnellen Veränderungsgeschwindigkeit in der EDV kann diese Liste weder vollständig noch endgültig sein.

11.3.1 Inhaltliche Kriterien

- **Verordnungsverwaltung** mit differenzierten Genehmigungszeiträumen
- Umsetzung der im jeweiligen Bundesland geltenden **Vergütungsvereinbarung nach SGB V und SGB XI** und anderen (Nicht jeder Anbieter ist in der Lage, alle bundesweit vorhandenen Abrechnungsmodelle abzubilden, daher sollte dieser Punkt geklärt sein; Referenzkunden sind hier eine gute Quelle.)
- **Integrierter Dienstplan.** Integriert in das Einsatzplanungsprogramm meint, dass das Dienstplanprogramm sowohl die benötigten Mitarbeiterdaten für die Tourenplanung liefert, als auch umgekehrt die Ist-Arbeitszeiten der Tourenplanung verarbeitet:
  1. Integration und Verwaltung von Arbeitszeitkonten
  2. Integrierter Urlaubsplan mit Anbindung an den Dienstplan
  3. Planung der Dienste in Form von variablen Schichten
  4. Speicherung der verschiedenen Dienstplanstände (mindestens Soll-1 und Ist-Plan, siehe Kap. 6.2.2)
  5. Korrektur der Ist-Arbeitszeit über Tourenplanung (Länge der Tour)
  6. Korrektur der Ist-Arbeitszeit nicht über die Tourenplanung erfasster Mitarbeiter
- **Tourenplanung:**
  1. übersichtliche Optik und einfache (dynamische) Bedienung (im Vergleich zur Stecktafel!)
  2. Vollständigkeit kontrollieren (Alle Leistungen sind verplant.)
  3. Speicherung des Sollplans (Kein Überschreiben bei der Soll-Ist-Korrektur; sonst kann kein Vergleich stattfinden zwischen Plan und Soll etc.)
  4. Einfache Dateneingabe für Ist-Abgleich (Vor allem sollte dies auch per Hand möglich sein, selbst wenn man sich für MDE entschieden hat.)

5. Eingabe von Zeiten für Organisationsleistungen, Einsatzpauschalen und Pausen möglich
6. Differenzierte Leistungs- und Wegezeiten pro Kunde möglich

11.4 Zusammenfassung

- Heute muss ein Pflegedienst mit einer integrierten Einsatzplanungssoftware arbeiten, getrennte Welten wie die Stecktafel und die Abrechnung sind nicht mehr zeitgemäß und kosten zu viel Aufwand und Zeit.
- Die Arbeitsabläufe in der Pflegeorganisation haben sich in den letzten 20 Jahren systematisch geändert: Eine Trennung von Verwaltung und Pflegeorganisation ist nicht mehr zeitgemäß.
- Die Verwaltungskräfte werden immer mehr zu Leitungsassistenten, die der PDL die Vor- und Nacharbeiten der Planung abnehmen und damit nebenher auch die notwendigen Abrechnungen erstellen.
- Eine mobile Datenerfassung bietet sich heute an, ist aber nicht in jedem Fall notwendig.
- Nur wenn die Mobilgeräte zur dezentralen Steuerung, als Datenbank und für weitere Aspekte wie Navigation etc. genutzt werden, sind sie sinnvoll eingesetzt.
- Eine moderne Software muss die Tourenplanung in den Mittelpunkt stellen. Sie sollte eine integrierte Dienstplanung haben und „aus einem Guss" sein.

Handbuch Ambulante Einsatzplanung · Andreas Heiber und Gerd Nett

12 Soll-Ist-Abgleich

12.1 Das Tagesschau-Prinzip

Das kommt einem manchmal bekannt vor:

Ein ganz normaler Tag in einem normalen Tourenplan sieht vor, dass acht Kunden versorgt werden, in der Zeit von 7.00 Uhr bis 10.00 Uhr. Die Einsätze dauern mit Wegezeit im Schnitt 22,5 Minuten, es werden 160 € eingenommen.

Alles in allem eine gute und ausgeglichene Tour.

Das Phänomen der immer gleichen Tour

		Tourdauer	Ertrag
1. Tag	8 Pflegekunden	300 Min.	160 €
2. Tag	10 Pflegekunden	300 Min.	190 €
3. Tag	6 Pflegekunden	300 Min.	120 €

© SysPra.de 2006/2014: Einsatzplanung

Grafik 12.1

Am zweiten Tag meldet sich ein Mitarbeiter krank, Kunden werden umverteilt, diese Tour enthält nun zehn Kunden. Trotzdem schafft es der Mitarbeiter, pünktlich um 10.00 Uhr wieder zurück zu sein, zwar etwas gehetzt, aber er ist da. Ein schneller Blick auf die Zahlen zeigt: Er hat das heute im Schnitt mit 18 Minuten geschafft, wofür er gestern noch 22,5 Minuten gebraucht hat. Auch der Umsatz entwickelt sich deutlich positiv; in der gleichen Zeit (und damit bei gleichen Personalkosten) wurden heute 30 € mehr Umsatz gemacht, es scheint ein guter Tag gewesen zu sein!

Am dritten Tag sind alle Mitarbeiter wieder gesundet, aber zwei Kunden fallen in dieser Tour aus: Trotzdem schafft es der Mitarbeiter (erst), um 10.00 Uhr zurück zu sein, auf den ersten Blick allerdings auch viel entspannter als gestern. Er hat heute nur sechs Kunden versorgt, pro Kunde aber rechnerisch 30 Minuten benötigt und auch nur 120 € an abrechenbaren Leistungen erbracht.

Das Phänomen ist auch unter dem Namen: „Tagesschau-Prinzip" bekannt! Denn die gute alte deutsche Tagesschau im ersten Programm dauerte schon immer 15 Minuten und wird vermutlich auch weiterhin immer so lange dauern (außer es ist Fußball). Und zwar unabhängig davon, was in der Welt wirklich los ist. So kann es sein, dass in den Sommerferien manche Nachricht in der Tagesschau verkündet wird, die eigentlich völlig unwichtig ist (der sprichwörtliche Sack Reis, der in China umfällt!). Aber selbst an Tagen, an denen die Weltgeschichte verändert wird (z. B. der

Handbuch Ambulante Einsatzplanung · Andreas Heiber und Gerd Nett
© Vincentz Network GmbH & Co. KG, Hannover 2014 · ISBN 978-3-86630-378-2

9. September 2011, Flugzeugattentate in New York) dauerte die Tagesschau selbst nur 15 Minuten (danach kamen allerdings noch Sondersendungen).

Genauso scheint es mit dieser Tour zu sein; egal, was los ist, sie dauert immer gleich lang. (Zur Klarstellung: An jedem Tag wurden immer die gleichen Leistungen erbracht, nicht weniger oder nicht mehr, auch die Kunden hatten keine abweichenden Wünsche.) Es scheint also andere Gründe gegeben zu haben, warum der Mitarbeiter mal schneller oder mal langsamer gearbeitet hat.

Auf jeden Fall zeigt das Beispiel, dass hier der Mitarbeiter die strukturellen und vertraglichen Grundlagen seiner Arbeit (seine konkreten Aufträge also) nicht verstanden hat. Denn die Kunden haben für jeden Tag die gleichen Leistungen vertraglich vereinbart, es gab keine inhaltlichen Abweichungen oder Sonderwünsche hier im Beispiel. Die Kunden haben auch jeden Tag den gleichen Preis bezahlt!

Offensichtlich liegen die Gründe für die Abweichung also vor allem am Mitarbeiter, der scheinbar so arbeitet, wie er will.

Wenn die Pflegedienstleitung als Verantwortliche für die Tourenplanung das akzeptiert, hat sie ihre Aufgabe Tourenplanung weder verstanden noch sachgerecht umgesetzt.

Aufgabe des Soll-Ist-Abgleiches ist es, zu prüfen, ob die Mitarbeiter entsprechend der Soll-Tourenplanung gefahren sind, welche Abweichungen es gab, wie mit den einzelnen Abweichungen umgegangen wurde und wie mit Abweichungen umzugehen ist.

Das Phänomen der immer gleichen Tour zeigt eigentlich auch, dass es hier nicht auf den Kunden und seine Bedürfnisse, Wünsche oder Aufträge ankommt, sondern in der Hand des jeweiligen Mitarbeiters liegt, wie er die Tour gestaltet. Genau das ist aber die Aufgabe der Pflegedienstleitung.

12.2 Der zeitnahe Soll-Ist-Abgleich

Nachdem die Soll-Tourenpläne erstellt worden sind, beginnt der „Praxistest“. Die Mitarbeiter fahren nach diesen Plänen und kommen zurück. Was danach passiert, entscheidet darüber, ob die in die Soll-Tourenpläne investierte Arbeitszeit sinnvoll war, ob der Pflegedienst dauerhaft wirtschaftlich arbeiten kann und ob die Kunden und Mitarbeiter dauerhaft zufrieden sind. Denn der gesamte Planungsaufwand löst sich in „Luft“ auf, wenn die Planung nicht nach der Durchführung kontrolliert wird und die sich daraus ergebenden Konsequenzen für den nächsten Tourenplan, den nächsten Tag, den nächsten Dienstplan, die Abrechnungen oder auch die Pflegeverträge umgesetzt werden. Deshalb ist es auch entscheidend, dass dieser Abgleich nicht irgendwann, sondern so **zeitnah** wie möglich durchgeführt wird.

Nur wenn die Ist-Tourenpläne zeitnah (normalerweise täglich, aber max. wöchentlich) überprüft werden, können die jeweiligen Mitarbeiter die Abweichungen erklären und kann zeitnah der Tourenplan ggf. verändert werden.

Handbuch Ambulante Einsatzplanung · Andreas Heiber und Gerd Nett

Werden die Tourenpläne erst nach einer Woche oder am Monatsende kontrolliert, können nur noch die Leistungsänderungen übertragen werden, die Gründe für Leistungs- und Zeitabweichungen können kaum noch valide erklärt und besprochen werden.

Deshalb gehört zu einer effektiven Einsatzplanung die zeitnahe „Rückkehr" der Tourenpläne, um nun den Soll-Ist-Abgleich durchführen zu können. Im schlechtesten Fall sollten die Tourenpläne wöchentlich abgegeben werden, der Normalfall muss die tägliche Abgabe sein.

Bei elektronischer Erfassung werden die Daten nach der Tour aktualisiert und stehen deshalb immer zeitnah zur Verfügung.

Manche Systeme ermöglichen sogar die Aktualisierung der Daten nach jedem Einsatz. Das kostet nicht nur mehr Geld für den häufigen Datentransfer, das ist auch praktisch nicht notwendig. Denn welchen Effekt hätte es, wenn man zeitaktuell weiß, was der Mitarbeiter gerade gemacht hat? Man wird weder die Zeit haben, sich das jeweils zeitaktuell anzusehen, außerdem gibt es im Regelfall weder die Notwendigkeit noch die Möglichkeit, sofort zu reagieren. Wer wissen will, wo sich der Mitarbeiter gerade befindet, benötigt kein Online-Ortungssystem, sondern nur ein Telefon. Wer den Mitarbeitern misstraut und deshalb glaubt, die Onlinedaten zu benötigen, sollte dem Mitarbeiter entweder kündigen oder selbst in einem anderen Bereich arbeiten.

Unabhängig vom System können Mitarbeiter immer die Tourenpläne manipulieren, deshalb sind auch elektronische Systeme nicht manipulationssicher: Man kann auch schneller fertig geworden sein und noch gerade auf der Parkbank sitzen und warten, bis die komplette Einsatzzeit vorbei ist, bevor man den Einsatz als beendet quittiert.

12.2.1 Änderungen immer minutengenau festhalten

Eine Tourenplanung kann nur richtig ausgewertet und verbessert werden, wenn man auch die konkrete und detaillierte Rückmeldung über die Veränderungen bekommt. Also müssen, egal, ob es schriftliche Tourenpläne gibt oder elektronische Systeme benutzt werden, die konkreten Einsatzzeiten und die abweichenden Leistungen dokumentiert werden. Das ist auch dann zu beachten, wenn es um die Umstellung von Papier auf elektronische Geräte geht. Denn elektronische Geräte liefern nicht mehr Daten, sondern die Daten werden nur einfacher aufbereitet. Man hat dann die gleiche Datenmenge zur Verfügung, wie in der Zeit davor, wenn die Tourenpläne mit Papier ernst genommen wurden und deshalb die Mitarbeiter immer auch die detaillierten Ist-Daten erfasst haben.

Bei der Ist-Erfassung sind neben den genauen Beginn- und Endzeiten der Einsätze auch die veränderten (reduzierten oder zusätzlichen) Leistungen zu erfassen und Abweichungen möglichst gleich stichwortartig zu begründen (seien es Leistungsveränderungen oder veränderte Versorgungszeiten).

Bei der reinen Zeiterfassung sind die elektronischen Systeme, die mit Telefonen oder Smartphones arbeiten, klar im Vorteil: Hier wird die Versorgungszeit minutengenau dokumentiert, ohne dass der Mitarbeiter diese noch nachtragen muss, er muss nur bei Einsatzbeginn und Einsatzende auf den Knopf drücken. Da die Leistungen zu quittieren sind, wird ebenfalls dokumentiert, was der Mitarbeiter gemacht hat. Allerdings sollte man sicherstellen, dass die Uhrzeit der elektronischen Geräte sich automatisch über das Internet aktualisiert, ansonsten hat man evtl. auf den Geräten verschiedene Uhrzeiten.

Schriftliche Tourenpläne haben den (scheinbaren) Nachteil, dass man sowohl die tatsächliche Beginn- und Endzeit als auch die Leistungen händisch nachtragen bzw. quittieren muss. Einen Vorteil (oder vielleicht auch Nachteil) gibt es allerdings: Man kann die Zeiten und Leistungen auch nachtragen oder nachträglich aus dem Gedächtnis heraus dokumentieren; damit kann man bei der späteren Prüfung nicht wirklich sicher sein, ob die Zeiten tatsächlich stimmen oder nicht. Aber wenn man vergessen hat, den Startknopf im Gerät zu drücken, kann man dies oftmals nicht manuell verändern. (Das ist allerdings herstellerabhängig und sollte geklärt werden; denn wenn Startzeiten im Nachhinein verändert werden können, kann man ruhig beim Kunden zu spät ankommen, im Gerät steht dann später die gewünschte Zeit.)

Deshalb sollte man für beide Systeme Routinen entwickeln und Abläufe vorgeben, die von allen Mitarbeitern einzuhalten sind. Die Abläufe müssen so selbstverständlich sein wie die Tatsache, dass man sich vor Beginn der Körperpflege Handschuhe anzieht und nach dem Verlassen der Wohnung die Hände desinfiziert.

Nur wenn die Abläufe standardisiert sind und alle Mitarbeiter zum gleichen Zeitpunkt die Einsätze starten und beenden bzw. so dokumentieren, sind auch die erfassten Werte valide und vor allem vergleichbar; das gilt gerade bei der Nutzung von elektronischer Erfassung. Denn wenn einige Mitarbeiter schon im Auto den Einsatzbeginn erfassen (starten), dann ist bei diesen die Wegezeit kürzer, aber die Leistungszeit länger als bei anderen Mitarbeitern, die erst beim Betreten der Wohnung den Leistungsbeginn dokumentieren (und damit die Wegezeit stoppen).

Beispielhaft könnten folgende Abläufe definiert werden:

Schriftlicher Tourenplan

- Alle Mitarbeiter haben eine Uhr.
- Mitarbeiter haben ein Klemmbrett mit Tourenplan, sodass sie immer unmittelbar schreiben können.
- Beim Betreten der Wohnung bzw. vor dem Klingeln/Schließen wird die Beginnzeit notiert.

- Der Kunde wird begrüßt, es wird kurz überprüft, ob im Pflegebericht eine akute Besonderheit erwähnt ist.
- Der Mitarbeiter arbeitet die im Tourenplan definierten Leistungen ab.
- Der Mitarbeiter dokumentiert die Leistungen in der Pflegedokumentation und im Tourenplan.
- Der Mitarbeiter verabschiedet sich, trägt die Endzeit im Tourenplan ein und verlässt die Wohnung.

Elektronischer Tourenplan (Smartphone, Telefon)

- Mitarbeiter haben für die Smartphones/Telefone Gürteltaschen, sodass sie diese immer griffbereit haben (und diese nicht etwa im Korb/Tasche suchen müssen). Sie sind auch so zu befestigen, dass sie nicht im Weg sind oder ständig rausfallen.
- Der Mitarbeiter drückt den Einsatzbeginn beim Betreten der Wohnung und überprüft gleichzeitig die Leistungen, die zu erbringen sind.
- Der Kunde wird begrüßt, es wird kurz überprüft, ob im Pflegebericht eine akute Besonderheit erwähnt ist.
- Der Mitarbeiter arbeitet die im Tourenplan definierten Leistungen ab.
- Der Mitarbeiter dokumentiert die Leistungen in der Pflegedokumentation.
- Der Mitarbeiter verabschiedet sich, bestätigt im elektronischen Gerät die Leistungen und bestätigt das Verlassen der Wohnung (Einsatzendezeit).

Bei elektronischen Geräten ist es deutlich komplizierter und evtl. auch aufwendiger, Kommentare oder andere Hinweise zu erfassen. Zwar gibt es oft schon Textboxen mit vorgefertigten Textbausteinen, aber diese können im Einzelfall nicht passen. Handschriftlich kann man schnell noch was dazuschreiben, mit einem Telefon oder Smartphone dauert die Eingabe meist länger. Trotzdem sollte man nicht darauf verzichten, dass Mitarbeiter solche Anmerkungen mit aufnehmen. Durch diese Hinweise wird die Beurteilung der Abweichung erleichtert und der Soll-Ist-Abgleich beschleunigt. Wenn beispielsweise der Mitarbeiter die längere Arbeitszeit mit dem Hinweis „Kunde war heute sehr verschlafen." kennzeichnet, muss die Leitungskraft diese Zeitabweichung nicht weiter nachverfolgen, sondern kann sie für heute ohne Nachfrage akzeptieren.

Bei elektronischen Systemen kann es daher hilfreich sein, mit den Mitarbeitern eine Liste von standardisierten Hinweisen zu erarbeiten und anzulegen, die dann nur ausgewählt werden müssen. Die Gefahr bei solchen Listen ist allerdings immer, dass man sich dann den Text aussucht, der am besten passt (auch wenn es die beste von den schlechten Lösungen ist), der aber nicht wirklich zutreffen muss. Unabhängig davon müssen alle Mitarbeiter praktisch in der Lage sein, auch eigene Texte einzugeben.

12.3 Soll und Ist: Überprüfung der Abweichungen

Das Beispiel der nächsten Grafik 12.2 (Ausschnitt aus einer Tour, s. u.) verdeutlicht, welche Fragen zu stellen oder zu beantworten sind. Auch wenn es scheinbar nur um sehr kleine Zeitdifferenzen geht, die evtl. zu verbessern sind, können diese später eine große Wirkung haben. Gerade bei Wege- und Organisationszeiten sollte man hier sehr genau (und pingelig) arbeiten. (Siehe ansonsten das klassische „Mülleimer"-Beispiel, Kap. 1.1: Das zusätzliche Mitnehmen des Mülls, das einmalig nur 4 Minuten dauert, summiert sich im Jahr auf 80 Stunden!)

Die Gesamtdauer der Tour ist kein aussagekräftiges Kriterium (siehe auch Beispiel Kap. 13.3)!

Dieses Beispiel geht von 7.00 Uhr bis 8.30 Uhr. An Ende stimmt die Soll- und die Ist-Zeit überein. Allerdings ist das keinerlei Beleg dafür, dass die Mitarbeiter alles richtig gemacht haben. Je länger eine Tour dauert, umso weniger kann die Gesamtzeit etwas zu den realen Verhältnisse innerhalb der Tour aussagen.

Arbeitsbeginn pünktlich?

Fängt der Mitarbeiter nicht vereinbarungsgemäß mit der Arbeit an, gibt es aufgrund des unvermeidlichen Dominoeffektes Auswirkungen auf die gesamte Tour. Deshalb sollte gerade auf einen pünktlichen Beginn Wert gelegt und auch dieser immer überprüft werden. Gründe für zu spätes Losfahren liegen nicht nur im persönlichen Bereich (verschlafen!), sondern könnten auch strukturelle Ursachen haben:

» Beginnen mehrere Touren zu derselben Zeit, kann es zum „Stau" vor dem Schlüsselschrank oder dem Übergabebuch kommen. Versetzte Starttermine (beispielsweise um 5 Minuten versetzt) können hier schon viel bringen.

Leistungen erbracht

Die Frage, ob alle geplanten und vereinbarten Leistungen erbracht wurden, ist sicherlich die Frage, die man auch bisher immer überprüft hat. Schon allein deshalb, weil es um die Abrechnung oder die Einhaltung der ärztlichen Verordnungen geht. Bei Abweichungen hat der Mitarbeiter zu vermerken, warum er Leistungen weggelassen oder mehr Leistungen erbracht hat.

Wegezeit zu korrigieren?

Im Beispiel waren die ersten zwei Wegezeiten wie geplant genutzt, allerdings ist die dritte Wegezeit (von Meier zu Schmidt) um 2 Minuten kürzer. An dieser Stelle ist der Tourenplan zu ändern, wenn dies regelhaft der Fall ist (es sollte mit anderen Tagen geprüft werden).

Handbuch Ambulante Einsatzplanung · Andreas Heiber und Gerd Nett

Zeitabweichungen im Einsatz

Zeitabweichungen können mehrere Ursachen haben:

- **Falsche Vorgabezeiten**

  Die Vorgabezeiten für die Leistungen können falsch sein, zu hoch oder zu niedrig. Sichtbar wird das, wenn Mitarbeiter dies konkret zurückmelden, aber auch, wenn verschiedene Mitarbeiter unterschiedliche Zeiten benötigen. Durch die Korrektur der Vorgabezeit müssten diese Abweichungen verschwinden.

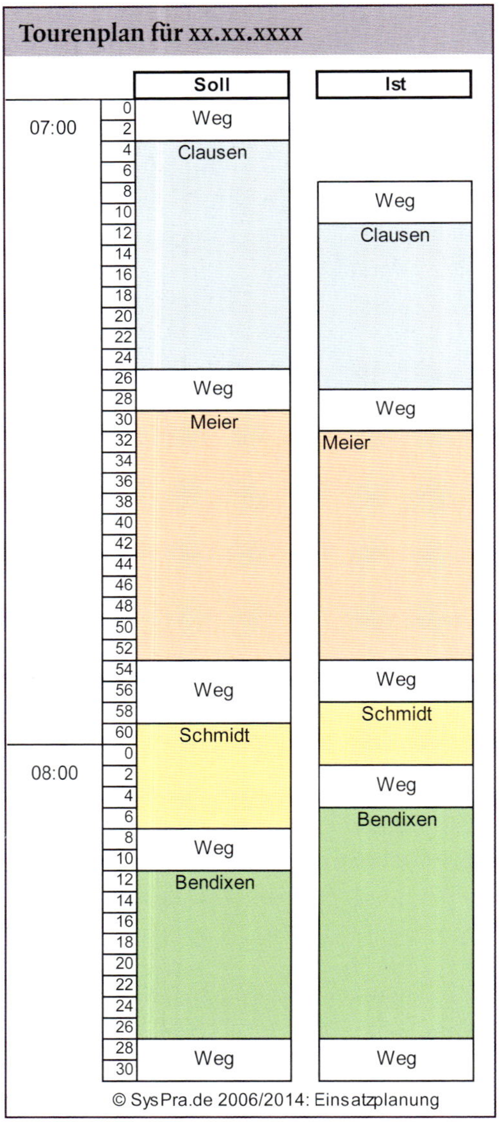

Grafik 12.2

» **Einmalige Abweichungen**

Bei einmaligen Abweichungen sollte es im Regelfall Rückmeldungen/ Notizen/Hinweise der Mitarbeiter geben. Meist geht es um Notfälle (beispielsweise wegen schlechter Gesundheitslage wie Kreislaufproblemen) oder um andere einmalige Besonderheiten.

» **Falsche Leistungen vereinbart**

Gerade am Anfang einer Versorgung kann es oft vorkommen, dass die tatsächlich notwendigen und gewünschten Leistungen von denen abweichen, die zunächst vertraglich vereinbart wurden. Deshalb sollte gerade bei neuen Versorgungen der reale und notwendige Leistungsumfang zeitnah überprüft bzw. mit den Mitarbeitern kritisch diskutiert werden. Diese Prüfung sollte auch im Neukundenaufnahme-Standard beschrieben sein.

» **Hinweis auf Heimliche oder Vergessene Leistungen**

Wenn sich Zeitabweichungen häufen, ist es sinnvoll, die Mitarbeiter detailliert all das beschreiben zu lassen, was sie im Einsatz Schritt für Schritt machen. Bei der konkreten Beschreibung kann man feststellen, ob Mitarbeiter hier andere Inhalte erbringen, als mit den definierten Leistungen verbunden sind, oder ob sie darüber hinaus Heimliche Leistungen erbringen (soweit sie dies angeben).

» **Individuelle Abweichungen (Langsame Mitarbeiter)**

Wie schon in Kap. 7.3.3 beschrieben, sollte bei Zeitabweichungen einzelner Mitarbeiter zunächst nach den Ursachen gesucht werden. Eventuell kann schon ein Gespräch über die von ihm erbrachten Leistungsinhalte Klarheit schaffen. Hinweise auf persönliche Besonderheiten wie Alter etc. sollte man ernst nehmen, aber immer mit unangekündigten Tourenvisiten überprüfen. Grundsätzlich sollten alle Mitarbeiter in der Lage sein, die gleichen Leistungen in der vergleichbaren Zeit zu erbringen.

» **Abweichende Reihenfolge**

Mitarbeiter fahren nicht in der vorgegebenen Reihenfolge, sondern anders. Damit sind zunächst auch alle planerischen Überlegungen in Bezug auf optimale Wegezeiten gegenstandslos. Es muss stichhaltige Gründe für die Änderung der Reihenfolge geben. Dann ist zu prüfen, ob die Reihenfolge nur einmalig, gar nicht oder dauerhaft verändert wird. Abweichungen in der Reihenfolge sind allerdings so gravierend (auch in den Auswirkungen), dass sie immer besprochen und zu Konsequenzen führen müssen.

12.3.1 Pünktlich sein heißt auch: den Kunden ernst nehmen!

Der Pflegekunde verlässt sich auf die zugesagte Zeit des Pflegedienstes und/oder des Mitarbeiters. Er wartet beispielsweise schon um 7.45 Uhr, dass der Pflegedienst um 8.00 Uhr erscheint, wie es vereinbart worden ist.

Was bedeutet es, wenn der Pflegedienst zu spät oder relativ willkürlich kommt? Der Pflegedienst hat zugesagt, um 8.00 Uhr beim Kunden zu erscheinen. Der Mitarbeiter kommt aber erst um 8.45 Uhr. Aus Sicht des Mitarbeiters kein Problem, da der Kunde ja sowieso nichts anderes „vorhatte". Aus Sicht des Kunden aber nicht akzeptabel: Er hat ja die Zusage für 8.00 Uhr. Ein späteres Erscheinen über die oft von Pflegediensten benannte Zeitspanne von 15 Minuten hinaus (Uhrzeit und plus/minus 15 Minuten) zeugt auch von Missachtung des Kunden, vor allem, wenn er nicht informiert wird. Wie langsam Zeit vergehen kann, wenn man wartet und der genannte Zeitpunkt überschritten ist, kennt jeder aus eigener Lebenserfahrung. Dazu kommt, dass Pflegedienste oft die ersten und meist auch einzigen Ansprechpartner im Tagesablauf sind. Der Kunde ist also ihnen „ausgeliefert". Umso sorgsamer sollte man damit umgehen.

Da man schon aus praktischen Gründen nicht immer pünktlich sein kann, sollte man von Beginn an festhalten und dem Kunden auch so mitteilen (möglichst schriftlich), dass man zwar versucht, auf die Minute pünktlich zu sein, dass dies aber wegen vieler Faktoren wie Straßenverkehr, Notfällen, vorheriger Versorgung nicht immer möglich ist. Deshalb vereinbart man einen Korridor von beispielsweise 15 Minuten um den vereinbarten Zeitraum. Kann man diesen Korridor nicht einhalten, wird der Kunde möglichst frühzeitig telefonisch über die Gründe informiert und mit ihm besprochen, wann der Mitarbeiter kommen kann (dass dies die Ausnahme sein sollte, dürfte klar sein).

Es sollte intern permanent festgehalten werden, wie oft die Planzeiten nicht eingehalten werden, um dauerhaft die Tourenplanung zu verbessern. Halten Mitarbeiter die Vorgabezeiten nicht ein, sind die Gründe zu klären, wie zu kurze Zeitvorgaben oder nicht sachgerecht kalkulierte Wegezeiten; gegebenenfalls ist die Tourenplanung anzupassen.

Was Pünktlichkeit für den Einzelnen bedeutet und wie quälend langsam Zeit vergehen kann, kann man auch gut im Rahmen eines Rollenspiels während einer Dienstbesprechung simulieren: Ein Mitarbeiter wird in ein Pflegebett gelegt, bekleidet auch mit einer Windel. Er bekommt einen laut tickenden Wecker ans Bett sowie ein Telefon. Ihm wird gesagt, dass man ihn nach 15 Minuten aus dem Bett holt, er dürfe jedoch allein das Bett nicht verlassen. Wenn etwas sei, solle er die Stationsnummer anrufen. Dann wird er allein gelassen und natürlich nicht nach 15 Minuten versorgt, sondern viel später. Ruft er an, ist er mit einem Anrufbeantworter verbunden und soll eine Handynummer für den Pflegenotruf wählen, die jedoch nur einmal wiederholt wird (und die für diese Spielsituation für den Mitarbeiter unbekannt ist). Interessant wird sein, wie er sich in dieser dann für ihn relativ hilflosen Situation fühlt!

„Pünktlichkeit" zeigt auch an, wie ernst der Pflegedienst oder der Mitarbeiter seine Kunden nimmt! Mit der Pünktlichkeit wird oft die Zuverlässigkeit assoziiert: „Der Pflegedienst ist unzuverlässig, er ist ständig unpünktlich!" Die „Pünktlichkeit" dürfte neben der „Freundlichkeit" das wichtigste Qualitätsmerkmal für die Kunden sein. Ob die „Schwester" pünktlich und nett ist, ist viel wichtiger als pflegefachliche Merkmale!

Pflegedienste dürften eher Kunden verlieren, weil der Kunde den Eindruck hat, der Pflegedienst sei unzuverlässig oder der Mitarbeiter unfreundlich als wegen schlechter pflegefachlicher Qualität.

12.3.2 Spontane Leistungsänderungen der Kunden

Eine weitere Quelle für Verspätungen und Zeitverschiebungen sind die spontanen Wünsche der Kunden direkt im Einsatz: Jede Änderung, sei es eine Reduzierung oder eine Mehrleistung, bedeutet Zeitverschiebung in der Tourenplanung. Welche Auswirkungen das hat, kann man in der folgenden Grafik 12.3 sehen. Dabei geht es nicht um veränderte Leistungen wegen gesundheitlicher Probleme wie Notfälle etc. Diese lassen sich weder vermeiden noch steuern und sie sind hier nicht gemeint.

Spontane Mehrleistung

Beispielsweise hat Kunde 2 eine Kleine Morgentoilette sowie eine Medikamentengabe vereinbart. Heute kommt der Mitarbeiter zum Kunden, dieser wünscht nun spontan zu duschen. Der Mitarbeiter führt das Duschen durch, der Einsatz dauert deshalb statt 20 Minuten nun 45 Minuten. Danach kommt der Mitarbeiter bei allen anderen sieben Kunden jeweils 20 Minuten zu spät, entsprechend sauer sind diese Kunden.

- » Dazu kommt, dass Kunde 2 diese spontane Mehrleistung und damit die Flexibilität weder dem Mitarbeiter noch dem Pflegedienst hoch anrechnet, denn: „Das muss doch selbstverständlich sein." Dabei besteht auch Kunde 2 wie alle anderen auf Pünktlichkeit.
- » Mutmaßlich um keinen Ärger zu haben und nicht lange zu diskutieren, erbringt der Mitarbeiter bei Kunde 2 die Mehrleistung, dafür handelt er sich dann den nachfolgenden Ärger bei den anderen sieben Kunden ein. Wäre es da nicht „ökonomischer", er würde den Wunsch von Kunde 2 ablehnen, dieser wäre zwar sauer, aber eben nur dieser Kunde. Alle anderen würden damit nicht belastet. Streng genommen könnte man auch vermuten, dass ein Teil der Arbeitsbelastung der Mitarbeiter (Stress) auch daher kommt, dass man im konkreten Einsatz zu schnell eine Mehrleistung erbringt und nicht über die Folgen nachdenkt!

Es sollte für spontane Mehrleistungen klare Regeln und eine entsprechende Kundeninformation geben:

» Die Kunden müssen wissen, dass Mehrleistungen im Prinzip nicht möglich sind, im Einzelfall der Mitarbeiter aber auch, in Rücksprache mit demjenigen, der den Tourenplanung gemacht hat, prüfen kann, ob man das ausnahmsweise machen kann (beispielsweise weil ein Kollege den Kunden 3 aus der Tour übernimmt).

» Die Kunden sollten darüber auch schriftlich informiert sein (siehe Heiber in: PDL Praxis 10/2012).

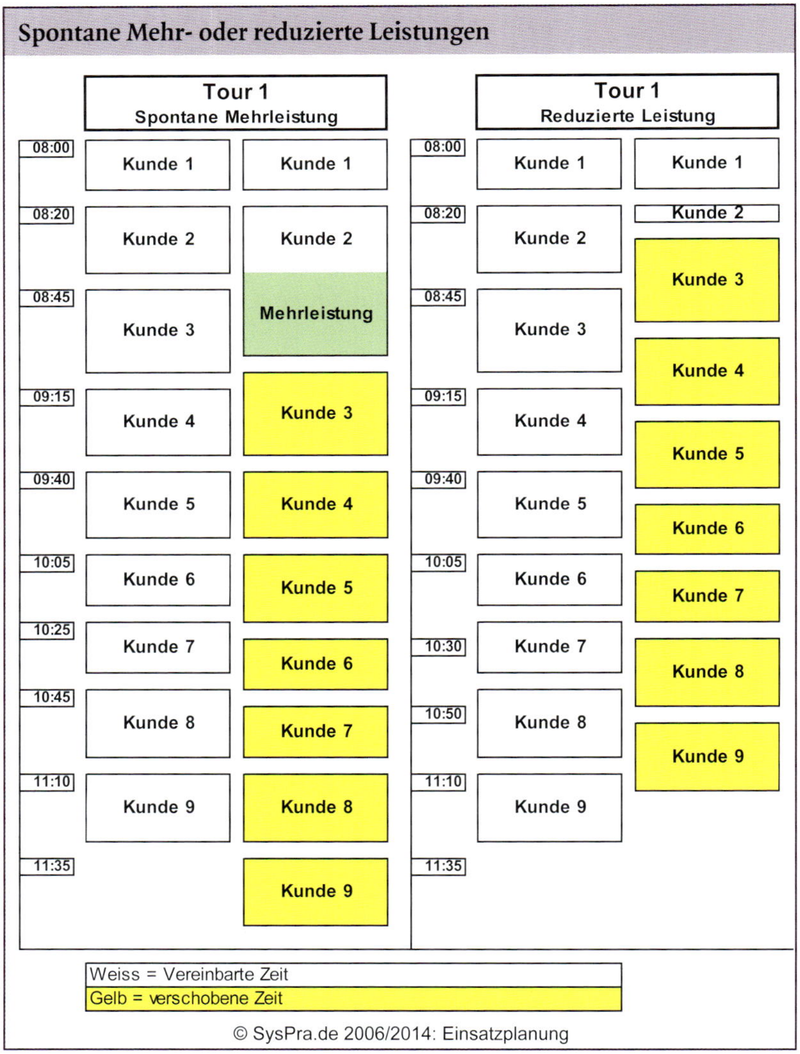

Grafik 12.3

Spontane Reduzierung von Leistungen

Der Mitarbeiter kommt zu Kunde 2, der heute von seiner Tochter Besuch hat. Diese hat ihn schon gewaschen und angezogen, sodass keine Kleine Pflege mehr erfolgen muss, nur noch die Medikamentengabe wird vom Mitarbeiter übernommen.

Der Mitarbeiter ist also schon nach 5 Minuten fertig statt nach 20 Minuten. Fährt er die Tour unmittelbar so weiter, kommt er bei allen anderen Kunden 15 Minuten zu früh an, was auch entsprechend zu Ärger führt.

In Bezug auf kurzfristig abgesagte Leistungen gibt es in den meisten Pflegeverträgen klare Regelungen:

- » Werden die Einsätze bzw. einzelne Leistungen nicht rechtzeitig (meist 24 Stunden vorher) abgesagt, kann der Pflegedienst die dadurch verursachten Kosten dem Kunden privat in Rechnung stellen. Wichtiger Hinweis: Gesetzliche Kostenträger wie die Kranken- oder Pflegekasse können solche Leistungen nicht bezahlen!
- » Welche Kosten werden durch die kurzfristige Absage der „Kleinen Morgentoilette" verursacht? Man könnte argumentieren, dass hier keine Kosten verursacht werden, denn der Pflegedienst hat ja zumindest eine Leistung (Medikamentengabe) erbracht hat und damit sind auch die Fahrtkosten refinanziert. Andererseits hat der Mitarbeiter lt. Tourenplan 15 Minuten freie Zeit, da er erst danach vereinbarungsgemäß beim nächsten Kunden erscheinen sollte. Deshalb sollte man empfehlen, in solchen Fällen die komplette ausgefallene Leistung privat in Rechnung zu stellen und der Mitarbeiter hat in dieser Zeit eine bezahlte Pause.

Im normalen Leben kennen wir das inzwischen häufiger: Die Krankengymnastik oder manchmal sogar der Zahnarzt schickt eine Privatrechnung, wenn man den Termin versäumt hat. Nicht die Höhe des Rechnungsbetrags sorgt dann für den persönlichen Ärger, sondern die Tatsache, dass man selbst Schuld hat daran. In diesem Sinne haben Privatrechnungen über spontan abgesagte Leistungen sehr oft eine große erzieherische Wirkung: Kunden bemühen sich dann sehr viel eher, frühzeitig etwas abzusagen, sodass der Pflegedienst dann auch entsprechend planen kann.

Erfahrungsgemäß haben die Kunden der Pflegedienste oft eine schizophrene Weltsicht: Einerseits wollen sie, dass die Mitarbeiter pünktlich sind wie versprochen, andererseits wollen sie, wenn die Mitarbeiter denn da sind, dass sie sich dann Zeit lassen und alle Zeit haben, die gerade gewünscht wird. Was aber dazu führen wird, dass der Mitarbeiter beim nächsten Kunden wieder unpünktlich sein wird. Wer pünktlich sein will, muss auch geplant (und damit pünktlich) wieder gehen. Deshalb sollten Pflegedienste diesen Zusammenhang den Kunden verdeutlichen und alle Mitarbeiter anweisen, entsprechend zu handeln.

12.4 Umgang mit Abweichungen

Für die Praxis stellt sich die Frage, wie genau man beim Soll-Ist-Abgleich sein muss, bzw. ab welchem Punkt man einer Abweichung nachgehen muss: Muss man wirklich bei jeder Minute alles hinterfragen und überprüfen und das bei jedem Einsatz und jeder Tour?

Im Grundsatz **„ja"**.

In der Praxis sollte man sich ein abgestuftes Verfahren erstellen und nach Prioritäten vorgehen.

Für ein individuelles Prüfraster dürften folgende Stichpunkte gelten:

Abweichung Leistungen

- » SGB V: Warum wurden Behandlungspflegen nicht durchgeführt?
  1. Bei fachlichen Gründen Arzt informieren?
  2. Bei spontanen Absagen Privatrechnung? Auch Arzt informieren wegen evtl. fehlender Compliance des Patienten?
- » SGB XI: Warum wurden Leistungen nicht erbracht?
  1. Leistungen zukünftig anpassen?
  2. Privatrechnung bei spontanen Absagen?
- » Andere Kostenträger: Warum wurden Leistungen nicht erbracht?
  1. Leistungen zukünftig anpassen?
  2. Privatrechnung bei spontanen Absagen?

Abweichung Beginnzeit

- » Einmalig oder regelmäßig?
  1. Ursachen dafür!
  2. Können Ursachen durch Planung verändert werden?

Abweichung Wegezeit

- » Regelmäßige Abweichung?
  1. Wegezeit hinterfragen und anpassen
- » Abweichung nur bei einzelnen Mitarbeitern
  1. Weg beschreiben lassen oder mit Tourenvisite überprüfen

Abweichung Leistungszeit

- » Einmalige oder regelmäßige Abweichung
  1. Bei allen Mitarbeitern: Inhalte besprechen, Zeiten und/oder Leistungen anpassen

Handbuch Ambulante Einsatzplanung · Andreas Heiber und Gerd Nett
 · ISBN 978-3-86630-378-2

2. Bei einzelnen Mitarbeitern: Inhalte kritisch besprechen, evtl. sonst Tourenvisite zur Prüfung

Im Grundsatz muss jede Abweichung zur Kenntnis genommen werden, aber nicht bei jeder Abweichung muss man sofort handeln.

12.5 Einführungs- und Umsetzungsstrategien

Eine systematische und tägliche Prüfung der Tourenpläne ist für viele Pflegedienste und vor allem für viele Mitarbeiter neu und bei der Neueinführung anfangs zeitaufwendig. Oft sind die Mitarbeiter es nicht gewohnt, dass detailliert nachgefragt wird, was und wie sie gearbeitet haben. Es geht im Kern darum, dass die Leitungskräfte ein System und ein Gefühl dafür aufbauen, was bei Zeitänderungen nachvollziehbar ist und wann bei wem kritisch nachgefragt werden muss.

Deshalb sollte bei der Neueinführung oder dem Neustart der Tourenplanung mit neuen Kriterien alles etwas pingeliger und aufwendiger geprüft werden. Die tägliche Intensität kann im Laufe der Zeit reduziert werden, was sich allein schon dadurch ergeben wird, dass sich wegen der ständigen Nachfragen auch die Mitarbeiter „besser" an die Tourenpläne halten, begründete Abweichungen dokumentieren oder auch die Tourenpläne durch die ständigen Rückmeldungen besser werden.

Es geht im Kern nicht darum, ob der eine Mitarbeiter mal 1 Minute langsamer oder schneller ist, es geht immer um die Frage, wie ernsthaft und systematisch solche Veränderungen sind. Deshalb ist es oft hilfreich, die Tourenpläne unterschiedlicher Mitarbeiter für die gleiche Tour zu vergleichen. Sinnvoll ist es, dazu alle betroffenen Mitarbeiter einzuladen und mit ihnen gemeinsam die Abweichungen oder Unterschiede zu besprechen.

Eine sinnvolle Strategie zu mehr Akzeptanz in der Tourenplanung kann die schon angesprochene gemeinsame Neuplanung mit allen Mitarbeitern sein:

Im Rahmen einer Dienstbesprechung werden alle Tourenpläne neu aufgestellt. Dabei gliedern und ordnen die Mitarbeiter jeweils die Touren neu/anders, die diese Touren fahren. Im Zweifelsfall müssen sich die Mitarbeiter selbst auf die richtige Reihenfolge und den Zeitablauf einigen, der dann für alle gilt.

Die Ergebnisse werden dann in die neue Tourenplanung übertragen. Weichen jetzt Mitarbeiter beispielsweise von der Reihenfolge ab, so kann man sie fragen, warum sie von ihrer eigenen Vorgabe abweichen wollen/müssen.

12.6 Problematische Mitarbeiter?

Bei der Touren- und Einsatzplanung hätte man nicht so viel Arbeit, wenn es nicht zwei wesentliche Faktoren gäbe, die ständig die Tourenplanung beeinflussen:

Handbuch Ambulante Einsatzplanung · Andreas Heiber und Gerd Nett
© Vincentz Network GmbH & Co. KG, Hannover 2014 · ISBN 978-3-86630-378-2

- » sich ändernde Situationen, angefangen vom Straßenverkehr über den Zustand des Kunden bis zu Angehörigen oder andere Pflegepersonen, die „stören“,
- » die Mitarbeiter, die die Tourenpläne nicht ernst nehmen.

Während sich die Faktoren, die eine Versorgung und damit den Tourenplan stören können, nicht ohne Weiteres verändern lassen, sieht es beim Verhalten der Mitarbeiter und ihrem Verständnis von Tourenplänen anders aus.

Tourenpläne als Arbeits- und Dienstanweisungen verstehen

Eine Tourenplanung kann nur dann ihren Zweck erfüllen, wenn sie ernst genommen wird, d. h., wenn die Mitarbeiter sie nicht etwa nur als Hinweis zur Tagesgestaltung verstehen, sondern als konkrete Arbeitsanweisungen, von denen nur ausnahmsweise und dann mit Begründung abgewichen werden darf.

Welche Wertigkeit die Tourenpläne für die Mitarbeiter haben, kann man im Regelfall daran festmachen, wie sich die Mitarbeiter an die Pläne halten oder bei Änderungen die Leitungskräfte informieren. Eine Tourenplanung ist immer eine konkrete Arbeitsanweisung, die die Pflegedienstleitung zu verantworten hat. (Sie kann die Durchführung zur Erstellung an andere Mitarbeiter delegieren, bleibt aber letztendlich verantwortlich.)

Wenn Mitarbeiter sich an die Tourenplanung nicht halten, ohne hierfür plausible Gründe vorzubringen, dann ist das ein Verstoß gegen eine konkrete Arbeitsanweisung des Dienstvorgesetzten und müsste und sollte zu entsprechenden Maßnahmen führen. (Im Extremfall kann das von der Abmahnung bis zur Kündigung reichen.)

Zunächst aber sollten die Leitungskräfte immer versuchen, den Mitarbeitern die praktische, aber auch formale Wichtigkeit deutlich zu machen. Man sollte daher auch immer die Mitarbeiter fragen, warum sie sich nicht an die Pläne halten, obwohl dies alle anderen Mitarbeiter hinbekommen. Im Regelfall wird kein Mitarbeiter sagen, dass er die Tourenpläne prinzipiell nicht einhalten will, beispielsweise weil er sie unsinnig findet. Denn dann kann man nur noch über eine Aufhebung des Arbeitsverhältnisses miteinander sprechen.

Was Mitarbeitern auch klar sein muss: Die Kunden bestimmen Inhalte und Arbeitszeiten durch ihre vertraglichen Vereinbarungen. Wenn der Kunde im Pflegevertrag keine Leistung zum Kämmen der Haare vereinbart hat, dann ist es im Prinzip ein Verstoß gegen das Selbstbestimmungsrecht und die Entscheidungsfreiheit des Kunden, wenn die Pflegekraft ihn trotzdem kämmt!

Und, um ein weiteres Argument zu entkräften: Es geht bei den Pflegeaufträgen und damit bei der Tourenplanung nicht darum, was der einzelne Mitarbeiter unter Pflege und Versorgung versteht (oder vielleicht auch in der Ausbildung gelernt hat), sondern darum, was die Kunden im Rahmen ihrer Selbstbestimmung und ihres Wunsch- und Wahlrechtes eingekauft haben. Die Pflege darf (und muss) auf Lücken hinweisen, darf sie ohne Auftrag aber nicht einfach (selbstherrlich) stopfen (siehe Heiber 2011 a)

Um Mitarbeitern ein mögliches Fehlverhalten „abzutrainieren“, sollte man immer wohldosiert und schrittweise vorgehen, allerdings grundsätzlich dann auch konsequent:

Dabei kann eine abgestufte Kommunikation sinnvoll sein:

- Allgemeine Besprechung von Abweichungen im Rahmen der Dienstbesprechungen
- Fallbesprechung einer konkreten Tour mit allen an der Tour beteiligten Mitarbeitern
- Einzelgespräch mit Mitarbeiter
- Einzelgespräch mit Mitarbeiter und schriftlicher Dokumentation dessen (Gesprächsprotokoll von beiden unterschrieben)
- Formales Gespräch mit anderen Vorgesetzten
- Formales Gespräch mit Geschäftsführung

In der Tourenplanung hat die PDL juristisch und damit praktisch das letzte Wort, denn diese muss für Fehler im Rahmen der Organisationsverantwortung „geradestehen“. Wenn Mitarbeiter das nicht akzeptieren können, müssen sie sich einen anderen Arbeitsplatz suchen. (Allerdings ist das in der ambulanten Pflege überall so!)

Manipulationen der Einsatzzeiten?

Um Ärger mit der PDL zu vermeiden, kann der Mitarbeiter sich auch sklavisch genau an die Vorgaben halten. Es gibt also so kompetente Mitarbeiter, die in der Lage sind, beispielsweise fünf Kunden so zielgenau nach Tourenplan zu versorgen, dass alle Zeiten auf die Minute genau eingehalten werden inklusive der Wegezeiten. Natürlich deutet das stark darauf hin, dass hier etwas nicht stimmen kann.

So genau die Einsatzzeiten einhalten kann man nur,

- wenn man immer genauso lange bleibt wie vorgegeben (beispielsweise indem man sich über das Smartphone per Klingel informieren lässt)
- oder indem man zwar schneller oder langsamer fertig ist, aber immer zum vorgegebenen Zeitraum die Zeit quittiert oder dokumentiert. Es kann also auch sein, dass man eher in der Pflege fertig war und nun so lange vor dem Auto wartet, bis die Zeit auf dem Smartphone abgelaufen ist, um dann das Einsatzende zu bestätigen.

Gerade wer schneller arbeitet und dann „draußen“ so lange wartet, bis die Zeit um ist, und es so dokumentiert, begeht eine Mischung zwischen Urkundenfälschung und Betrug am Arbeitgeber.

Auch hier geht es im Kern um eine Kulturfrage: Es gibt Mitarbeiter, die würden so etwas nie machen, andere schon.

Aus Sicht der Leitung gibt es durchaus Indizien und Werkzeuge, solche Verhaltensweisen zu reduzieren oder aufzudecken:

» Grundsätzlich im Team immer klar formulieren, was manipulierte Zeiten bedeuten können (bis hin zu arbeitsrechtlichen und juristischen Konsequenzen); manchmal kann auch ein kleines Beispiel mit einer entsprechenden Konsequenz (beispielsweise eine Abmahnung) für das gesamte Team hilfreich sein, auch wenn das Beispiel dann zufällig eher den „falschen" Mitarbeiter trifft.

» Mitarbeiter, die Touren immer punktgenau fahren können, kritisch überprüfen, beispielsweise durch Kontrollanrufe direkt bei einzelnen Kunden oder auch durch unangekündigte Visiten (sei es zu einer Uhrzeit nach Tourenplan bei einem Kunden oder im Rahmen einer kompletten Tourenvisite). Den Mitarbeitern sollte schnell klar werden, dass ihre Manipulationen aufgefallen sind und dass sie diese besser nicht mehr weitermachen.

12.7 „Rechnet" sich der Mehraufwand in der Tourenplanung?

Ein Hauptargument gegen einen systematischen und täglichen Soll-Ist-Abgleich lautet immer, dass dafür die Zeit fehlen würde. Allerdings ist das weder ein sinnvolles noch stichhaltiges Argument.

Die Schlüsselfunktionen der Tourenplanung, nicht nur für die Wirtschaftlichkeit, sondern auch für die Einhaltung der Qualitätsnormen und die Sicherstellung der Kundenzufriedenheit, wurde in vielen Kapiteln dieses Buches schon hinreichend beschrieben. Wer als PDL meint, keine Zeit für den Soll-Ist-Abgleich zu haben, muss erklären, wie er sonst für die von ihm verantwortete Qualität garantieren könne? Die Behauptung, die Mitarbeiter würden das alles schon richtig machen und man habe sich auf sie verlassen, wird bei einem Schadensfall nicht als Ausrede funktionieren. Wenn beispielsweise eine Behandlungspflege zu spät durchgeführt wird und deshalb ein Kunde einen Schaden erleidet, wird immer geprüft werden, wer dafür verantwortlich war: Allein der Mitarbeiter im Rahmen seiner Durchführungsverantwortung oder auch die Leitungskraft im Rahmen ihrer Verantwortung für die Tourenplanung und damit für die Organisation? Wenn die PDL kein System des Soll-Ist-Abgleichs eingeführt hat und bei Abweichungen eingreift und korrigiert, wird sich der Mitarbeiter immer auf die fehlende organisatorische Leitung (oder hier: Rückmeldung wegen falscher Versorgungszeiten) berufen können (siehe Beispiel in Kap. 1.6.2).

Durch den ständigen Soll-Ist-Abgleich werden gleichzeitig andere Arbeitsschritte und Prozesse überflüssig oder erleichtert, beispielsweise bei der Leistungs-

und Personalabrechnung. Deshalb können hier auch personelle Umstellungen etc. so vorgenommen werden, dass die PDL von anderen Aufgaben entlastet wird.

Aber selbst wenn sich der Arbeitsaufwand der PDL erhöht, dürften sich auf der anderen Seite die Arbeitszeiten der Mitarbeiter im Verhältnis zu den erbrachten Leistungen positiver entwickeln. Also: Der investierte Mehraufwand bei der Tourenplanung wird sich dauerhaft rechnen.

12.8 Zusammenfassung

» Der wichtigste Prozess in der Einsatzplanung ist der Soll-Ist-Abgleich. Nur hier sieht man, ob die Planung funktioniert hat und wie die Mitarbeiter damit umgehen.

» Der Soll-Ist-Abgleich muss zeitnah erfolgen, sonst kann nicht sofort gegengesteuert werden.

» Die Gründe für Abweichungen müssen systematisch geklärt werden; nicht jede Abweichung muss korrigiert werden, aber jede Abweichung muss wahrgenommen werden.

» Pünktlichkeit heißt auch: „Wir nehmen Sie ernst."

» Bei Zeitabweichungen durch den Kunden muss und kann situativ reagiert werden.

» Mitarbeiter, die sich nicht an Tourenpläne halten wollen, sind dauerhaft nicht tragbar. Deshalb ist es wichtig, die Gründe zu klären und die Wichtigkeit der Planung sowie die Verantwortung der PDL zu verdeutlichen.

» Der tägliche Soll-Ist-Abgleich kostet mehr Arbeitszeit bei den Leitungskräften, er lohnt sich aber immer!

Handbuch Ambulante Einsatzplanung · Andreas Heiber und Gerd Nett
© Vincentz Network GmbH & Co. KG, Hannover 2014 · ISBN 978-3-86630-378-2

13 Controlling und Tourenplanung

Wie bei vielen anderen Prozessen kann man auch im Rahmen der Tourenplanung über Benchmarks und Kennzahlen prüfen, wie gut die Planung ist. Allerdings müssen diese Benchmarks auch die speziellen Strukturen und Besonderheiten in der Pflege berücksichtigen. Prüfmechanismen wie erlösorientierte Einsatz- oder Tourenplanung sind, wie schon aufgezeigt, die systematisch falschen Ansätze, um die Wirtschaftlichkeit und Fachlichkeit einer Tourenplanung zu beurteilen.

13.1 Arbeitszeit zu erbrachten Leistungen

Die Aufgabe der Tourenplanung besteht vor allem darin, die Arbeitszeit der Mitarbeiter zu steuern. Um die Güte einer Tourenplanung zu prüfen, wäre dies die Frage, die zuerst zu prüfen wäre. Dabei geht es auch darum, ein in der Praxis bekanntes Phänomen zu steuern:

» Bei Ausweitung der Leistungen oder Kunden erhöht sich nachvollziehbarerweise auch die benötigte Arbeitszeit der Mitarbeiter. Notwendige Plus- oder Mehrstunden werden erbracht.

» Fallen Kunden aus oder werden Leistungen reduziert, würde man im gleichen Umfang eine Reduzierung der Arbeitszeit erwarten. Genau hier gibt es in der Praxis Probleme (siehe auch das „Tagesschau-Prinzip"). Oft reduziert sich die Arbeitszeit erst mit Verspätung oder weniger, als zu erwarten war. Denn Minusstunden werden selbst von Mitarbeitern mit vielen Plusstunden auf dem Stundenkonto ungern „gemacht".

Ein einfacher Weg zu prüfen, ob sich die Arbeitsstunden und die Leistungen in einem gleichen Verhältnis entwickeln, hat A. Heiber 2003 dargestellt: Wenn man das Verhältnis der abgerechneten Leistungen zu den tatsächlichen Arbeitsstunden darstellt, kann man feststellen, ob die Arbeitsstunden im Verhältnis der Leistungen schwanken.

Anhand eines Beispiels soll verdeutlicht werden, wie dieser Vergleich schnell und einfach erstellt werden kann:

Es werden folgende Angaben benötigt:

» **Umsätze pro Monat** (aus der Abrechnungssoftware stehen diese Daten am Monatsanfang des Folgemonates zur Verfügung)

» **Arbeitsstunden** einschließlich genommener Urlaubsstunden und Krankheitsstunden (über Dienstplanprogramm)

» Zur besseren Darstellung werden diese zusammengerechneten Stunden mit einem fiktiven Stundensatz bewertet, damit beide Kurven in der gra-

Vergleich Umsatz zu bewerteten Arbeitstunden

Umsätze gesamt		Bewertete Arbeitsstunden inkl. Urlaub und Krankheit
Januar	65.040 €	55.879 €
Februar	58.772 €	54.658 €
März	67.682 €	55.560 €
April	60.849 €	52.645 €
Mai	64.908 €	54.444 €
Juni	57.150 €	48.235 €
Juli	58.645 €	47.808 €
August	58.215 €	46.998 €
September	50.140 €	44.564 €
Oktober	50.214 €	44.524 €
November	59.240 €	51.457 €
Dezember	62.420 €	52.468 €

Grafik 13.1

fischen Darstellung auf etwa gleicher Höhe sind. Denn ansonsten würde man einen Umsatz von z. B. 60.000 € mit Arbeitsstunden in Höhe von z. B. 2200 vergleichen müssen.

Verhältnis Umsatz zu Arbeitsstunden

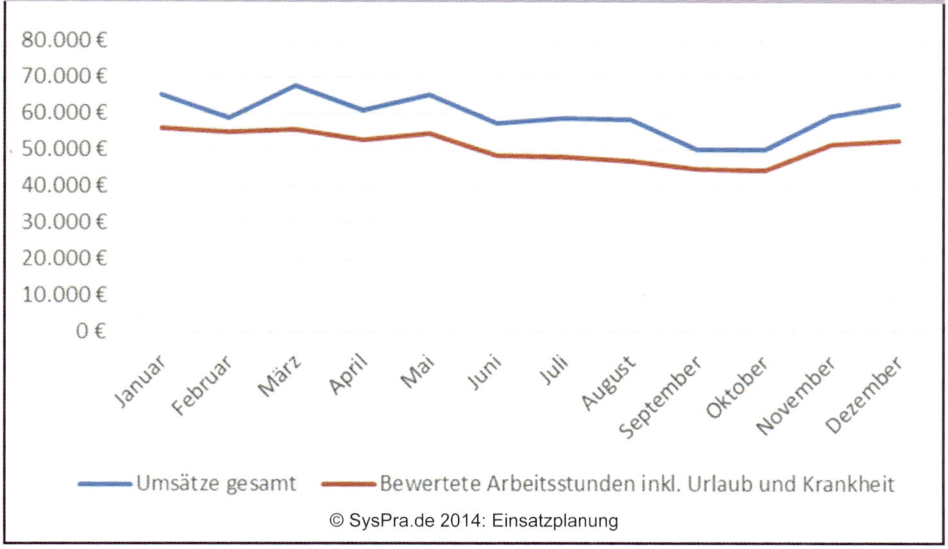

Grafik 13.2

Hier kann man leicht erkennen, dass beispielsweise in den ersten Monaten, z. B. im Februar, der Umsatz deutlich abgesunken ist, nicht aber die Arbeitszeit. Gleiches gilt im April. Erst danach bewegen sich diese beiden Kurven annähernd im gleichen Rhythmus.

Diese Auswertung ist zwar aufgrund der Datenquellen keine exakte Darstellung der tatsächlichen Einnahmen (es sind nicht die Erträge, die in der Finanzbuchhaltung gebucht sind) oder der Ausgaben (die Personalkosten sind der Höhe nach nur geschätzt). Aber da beide Datenquellen direkt aus der Planung stammen (Leistungsabrechnung und Dienstplanung), stehen die Daten am Monatsende sofort zur Verfügung und können zeitnah genutzt werden.

So hat man schon am Anfang des Folgemonats einen Überblick der Entwicklung.

Wesentlich für die Wirtschaftlichkeit ist es, dass sich die Arbeitszeiten auch bei geringerer Auftragslage entsprechend nach unten verändern (und so beispielsweise Plusstunden abgebaut werden können).

Nur wenn diese beiden Kurven sich im Prinzip immer parallel bewegen, erfolgt eine konsequente Arbeitszeitsteuerung über die Tourenplanung. Das garantiert zwar noch nicht die Wirtschaftlichkeit; wenn die Vergütung für die Leistungen nicht leistungsgerecht ausgehandelt wurde, kann die Einsatzplanung hier auch nicht „zaubern"!

13.2 Auswertung der Tourenplanung

Will man Kennzahlen und damit Benchmarks für einen Tourenplan erstellen, muss man zunächst die wesentlichen Merkmale einer guten Tourenplanung definieren.

Zwar ist die Tagesarbeitszeit der Mitarbeiter kein unwesentliches Kriterium, aber wie schon in vorherigen Kapiteln aufgezeigt, besagt die Einhaltung der geplanten Arbeitszeit (Arbeitsbeginn und Arbeitsende) nicht, dass die Mitarbeiter auch richtig und wirtschaftlich gearbeitet haben.

Die folgende Grafik 13.3 zeigt ein Beispiel eines Tourenplans. Im Soll-Plan ist die Planung der Tour einschließlich differenzierter Wegezeiten zu erkennen, in den drei nebenstehenden Plänen, wie die Tour dann tatsächlich gefahren wurde. Dabei sind in Weiß die Kunden gekennzeichnet, deren Leistungen (Zeit vor Ort) sich nicht geändert haben, in Rot sind kürzere Einsätze, in Grün längere Einsätze und in Gelb zusätzliche Einsätze dargestellt. In Blau sind Wegezeiten dargestellt.

Einige Punkte spielen bei der Beurteilung der Tourenplanung eine wichtige Rolle:

- **Einhaltung der Beginnzeiten**

  Ob Mitarbeiter zu den geplanten Zeiten beim Kunden sind, trägt wesentlich zur Kundenzufriedenheit bei. Denn im Gegensatz zu anderen Quali-

Handbuch Ambulante Einsatzplanung · Andreas Heiber und Gerd Nett

Veränderungen Soll-Plan und Ist-Plan: Beispiele

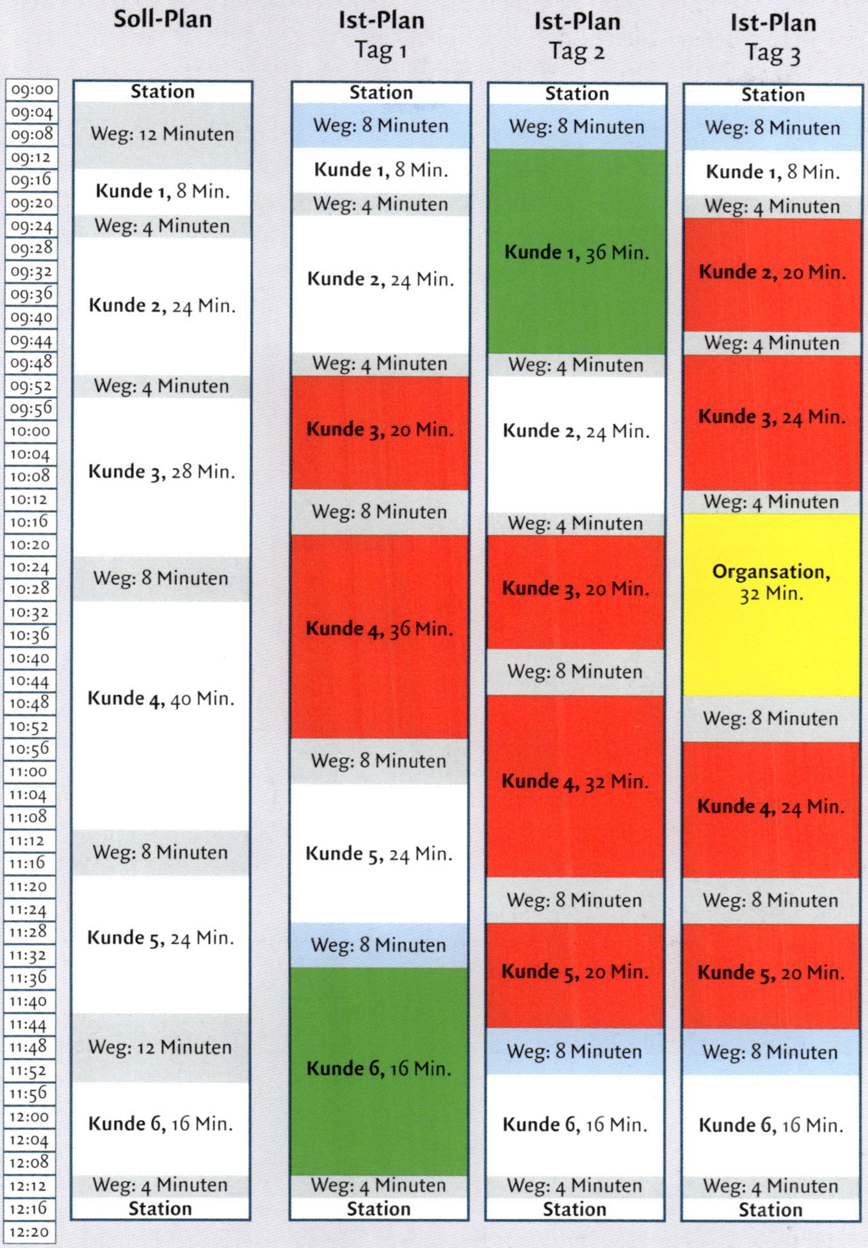

	Soll-Plan	Ist-Plan Tag 1	Ist-Plan Tag 2	Ist-Plan Tag 3
Gesamtzeit	200	200	200	200
Leistungszeit	140	148	148	112
Wegezeit	52	44	44	48
Orgazeit	8	8	8	40

Grafik 13.3

tätskriterien kann der Kunde selbst feststellen, ob ein Mitarbeiter pünktlich ist, also zur erwarteten und vereinbarten Uhrzeit kommt.

» **Wegezeit pro Einsatz**

Die Wegezeiten spielen im Pflegedienst eine wirtschaftlich große Rolle (siehe Kap. 9.1). Was man bei den Wegezeiten sparen kann (durch eine bessere Tourenreihenfolge oder konkretere Anweisungen, welche Wege gefahren werden sollten und wo beispielsweise zu parken ist), muss nicht durch andere Maßnahmen erwirtschaftet werden.

Auswertung des Tourenplans

	Soll-Plan	**Ist-Plan Tag 1**	**Ist-Plan Tag 2**	**Ist-Plan Tag 3**
Kunde 1	8	8	36	8
Kunde 2	24	24	24	20
Kunde 3	28	20	20	24
Kunde 4	40	36	32	24
Kunde 5	24	24	20	20
Kunde 6	16	36	16	16
Gesamt	**140**	**148**	**148**	**112**

Wegezeit gesamt

	52	44	44	48
Abweichung		85%	85%	92%

Einhaltung Versorgungsbeginn

6 von 6	0 von 6	1 von 6	1 von 6

Einhaltung der Versorgungsdauer

Abweichung Fälle	3 von 6	2 von 6	2 von 6
Abweichung Gesamt in %	106%	106%	80%

Organisationszeit in Minuten

8	8	8	40

Grafik 13.4

» **Versorgungsdauer**

Die Einhaltung der Versorgungsdauer bedarf einer differenzierteren Betrachtung. Halten die Mitarbeiter die vereinbarte Dauer immer minutengenau ein, erscheint dies nicht realistisch und deutet eher darauf hin, dass sie sich mehr nach der Zeit als nach den Inhalten richten. Sind die Abweichungen hier regelmäßig hoch (beispielsweise höher als 10 bis 20 Prozent), ist die Qualität der Vorgabezeiten schlecht oder die Mitarbeiter nehmen sie nicht ernst und erbringen andere oder zusätzliche Leistungen.

» **Einhaltung der vereinbarten Leistungen**

Auch die Frage, ob alle vereinbarten Leistungen erbracht wurden, sollte man untersuchen. Sowohl Abweichungen nach unten (weniger Leistungen als vereinbart) als auch Abweichungen nach oben (mehr Leistungen als vereinbart) sollten kritisch hinterfragt werden:

1. Bei reduzierten Leistungen stellt sich die Frage der Begründung und die Frage, ob im Einzelfall bei einer kurzfristigen Verkürzung/Absage eine Privatrechnung geschrieben wird.
2. Bei mehr Leistungen stellt sich die Frage, ob diese spontan oder nun dauerhaft zu erbringen sind. Spontanleistungen ohne besonderen Grund sollten nicht erbracht werden, weil sonst die Versorgungsqualität der nachfolgenden Kunden, insbesondere die Beginn-Zeit, gefährdet wird.

» **Organisationszeiten**

Alle Zeiten außerhalb der Versorgung beim Kunden sollten kritisch überprüft werden. Organisationszeiten wie Rüstzeiten, Besprechungen, Telefonate, technische Zeiten (Autowaschen, Tanken etc.) sollten immer wieder überprüft und infrage gestellt werden. Denn hier verbergen sich oftmals große Zeitfresser.

Wie die Auswertung des Beispieltourenplans aussehen kann, zeigt Grafik 13.4:

» **Wegezeit:** Die Abweichung der geplanten Wegezeitdauer wird hier ausgewertet. Im Beispiel wurden offensichtlich im Schnitt zu hohe Wegezeiten geplant.

» **Einhaltung Versorgungsbeginn:** Diese Kennzahl zeigt die (geplante) Pünktlichkeit auf. Im Beispiel wird an 2 Tagen nur in einem von sechs Fällen der geplante Versorgungsbeginn eingehalten, an 1 Tag gar keiner.

» **Einhaltung der Versorgungsdauer:** Hier kann die Häufigkeit der Abweichungen sowie der prozentuale Umfang der Abweichungen abgelesen werden. Im Beispiel sind die Gesamtabweichungen je nach Tag in beiden Richtungen feststellbar.

» **Organisationszeit:** Auch hier sollten alle Abweichungen, gerade die nach oben, kritisch geprüft werden.

13.3 Leistungscontrolling im SGB XI

Die Wirtschaftlichkeit eines Pflegedienstes kann auch deshalb problematisch sein, wenn andere Leistungen als vereinbart wurden, erbracht werden (siehe Kap. 2.5, Leistungskomplexe und Vergessene Leistungen). Gerade in den Leistungskatalogen SGB XI verbergen sich viele Definitionsprobleme und Missverständnisse (siehe beispielswiese die Definition des Begriffs „Teilwaschen“, Kap. 2.1.3).

Im Rahmen des Leistungscontrollings kann man über die Zusammensetzung der verschiedenen Leistungen aber zumindest teilweise erkennen oder Hinweise bekommen, ob die Leistungen mutmaßlich sachgerecht erbracht werden.

Aufgrund der Tatsache, dass es zurzeit noch 19 verschiedene Leistungskataloge gibt, muss man für jedes Bundesland eine angepasste Auswertung erstellen, auch die möglichen Benchmarks hängen stark von den vertraglichen Definitionen der einzelnen Leistungen ab.

Als Beispiel soll hier noch einmal der niedersächsische Katalog dienen, zur Auswertung werden hier nur die erbrachten Leistungen der Grundpflege exempla-

Auswertung Leistungskomplexe am Beispiel Katalog Niedersachsen 2014

Grundpflege		Anzahl im Monat X	
3	Kleine Pflege / Teilwäsche	552	68,9%
4	Große Pflege I / Ganzwäsche	245	30,6%
5	Große Pflege II / Baden	4	0,5%
		801	
Wahlleistungen zur Grundpflege			**zu 3-5**
6	Kämmen / Rasieren	115	14,4%
8	Aufsuchen / Verlassen Bett	158	19,7%
10	Spezielle Lagerung	0	0,0%
15	Ergänzende Hilfe Ausscheidungen	347	43,3%

© SysPra.de 2014: Einsatzplanung

Grafik 13.5

Handbuch Ambulante Einsatzplanung · Andreas Heiber und Gerd Nett
© Vincentz Network GmbH & Co. KG, Hannover 2014 · ISBN 978-3-86630-378-2

risch ausgewertet; auch für die weiteren Leistungskomplexe lassen sich vergleichbare Auswertungen erstellen.

In dieser Betrachtung geht es um das Verhältnis der Grundpflegeleistungen „Kleine" zu „Große" Pflege sowie der (in Niedersachsen) wählbaren Leistungen Kämmen/Rasieren, Aufsuchen/Verlassen des Bettes, Spezielle Lagerung sowie Ergänzende Hilfe bei Ausscheidungen.

Zu möglichen Benchmarks und Aussagen/Auffälligkeiten im Einzelnen:

» Die **Kleine Pflege** umfasst in Niedersachsen nur eine Teilwäsche (Gesicht, Oberkörper oder Unterkörper/Gesäß, siehe Vertragstext). Folglich würde man für eine Morgenversorgung eher eine „Große Pflege" erwarten müssen, zumal oftmals auch eine Inkontinenzversorgung (hier LK 15) dazu kommt. LK 15 enthält keine eigene Waschleistung. Deshalb würde man als Vergleichswert ein Verhältnis der Kleinen Pflege von ca. 25 bis 30 Prozent zu 70 bis 75 Prozent Große Pflege erwarten.

» Auch **Kämmen/Rasieren** ist eine Wahlleistung, die viele Kunden in Niedersachsen aus finanziellen Gründen nicht wählen, aber gleichzeitig hoffen, dass Mitarbeiter sie trotzdem kämmen. Wünschen die Kunden diese Leistung nicht, wäre es, folgt man den eigenen Leitbildern, ein Verstoß gegen ihr Selbstbestimmungsrecht, wenn man sie gegen ihren Willen kämmt! Faktisch wollen sie die Leistung aber nur nicht bezahlen. Als Benchmark könnten man ca. 30 Prozent annehmen.

» Die Leistung **Aufsuchen/Verlassen des Bettes** dürfte als Benchmark bei ca. 40 Prozent liegen. Bei dieser Leistung gibt es oft Missverständnisse mit dem Hilfebegriff der Pflegeversicherung: Auch die Anleitung und Beaufsichtigung beim Aufstehen ist Hilfe im Sinne der Pflegeversicherung und als Leistung abrechenbar.

» Bei der **LK 15 Ergänzenden Hilfe bei Ausscheidungen** gibt es meist die größten Missverständnisse: Jeder Wechsel von Inkontinenzmaterial, also auch von Vorlagen oder Einlagen gehört (nicht nur in Niedersachsen) zur Leistung „Ausscheidungen" und berechtigt zur Abrechnung. Man kann davon ausgehen, dass bei ca. 90 Prozent der Grundpflege diese Leistung erbracht werden dürfte.

Dieses Benchmarkbeispiel für Niedersachsen sowie die hier genannten Kennzahlen basieren auf Erfahrungswerten der Autoren, sind aber nicht als absolute Werte anzusehen. Sie sollten hier vielmehr als Ansatzpunkte dienen zu hinterfragen, warum in diesem Beispiel der Pflegedienst eine so hohe Zahl von „Kleiner Pflege" abrechnet: Wird hier tatsächlich immer nur der Ober- **oder** der Unterkörper gewaschen?

Benchmarks sind als Orientierungswerte zu betrachten, bei Abweichungen davon stellt sich die Frage, ob diese auch begründet sind oder nicht. Im Einzelfall kann dies immer richtig sein, ob das in der Menge so ist, sollte dann beispielsweise mit Pflegevisiten überprüft werden (siehe auch Heiber 2010).

Eine regelmäßige Auswertung der Leistungen SGB XI macht nur im Abstand von einigen Monaten Sinn, denn evtl. sinnvolle Änderungen kann man zwar einfach bei Neukunden einführen, aber bei Altkunden ist die Abrechnung von weiteren Leistungen schwerer zu vermitteln, zumal der Kunde bisher ja (fälschlicherweise) schon alles für einen günstigeren Preis bekommen hatte. Deshalb sollte ein solches Leistungscontrolling im Abstand von mindestens 6 Monaten erfolgen.

13.4 Die Wirtschaftlichkeit durch Zeitabrechnung optimieren?

Durch das PNG wurde 2013 die verbindliche zusätzliche Zeitabrechnung angeboten. Die praktische Umsetzung in den Bundesländern kommt zwar nur schleppend voran (im Sommer 2014 war sie erst in vier Ländern umgesetzt), aber der Gesetzgeber will diese Leistungsart weiter behalten. (Zumindest gibt es in den weiteren Reformgesetzen bisher keine Rücknahme dieser Leistungsart.)

Erlösorientierte Betrachtung: Pauschalen oder Stundensatz	
Beispiel	
Tatsächliche Kosten pro Stunde	43,00 €
Pauschale/Leistungskomplexe	
Große Pflege	14,15 €
Aufsuchen/Verlassen Bett	1,97 €
Ergänzende Hilfe Ausscheidung	3,14 €
	19,26 €
Realer Zeitaufwand in Minuten	45
Verlust pro Einsatz	**-12,99 €**
Variante Zeitabrechnung	
Verhandelter Stundensatz	35,37 €
Verlust bei Zeitabrechnung	**-5,72 €**

© SysPra.de 2014: Einsatzplanung

Grafik 13.6

Handbuch Ambulante Einsatzplanung · Andreas Heiber und Gerd Nett
© Vincentz Network GmbH & Co. KG, Hannover 2014 · ISBN 978-3-86630-378-2

Für die Frage eines besseren Erlöses könnte man auf die Idee kommen, Kunden, die eine zeitaufwendige Pflege benötigen, in die Zeitabrechnung zu „verschieben“. Dazu ein Beispiel (Grafik 13.6):

Der Kunde benötigt für die vereinbarte Leistung 45 Minuten, über die Leistungskomplexe werden nur 19,26 € erlöst. Damit ergibt sich ein Defizit von 12,99 €.

Mit der Option Zeitabrechnung wäre bei dem hier vereinbarten Stundensatz von 35,37 € zwar immer noch ein Defizit vorhanden (weil der Stundensatz nicht leistungsgerecht verhandelt wurde), das Defizit zur Kostendeckung ist aber deutlich geringer. Wäre der Stundensatz besser verhandelt worden, wäre diese Variante „erlösorientiert“ kostendeckend (siehe Beispiel).

Aber: Diese Variante kann nur funktionieren, wenn

- die Leitungskraft überzeugend erklären kann, warum für den Kunden die Zeitabrechnung besser ist (bei gleichem Leistungsinhalt) und
- der Kunde keine zwei vergleichenden Kostenvoranschläge erhalten hat, auf denen er die Unterschiede im Preis erkennen kann, wie es nach § 120 SGB XI verpflichtend vorgesehen ist.

Nur mit großer Überzeugungskraft oder/und mit falschen Argumenten könnten Kunden zur Wahl der für sie teureren Varianten gebracht werden. Falls beispielsweise im Rahmen einer Qualitätsprüfung fehlende Kostenvoranschläge bemerkt werden oder falls ein Pflegeberater der Pflegekassen auf diesen Sachverhalt stößt, wird der Kunde seine Wahlentscheidung wieder ändern.

Auch hier basiert die rechnerische Einschätzung auf dem Missverständnis, wie Pauschalen/Leistungskomplexe kalkuliert sind.

13.5 Zusammenfassung

- Auch die Qualität der Tourenplanung kann und sollte überprüft werden.
- Ein effektives und einfaches Instrument zu einer ersten Prüfung ist das Verhältnis von Umsatzerträgen zu Arbeitsstunden. Diese beiden „Kurven“ müssen immer im „Gleichklang“ sich bewegen.
- Auch die Tourenpläne selbst können auf die Einhaltung der wesentlichen Punkte wie beispielsweise Pünktlichkeit überprüft und damit Benchmarks gebildet werden.
- Ein weiterer Bereich ist ein Leistungscontrolling im SGB XI; denn wegen der Abgrenzungsproblematik kann man hier Indizien für Vergessene Leistungen erkennen und damit Veränderungen einleiten.
- Die Zeitabrechnung in der Grundpflege ist im Regelfall kein hilfreicher Weg, fehlende Erträge zu erwirtschaften, denn der Kunde bestimmt die Zeit, nicht der Pflegedienst.

Handbuch Ambulante Einsatzplanung · Andreas Heiber und Gerd Nett

14 Literatur und Links

14.1 Links

Aktuelle Gesetzestexte im Internet unter www.Gesetze-im-Internet.de

Richtlinie Häusliche Krankenpflege im Internet unter www.g-ba.de oder www.gkv-spitzenverband.de

Bundesempfehlungen, Qualitätsmaßstäbe und Prüfungsrichtlinien SGB XI sowie SGB V unter www.gkv-spitzenverband.de

14.1.2 Broschüren zu arbeitsrechtlichen Themen:

Leitfaden zum Mutterschutz, Hrsg. Bundesministerium für Familie, Senioren, Frauen und Jugend, 9. Auflage 2013; zu beziehen über www.bmfsfj.de

Teilzeit – Alles was Recht ist: Rechtliche Rahmenbedingungen für Arbeitnehmer und Arbeitgeber, Hrsg. Bundesministerium für Arbeit und Soziales, Mai 2013; zu beziehen über www.bmas.de

Das Arbeitszeitgesetz, Hrsg. Bundesministerium für Arbeit und Soziales, Mai 2013; zu beziehen über www.bmas.de

14.2 Literaturhinweise

Heiber 2002:
„Wegezeiten, die unterschätzten Kostenfaktoren", in: Carekonkret vom 15.11.2002

Heiber 2003:
„Kennzahl ist nicht gleich Kennzahl", in: Häusliche Pflege 01/2003

Heiber 2004:
„Dienstwagen", in: PDL Praxis 08/2004

Heiber 2010:
„Vergessene Leistungen" aufspüren und abrechnen, in: Häusliche Pflege 07/2010

Heiber 2010 a:
„Vertragsgespräche erfolgreich führen", in: Häusliche Pflege 12/2010

Heiber 2011:
„Transparentere Pflegeversicherungs-Preislisten vermeiden Missverständnisse", in: PDL 04/2011

Heiber 2011 a:
„Zum Preis der Pflege stehen", in: Häusliche Pflege 11/2011, Seite 20

Handbuch Ambulante Einsatzplanung · Andreas Heiber und Gerd Nett
 · ISBN 978-3-86630-378-2

Heiber 2012:
„Infoblätter für Pflegebedürftige und Angehörige, Teil 2, Spontane Mehrleistungen und Serviceleistungen", in: PDL Praxis 10/2012

Heiber/Nett 2013:
„Kostenrechnung und Preiskalkulation. Stundensätze richtig kalkulieren". Hannover, Vincentz Network

Heiber 2013 a:
Infobroschüre, in: PDL Praxis 09/2012 bis 02/2013

Lecke, Christina 2014:
in: Kommentierung zu § 9: S. 402; Sozialgesetzbuch XI, Lehr- und Praxiskommentar, Hrsg. Klie, Thomas; Krahmer, Utz; Plantzholz, Markus, 4. Auflage 2014, Nomosverlag, Baden-Baden

MDS 2012:
3. Bericht des MDS nach § 114 a Abs. 6 SGB XI: Qualität in der ambulanten und stationären Versorgung; Essen 2012; zu finden auf www.mds-ev.de

Nett 2014:
HKP-Verordnung: Durch effektives Management viel Zeit sparen, in: Häusliche Pflege 11/2014

Sießegger, Thomas:
Privatleistungen: Veröffentlicht in PDL Praxis, Beilage der Häuslichen Pflege, 04–07/2012, zu finden unter www.siessegger.de/Seiten/kostenlos.htm